打好基础
涉税服务实务

税务师职业资格考试辅导用书·基础进阶

斯尔教育　组编

北京理工大学出版社
BEIJING INSTITUTE OF TECHNOLOGY PRESS

·北京·

图书在版编目（CIP）数据

打好基础. 涉税服务实务 / 斯尔教育组编. -- 北京:
北京理工大学出版社, 2024.5

税务师职业资格考试辅导用书. 基础进阶
ISBN 978-7-5763-4020-4

Ⅰ.①打… Ⅱ.①斯… Ⅲ.①税收管理—中国—资格
考试—自学参考资料 Ⅳ.①F810.42

中国国家版本馆CIP数据核字(2024)第101167号

责任编辑：多海鹏　　　　**文案编辑**：多海鹏
责任校对：刘亚男　　　　**责任印制**：边心超

出版发行 / 北京理工大学出版社有限责任公司

社　　址 / 北京市丰台区四合庄路6号

邮　　编 / 100070

电　　话 /（010）68944451（大众售后服务热线）

　　　　　（010）68912824（大众售后服务热线）

网　　址 / http://www.bitpress.com.cn

版 印 次 / 2024年5月第1版第1次印刷

印　　刷 / 三河市中晟雅豪印务有限公司

开　　本 / 787mm×1092mm　1/16

印　　张 / 21.5

字　　数 / 530千字

定　　价 / 46.60元

道阻且长，行则将至；行而不辍，未来可期。

最慢的步伐不是跬步，而是徘徊；最快的脚步不是冲刺，而是坚持。

一、写在前面

在企业财务相关工作中，税务工作是必不可少的一个环节。随着我国税收征管体制的法治化、规范化和现代化，税务工作越来越受到企业经营管理者的重视，对于财会人员税务知识的要求也水涨船高，越来越多企业开始设立全职的税务岗位或者组建了全职税务部门。在这种背景下，税务师行业未来的发展前景必将越来越广阔。

现行税务师职业资格考试是从"注册税务师"资格许可改革更名而来。改革后的税务师职业资格仍属于国家职业资格，考取证书后仍然会颁发人社部、国家税务总局监制的《中华人民共和国税务师职业资格证书》。税务师考试的难度并不低，特别是近几年税务师考生数连年增长，试卷的难度系数也随之增加。这也意味着同学们接下来的复习备考之旅注定不会一帆风顺。纵然前路艰辛充满困难，但希望今天翻开这本书的你，能始终记得此时此刻你的积极、坚定和满满的信心。

二、涉税服务实务科目考试概况

1. 考试时间

2024 年本科目具体考试时间为 2024 年 11 月 3 日 14:00—16:30。

2. 考试方式

机考。考试时长为 150 分钟。

《涉税服务实务》是税务师 5 门考试当中唯一一门有主观题的考试科目，需要同学们用键盘输入汉字解答。

3. 考试题型及题量

《涉税服务实务》整套考卷满分 140 分，84 分及格。题型题量暂以 2023 年考情为例进行分析。题型共计四类：

（1）单项选择题：共 20 题，每道题 1.5 分，共计 30 分。

（2）多项选择题：共 10 题，每道题 2 分，共计 20 分。

多项选择题的五个备选答案中有两个或两个以上符合题意的答案（最少两个正确答案，最多四个正确答案）。如果少选，选对的选项可以得到相应的分数，但是多选、错选，或者不选都不得分。因此，解答多项选择题时只选择绝对有把握的选项，对于拿不准的选项宁可放弃，也不要选错。

（3）简答题：共 5 题，共计 40 分。

简答题的命题范围比较广，可能涵盖各个税种的税收实体法，也可能关注税收征管、行政复议等问题。既可能单独考某一个知识点，也可以综合命题。

（4）综合分析题：共 2 题，共计 50 分。

综合分析题命题思路是将税收实体法、税收程序法以及会计核算结合考查。每年两道综合分析题的侧重点也比较清晰，一道是以企业所得税的纳税审核为主线，另一道是以增值税的纳税审核为主线，同时结合其他税种，并穿插着会计核算和账务调整、发票管理、征收管理等程序性规则，甚至纳税申报表的填列。

三、涉税服务实务科目特点、报考和学习建议

1. 科目特点

《涉税服务实务》科目极具综合性，概念和实务并重，犹如一门将所有税法相关知识"综合应用"的试卷。教材内容覆盖也非常广，不仅有本科目特有的税收征收管理、发票管理、涉税会计核算、税务行政复议、涉税专业服务的项目、程序、要求等，还有很大一部分与《税法（Ⅰ）》和《税法（Ⅱ）》科目重叠的实体税种的知识点，特别是增值税、企业所得税和个人所得税等重点税种。

2. 报考和学习策略

鉴于上述特点，要求同学们在学习本科目之前或当年，应该具有一些基础的税法知识"打底"，或者在报考策略上，将《税法（Ⅰ）》《税法（Ⅱ）》与本科目同时报考。

建议同学们结合自身实际情况进行如下学习准备：

（1）已经通过了《税法（Ⅰ）》和《税法（Ⅱ）》，或者注册会计师《税法》等税法相关的考试科目，但尚未报考《涉税服务实务》的同学，建议尽快尽早报考，这样对于实体税种的一些基础知识还不至于淡忘，不需要"从头再来"。

（2）如果本年报考《税法（Ⅰ）》和《税法（Ⅱ）》或者注册会计师《税法》等相关科目的考试，在前期（4—6月）可以先紧跟这些税法相关科目的"脚步"打好税法知识的"地基"，在6月份之后再开始《涉税服务实务》科目的学习和备考。

（3）如果是没有接触过税法，没有考过初级、注册会计师和税务师的完全零基础的"税法小白"，建议利用注册会计师的《税法》或税务师的《税法（Ⅰ）》和《税法（Ⅱ）》科目的辅导讲义或教材，针对重点大税种（增值税、企业所得税和个人所得税）进行基础入门学习。待掌握一定的基本知识后，再学习《涉税服务实务》这门课程。

最后，祝同学们在学习备考的路上披荆斩棘、打怪升级，最终蟾宫折桂！

四、本书的特色栏目

在本书编写过程中，贴心地准备了几个特色栏目，希望帮助大家更高效地学习、备考。

1. 学习提要

每章节开始的学习提要栏目，帮你在学习本章之前，简明扼要地了解本章考情和考试题型，方便掌握学习节奏和程度。

2. 原理详解

此栏目对晦涩知识点进行原理剖析，挖掘知识点后的背景和原理，加深大家对于知识点的理解。

3. 解题高手

此栏目对于重难点，给出考试中的考查方式，同时提供高效和有针对性的解题技巧、规律总结、知识辨析等，让难记的知识点更加一目了然。

4. 精准答疑

此栏目在总结历年考生真实疑问的基础上，精炼出有特色、典型的问题，更贴心地为大家答疑解惑，满足学习需求。

5. 典例研习

在每个重点难点知识点后，以例题的形式随讲随练，巩固知识点。典例研习大部分来源于历年真题改编，更加贴近考点。

五、本年教材如何变化

章节名称	主要变化	变动解读
第一章 导 论	本章主要新增部分涉税专业服务规范和税务师协会的宗旨、职责等相关内容，同时删除了关于统筹疫情防控和复工复产工作相关内容	本章涉及到两大模块内容的新增和调整，需要对涉税专业服务规范和税务师协会等相关内容予以一定关注
第二章 税收征收管理	本章主要新增关于注销税务登记受理、简易注销纳税人和全面数字化的电子发票等内容；删除关于涉税专业服务的法律关系与责任等相关内容。同时，对发票管理办法等相关内容进行了一定的调整	本章内容变化较大，删除部分内容对考试整体利好，在后续备考中需要着重关注发票管理等变化的内容
第三章 涉税专业服务程序与方法	本章主要增加部分企业加计抵减政策等相关内容，同时根据最新政策对专项扣除标准等内容进行了调整	本章因部分政策延期和调整导致有扣除标准、加计抵减政策等内容的变化，整体知识难度不高，但在备考过程中需要关注细节
第四章 涉税会计核算	本章主要对加计抵减政策下的会计核算和小规模纳税人的免税政策进行调整	本章变动较小，关注变动内容即可
第五章 纳税申报 代理服务	本章主要根据相关法律对申报表填写等相关内容进行调整	—
第六章 涉税鉴证与纳税情况审查服务	无实质性变化	—
第七章 税务咨询服务	无实质性变化	—
第八章 其他税务事项 代理服务	无实质性变化	—

章节名称	主要变化	变动解读
第九章 其他涉税 专业服务	本章主要根据行政复议法相关内容，新增税务行政复议中负有举证责任的情形、复议调解与和解，并且对税务机关作出的其他行政行为、税务行政复议的参加人、行政复议申请的相关规定、征税行为等内容进行细化	本章需要重点关注因行政复议法修改带来的变化部分，在理解的基础上加以记忆

说明：为方便同学学习，本书对教材结构进行调整，本年教材变化情况按照本书的框架进行梳理。

目　录

第一章 导 论

学习提要

重要程度：非重点章节

平均分值：1.5～3分

考核题型：单项选择题、多项选择题

本章提示：本章内容较为简单，无特别提示

考点精讲

第一节 涉税专业服务概述

一、涉税专业服务的概念与特点（★）

（一）涉税专业服务的概念

1. 基本概念

涉税专业服务是指涉税专业服务机构接受委托，利用专业知识和技能，就涉税事项向委托人提供的税务代理等服务。

2. 涉税专业服务的业务范围

涉税专业服务业务分为如下"八大类"：

（1）纳税申报代理。

（2）一般税务咨询。

（3）专业税务顾问。

（4）税收策划。

（5）涉税鉴证。

（6）纳税情况审查。

（7）其他税务事项代理。

（8）其他涉税服务。

提示：在后面"第二节"内容中，会详细介绍这八大类业务的范围。

（二）涉税专业服务的特点

特点	重点内容
公正性	涉税专业服务行业是沟通税务机关与纳税人的中介，与征纳双方没有任何利益冲突，不能因为收取委托人的报酬而偏袒或迁就
自愿性	涉税专业服务必须依照民法有关服务活动的基本原则，符合服务双方的共同意愿；双方均有选择的权利；双方依据合同确立契约关系
有偿性	获取合理报酬
独立性	税务师在其接受涉税专业服务委托权限内，独立行使专业服务权和自己的职责，不受税务机关控制，更不受纳税人、扣缴义务人左右
专业性	应用专业知识、技能、合理职业判断，提供具有专业水准的服务

解题高手 👍

命题角度：考查涉税专业服务的特点。

涉税专业服务的特点可能有如下两种考查方式：

（1）直接考查概念：例如"下列属于涉税专业服务的特点的有（　　）"。对于这类题目只需要将五个特点的名称记住并适当运用排除法即可。

（2）以案例方式考查每个特点的含义：举一个简单的案例，要求指出此案例体现的是涉税专业服务的何种特点。对于这类题目需要掌握每个特点的内涵，并能够运用到案例分析中。

二、涉税专业服务的产生与发展

（一）国外涉税专业服务的发展历史

1. 产生背景

1896 年日本政府制定《营业税法》，1904 年日俄战争爆发，日本政府增收营业税，增加了纳税人计缴税款的难度和工作量。纳税人寻求税务咨询和委托代理申报的业务迅速增加。

1911 年大阪推出《税务代办监督制度》。税务代理制度产生的历史渊源：

（1）寻求最小合理纳税的帮助。

（2）寻求解决税收争议的帮助。

（3）推行申报纳税制度的客观要求。

2. 政府和税务机关与涉税服务机构的关系

管理模式一般分为三类：严管模式、松散模式、混合模式。

（二）我国涉税专业服务的产生与发展

1. 历史沿革

时间	具体发展
20 世纪 80 年代初	20 世纪 80 年代我国税收从单一税制改革为复合税制，纳税难度相应加大。一些地区的离退休税务干部组建了税务咨询机构，为纳税人解答税法方面的问题，这是涉税专业服务的雏形
20 世纪 90 年代初	从 1988 年起，全国逐步开展税收征管改革，一些地区结合征管方式的改变，进行了税务代理的试点，取得了一定的成效。1993 年实施的《税收征收管理法》中明确"纳税人、扣缴义务人可以委托税务代理人代为办理税务事宜"
20 世纪 90 年代中后期	1994 年财税改革后，涉税专业服务已逐渐被纳税人和社会各界所接受，并已形成一定的规模；1996 年我国在涉税专业服务行业实施注册税务师制度，《注册税务师资格制度暂行规定》的颁布，标志着注册税务师执业资格制度在我国的正式确立

续表

时间	具体发展
2005 年	《注册税务师管理暂行办法》出台，行业进入了规范发展时期
2015 年	注册税务师职业资格由准入类调整为水平评价类，更名为"税务师"

2. 我国税务师行业发展现状

截至 2023 年底，全国已取得税务师（注册税务师）职业资格的人数达 32.8 万余人，全行业从业人员 11.5 万余人，税务师事务所达 8 900 多家，保持了税务师行业稳中求进的发展总趋势，税务师行业已成为继律师、注册会计师之后的第三大鉴证咨询类专业服务行业。2023 年税务师考试报名人数为 86.2 万人。

3. 未来行业发展方向

（1）工作原则：

坚持"党的领导、依法执业、市场主导、创新驱动、人才为基、科学治理"原则。

（2）发展总体目标：

推出改革措施、推进行业立法理论研究、扩大市场规模、完善健全以信用管理为核心的自律管理体系、健全终身学习体系和精细化培养机制、促进数字化转型升级、完善对外联络交流合作。

（3）发展的重点任务：

推进法治化、市场化、规范化、专业化、数字化和国际化高质量建设。

三、涉税专业服务的地位与作用

（1）有助于优化纳税服务。

依法治税是税收工作的基本原则，税务师行业是涉税专业服务的主力军。

（2）有助于提高税收征管效能。

实行涉税专业服务制度，可形成纳税人、涉税专业服务机构、税务机关三方相互监督制约的关系。

（3）有助于纳税人正确履行纳税义务。

提高税法遵从度，降低税务风险。

第二节　涉税专业服务机构与服务范围

一、涉税专业服务机构

包括：

（1）税务师事务所。

（2）从事涉税专业服务的会计师事务所、律师事务所、代理记账机构、税务代理公司、财税类咨询公司等其他机构。

二、涉税专业服务范围（★）

服务项目	具体内容	涉税专业服务机构
纳税申报代理	对委托人提供的资料进行收集和专业判断，代理委托人进行申报准备和签署各类申报表以及相关文件，并完成纳税申报的服务	不限
一般税务咨询	对委托人日常办税事项提供咨询。 包括：纳税申报咨询、税务信息提供、税务政策解答、税务事项办理辅导等	
专业税务顾问	对纳税人、扣缴义务人的特定涉税事项提供专项税务咨询服务，或为委托人提供长期税务顾问服务。其中，专项税务咨询包括：涉税尽职审慎性调查、纳税风险评估、资本市场特殊税务处理合规性审核以及与特别纳税调整事项有关的服务	
税收策划	对委托人的经营和投资活动提供符合税收法律法规及相关规定的税收策划方案和纳税计划	
涉税鉴证	按照法律、法规以及相关规定要求，对被鉴证人涉税事项的合法性、合理性进行鉴定和证明，出具书面专业意见。 包括：企业注销登记鉴证、土地增值税清算鉴证、企业资产损失税前扣除鉴证、研发费用加计扣除鉴证、高新技术企业专项认定鉴证、涉税交易事项鉴证、涉税会计事项鉴证、税收权利义务事项鉴证、其他涉税事项鉴证	（1）只能由税务师事务所、会计师事务所、律师事务所从事。 （2）相关文书应由税务师、注册会计师、律师签字，并承担相应责任
纳税情况审查	接受行政机关、司法机关委托，依法对纳税义务人、扣缴义务人的纳税和扣缴情况进行审查并作出专业结论。 包括：海关委托保税核查、海关委托稽查、企业信息公示委托纳税情况审查、司法机关委托纳税情况审查等	
其他税务事项代理	接受委托人委托，在权限内以委托人名义办理纳税事项。 包括：代为办理信息报告、发票办理、优惠办理、证明办理、社保费及非税收入业务、出口退（免）税、国际税收、税务注销、涉税争议、建账记账等	不限

续表

服务项目	具体内容	涉税专业服务机构
其他涉税服务	上述服务以外的涉税服务。例如涉税培训、涉税信息技术服务等	不限

精准答疑

问题： 为什么专业税务顾问、税收策划、涉税鉴证、纳税情况审查只能由税务师事务所、会计师事务所、律师事务所从事，并且文书应由税务师、注册会计师、律师签字？

解答： 这四类专项服务涉及的案件或问题往往较为复杂，需要投入较多的时间和人力，对专业程度要求也比较高。同时专业服务机构和相关人员也需要对业务结果承担责任，所以仅能由三个"所"承接，并由三个"师"在文书上签字并承担责任。

典例研习·1-1 （模拟单项选择题）

下列各项中，不能从事税收策划业务的是（　　）。

A.税务咨询公司

B.会计师事务所

C.税务师事务所

D.律师事务所

斯尔解析 本题考查涉税专业服务机构所能从事的涉税专业服务范围。

选项 A 当选，财税类咨询公司不能从事税收策划业务。

选项 BCD 均不当选，税收策划业务只能由会计师事务所、律师事务所、税务师事务所从事，相关文书由注册会计师、律师和税务师签字并承担相应的责任。

本题答案 A

第三节　涉税专业服务行政监管

一、实名制管理和业务信息采集

（一）实名制管理

1.涉税专业服务机构信息

包括但不限于：服务状态、统一社会信用代码、机构名称、法定代表人（执行事务合伙人）、机构类别、证书名称及编号、加入行业协会及行业协会会员编号等。

2. 涉税专业服务人员信息

项目	具体要求
报送内容	包括但不限于：姓名、身份证件种类、身份证件号码、从事涉税专业服务年限、电话、学历、涉税专业资格证书名称及编号、行业协会会员编号等
报送时间	首次提供涉税专业服务前

（二）业务信息采集

报送表格	具体内容和提示	报送时间
《涉税专业服务协议要素信息采集表》	（1）业务委托协议的原件无须报送，由双方留存备查。 （2）难以区分"一般税务咨询""专业税务顾问""税收策划"三类业务的，可按照"一般税务咨询"填报。 （3）实际仅提供纳税申报服务而不签署纳税申报表的，可按"一般税务咨询"填报	首次提供委托协议约定的涉税专业服务前
《专项业务报告要素信息采集表》	从事四项涉税业务的情况：专业税务顾问、税收策划、涉税鉴证、纳税情况审查业务。 仅限于税务师事务所、会计师事务所、律师事务所完成上述专项业务	完成业务的次年3月31日前
《年度涉税专业服务总体情况表》	按年度报送涉税专业服务的总体情况	次年3月31日前

二、涉税专业服务规范 新

（一）基本准则

1. 基本遵循

从事涉税专业服务应当遵循独立、客观、公正、规范原则，建立质量管理制度和风险控制机制，保障执业质量，降低执业风险。

2. 基本程序

（1）业务承接。一般包括业务环境评估、承接条件判断、服务协议签订、业务人员确定等程序。

（2）业务实施。

业务实施步骤	具体规定
编制业务计划	应当根据服务协议约定编制业务计划，并根据业务执行情况适时调整
资料收集评估	—

续表

业务实施步骤	具体规定
法律法规适用	—
形成业务成果	根据服务协议约定以及质量管理要求，执行必要的业务程序，形成业务成果
复核业务成果	提示：专业税务顾问、税收策划、涉税鉴证和纳税情况审查四类专项业务应当实施两级以上复核
交付业务成果	提示：专业税务顾问、税收策划、涉税鉴证和纳税情况审查四类业务成果，应当由承办业务的税务师、注册会计师或者律师签章
形成业务记录	—
归集业务档案	业务完成后60日内形成电子或纸质的业务档案；按照法律法规规定合理确定档案保管期限，最低不少于10年

（二）职业道德和职业纪律

1.职业道德

应当诚实守信、正直自律、勤勉尽责，遵守法律、行政法规、部门规章及规范性文件的要求，履行服务协议约定，自觉维护职业形象，廉洁从业。

2.执业纪律

（1）从事涉税鉴证、纳税情况审查服务，不得与被鉴证人、被审查人存在影响独立性的利益关系。

（2）对委托事项存在涉及税收违法违规风险的，应当提醒委托人排除，并审慎评估对业务开展的影响。

（3）不得采取隐瞒、欺诈、贿赂、串通、回扣、不当承诺、恶意低价和虚假宣传等不正当手段承揽业务，不得歪曲解读税收政策，不得诱导、帮助委托人实施涉税违法违规活动。

三、信用评价（★）

（一）信用评价体系概述

项目	对涉税专业服务机构	对涉税服务人员
主管机构	国家税务总局	
评价方式	信用积分和信用等级相结合	信用积分和执业负面记录相结合
信用信息内容	纳税信用、委托人纳税信用、纳税人评价、税务机关评价、实名办税、业务规模、服务质量、业务信息质量、行业自律、人员信用等	基本信息、执业记录、不良记录、纳税记录等

续表

项目	对涉税专业服务机构	对涉税服务人员
违规处理	积分扣减和降低信用等级。 提示：对于严重违法违规情形，纳入涉税服务失信名录，期限为 2 年，到期解除	积分扣减和执业负面记录

（二）涉税专业服务机构的信用评价

1. 信用信息采集方式

（1）涉税专业服务机构和涉税服务人员报送的信息。

（2）税务机关税收征管和涉税专业服务监督过程中产生的信息。

（3）其他行业主管部门和行业协会公开的信息。

2. 评价方式

采用信用积分和信用等级相结合的方式。

（1）省级税务机关负责进行信用等级评价。

（2）一个评价周期内新设立的涉税专业服务机构，不纳入信用等级评价范围。

（3）每年 4 月 30 日前完成上一个评价周期的信用等级评价工作，信用等级评价结果自产生之日起有效期为一年。

（4）评价周期为公历年度（1 月 1 日至 12 月 31 日）。

提示：涉税专业服务机构未参加纳税信用评价的，第一个评价周期的信用积分按 70 分作为基础分。

3. 信用等级和应用

（1）涉税专业服务机构信用等级按照从高到低顺序分为五级：

信用等级	信用积分	信用评价的应用——对应的管理措施
5 级	400 分以上的	①开通纳税服务绿色通道，对其所代理的纳税人发票可以按照更高的纳税信用级别管理。 ②依托信息化平台为涉税专业服务机构开展批量纳税申报、信息报送等业务提供便利化服务。 ③在税务机关购买涉税专业服务时，同等条件下优先考虑
4 级	300 分以上不满400 分的	正常管理，适时进行税收政策辅导，并视信用积分变化，选择性地提供激励
3 级	200 分以上不满300 分的	

续表

信用等级	信用积分	信用评价的应用——对应的管理措施
2级	100分以上不满200分的	①实行分类管理，对其代理的纳税人税务事项予以重点关注。
1级	不满100分的	②列为重点监管对象。 ③向其委托方纳税人主管税务机关推送风险提示。 ④涉税专业服务协议信息采集，必须由委托人、受托人双方到税务机关现场办理

（2）对于纳入失信名录的涉税专业服务机构和从事涉税服务人员采取以下措施：

①予以公告并向社会信用平台推送。

②不予受理其所代理的涉税业务。

③向其委托方纳税人、委托方纳税人主管税务机关进行风险提示。

（三）涉税专业服务人员的信用评价

1. 评价维度

（1）基本信息：实名信息报送情况、涉税专业资格、接受行业自律管理、所属涉税专业服务机构信用。

（2）执业记录：包括8项二级指标，分别对应8类涉税业务。

（3）不良记录。

（4）纳税记录。

2. 积分记录规则

（1）基本信息部分：直接得分。执业记录部分：累加计分。不良记录和纳税记录：累计扣分。

（2）发生严重违法违规情形的，纳入涉税服务失信名录，个人信用积分中止计算；从失信名录中撤出，进入正常名录的，恢复计算。

（四）涉税专业服务信用复核机制

复核对象	具体规定
信用积分、信用等级、执业负面记录	（1）在信用记录产生或结果确定后12个月内，向税务机关申请复核。 （2）税务机关于30个工作日内完成复核工作，作出复核结论，并提供查询服务
列入涉税服务失信名录	（1）自收到《税务事项通知书》之日起10个工作日内提出申辩理由，向税务机关申请复核。 （2）税务机关于10个工作日内完成复核工作，作出复核结论，并提供查询服务

四、信息公告和推送

（一）公告和推送的主体

负责推送的单位	推送对象
省税务机关	社会信用平台；行业主管部门、行业协会、其他政府部门。 提示：省税务机关负责社会面和跨部门推送
税务机关纳税服务部门	税务机关内部风险控制、征收管理、税务稽查、税政管理、税法宣传等部门；涉税专业服务机构及其委托人

（二）公告和推送的内容和渠道

公告或推送项目	公告内容	推送内容
机构信息	名单、机构基本注册信息及其信用状况	
失信名录	涉税专业服务机构失信名录中的机构基本信息和失信行为等。 涉税服务人员失信名录中的人员基本信息和失信行为等	
风险信息	不公告，仅推送	对风险信息进行推送：涉税专业服务机构名称、统一社会信用代码、法定代表人（或单位负责人）姓名、地址、联系电话、风险评估情况
渠道	门户网站、电子税务局和办税服务场所	以金税三期核心征管系统为基础、以网上办税服务系统等信息化平台为支撑

（三）违反涉税专业服务管理制度的惩罚

1. 基本处理方式

具体包括：约谈、纳入失信名录等措施。

（1）属于严重违法违规情形的，纳入涉税服务失信名录。

（2）税务机关应当依法对其行为是否确属严重违法违规的情形进行核实，确认无误后向当事人送达告知书，告知当事人将其列入涉税服务失信名录的事实、理由和依据。

提示：具体内容见"第二章　第五节"。

2. 失信名录信息推送

负责单位	推送对象
省税务机关	向财政、司法等行业主管部门和所属行业协会推送；定期将涉税服务失信名录向社会信用平台推送，实行联合惩戒
税务机关纳税服务部门	向内部风险控制、征收管理、税政管理等部门推送；对风险高的进行风险预警，启动调查评估

五、优化服务措施

（1）税务机关为涉税专业服务机构提供便利化服务。

（2）税务机关通过政府采购方式购买涉税专业服务。

（3）税务机关不得参与和违规干预涉税专业服务。

第四节　税务师、税务师事务所和税务师行业协会的规定

一、税务师制度

（一）税务师职业资格考试制度

税务师属于人力资源和社会保障部制定的《国家职业资格目录》中的水平评价类职业资格。

（二）税务师的权利与义务（★）

（1）依法独立、客观、公正执业受法律保护，不受区域限制，任何单位和个人不得违法干预。

（2）依照税收法律法规和相关执业规范、标准，通过执行规定的审核鉴别程序，对委托方涉税事项真实性或者合法性进行职业判断，提供具有公信力的专业结论。

（3）在法律法规及相关规定许可的范围内，对委托方的经营、投资和理财活动做出事先筹划和安排，为委托方取得合法的税收经济利益。

（4）可以向税务机关查询税收法律、法规、规章和其他规范性文件。

（5）参加税务机关组织的培训和政策研讨，对税收政策存在的问题提出意见和修改建议；对税务机关和税务人员的违法、违纪行为提出批评或向上级主管部门反映。

（6）可以要求委托人提供有关会计、经营等涉税资料（包括电子数据），以及其他必要的协助。

（7）委托人与税务机关发生涉税争议时，代表委托人与税务机关协商。

（三）税务师职业道德（★）

提示：对违反下列职业道德的情形，中税协和地方税协可以采取约谈、警告、通报批评、公开谴责和取消会员资格等管理措施。🔺变

（1）诚信。

税务师在提供涉税服务活动中应当正直自律、诚实守信，规范服务。具体体现在：

①认真履行协议，严格按照税收法律、法规规定的期间、时效与委托人约定的时间，办理委托事项，严格守约，全面履约。

②不得违反税收法律、行政法规，造成委托人未缴或者少缴税款；不得采取隐瞒、欺诈、

贿赂、串通、回扣等不正当竞争手段承揽业务，损害委托人或他人利益；不得利用服务之便，谋取不正当利益；不得以税务机关和税务人员的名义敲诈纳税人、扣缴义务人。

③不得向税务机关工作人员行贿或者指使、诱导委托人行贿。

④委托人委托事项属于法律法规或者职业道德指引限制或者禁止的，应当告知委托人，并提出修改建议或者予以拒绝。

⑤未经委托人同意，不得将委托人所托事务转托他人办理。

⑥在业务报告、申请资料或其他信息中，不得存在出具虚假和误导意见的行为。

⑦建立和完善内部管理制度，严格执行相关业务规范，保证行为规范有序。

⑧应当遵守国家法律法规的相关规定，避免任何损害职业声誉的言行。

⑨应当与同行保持良好关系，不得联合抬高或压低业务收费，不得使用不正当手段开展业务。

⑩对外宣传时，应当实事求是、客观、真实，不得对自身或同行有夸大、贬低、诋毁的言行。

⑪不得利用税务师事务所拥有的客户资源谋取私利。

⑫从税务师事务所离职，未经客户或者事务所同意，不得私自保留客户资料，不得利用离职税务师事务所拥有的客户资源开展业务。

（2）独立性。

①独立性的具体要求：

从事的业务情形	独立性要求
从事涉税鉴证、纳税情况审查业务	必须从实质上保持独立性
从事纳税申报代理、一般税务咨询、专业税务顾问、税收策划、其他税务事项代理、其他涉税服务业务	应当从形式上保持独立性
涉税服务与客户利益有冲突时	保证涉税专业服务的独立性

提示："实质上的独立性"指的是要求税务师与委托单位、被审查单位之间必须毫无利害关系，税务师必须站在完全中立的角度，遵循客观公正原则，保持职业怀疑态度，进行专业判断并出具专业结论。这属于比较高级别的独立性要求。

②如果知悉或有理由相信相关因素对于独立性将产生不利影响，应当采取措施排除或者消除该影响因素。

③如果无法采取适当的措施防范、排除或者消除不利于独立性的影响因素，应拒绝接受涉税专业服务业务委托或终止涉税专业服务。

提示：

保持独立性的措施顺序为：

先排除或消除→无法排除或消除的，拒绝接受委托，已经接受的应当终止服务。

④涉税服务人员如与委托人存在以下利害关系之一，可能影响业务公正执行的，应当主动向所在的税务师事务所说明情况并要求回避：

a. 与委托人存在密切的商业关系或者涉及直接的经济利益。

b. 税务师事务所的收入过度依赖于委托人。

c. 承办业务的涉税服务人员受雇于该委托人。

d. 税务师事务所受到解除业务关系的威胁。

e. 与委托人有夫妻关系、直系血亲关系、三代以内旁系血亲关系以及近姻亲关系。

f. 执业相关法律法规规定的利益冲突关系。

g. 其他可能影响业务公正执行的情况。

（3）客观公正。

①不得伪造证据，不得改变证据的内容、形式及属性，不得有意忽视证据。

②委托人提供不实资料的，税务师事务所涉税服务人员应当终止提供涉税服务。

③不得违反涉税专业服务相关业务规范提供服务，出具虚假意见。

（4）专业胜任能力。

（5）保密义务。

①税务师事务所涉税服务人员未经委托人允许，不得向税务师事务所以外的第三方泄露其所获取的委托人隐私和商业秘密，国家法律法规另有规定的除外。

②税务师事务所涉税服务人员不得利用所获取的涉密信息为自己或任何形式的第三方牟取利益。

| 典例研习 · 1-2 （模拟单项选择题）

下列选项中，关于税务师事务所及其涉税服务人员提供涉税专业服务应当遵守的行业规范，表述错误的是（   ）。

A. 甲税务师事务所与乙税务师事务所可以联合抬高业务收费

B. 税务师事务所涉税服务人员从事纳税申报代理业务应当从形式上保持独立性

C. 税务师事务所涉税服务人员不得利用所获取的涉密信息为任何形式的第三方牟取利益

D. 税务师事务所涉税服务人员未经委托人允许，不得向税务师事务所以外的第三方泄露其所获取的委托人的商业秘密，国家法律法规另有规定的除外

⑤斯尔解析 本题考查税务师的职业道德相关规定。

本题要求选出错误表述，选项 A 当选，税务师职业道德要求税务师应当与同行保持良好关系，不得联合抬高或压低业务收费，不得使用不正当手段开展业务。

▲本题答案 A

二、税务师事务所的相关规定

（一）税务师事务所行政登记（★）

税务师事务所行政登记，是指税务机关对在商事登记名称中含有"税务师事务所"字样的行政相对人进行书面记载的行政行为。

1. 行政登记主体

（1）未经行政登记不得使用"税务师事务所"名称，不能享有税务师事务所的合法权益。

（2）从事涉税专业服务的会计师事务所和律师事务所，依法取得会计师事务所执业证书或律师事务所执业许可证，视同行政登记。

（3）省、自治区、直辖市和计划单列市税务机关（以下简称"省税务机关"）负责本地区税务师事务所行政登记。

2. 行政登记条件

税务师事务所采取合伙制或者有限责任制组织形式的，除另有规定外，应当具备下列条件：

（1）合伙人或者股东由税务师、注册会计师、律师担任，其中税务师占比应高于50%。

（2）有限责任制税务师事务所的法定代表人由股东担任。

（3）税务师、注册会计师、律师不能同时在两家以上的税务师事务所担任合伙人、股东或者从业。

（4）税务师事务所字号不得与已经行政登记的税务师事务所字号重复。

| 典例研习·1-3 模拟单项选择题

下列关于税务师事务所合伙人或股东的表述中，错误的是（ ）。

A. 税务师事务所合伙人或者股东中税务师占比应超过80%

B. 税务师事务所合伙人或者股东可以由注册会计师担任

C. 税务师不能同时在两家以上的税务师事务所担任合伙人或股东

D. 税务师事务所合伙人或者股东可以由律师担任

🔍斯尔解析 本题考查税务师事务所行政登记中对合伙人或股东的要求。

选项A当选，税务师事务所采取合伙制或者有限责任制组织形式的，税务师事务所合伙人或股东合伙人或者股东由税务师、注册会计师或律师担任，且其中税务师占比应当高于50%，而非80%。

选项BCD均不当选，其中选项BD表述为"税务师事务所合伙人或者股东可以由注册会计师、律师担任"，属于正确表述。

▲本题答案 A

---

3. 行政登记的程序

项目	具体流程
注册登记	（1）应当自取得营业执照之日起20个工作日内向所在地省税务机关提交登记材料。 （2）省税务机关自受理材料之日起20个工作日内办理税务师事务所行政登记。

续表

项目	具体流程
注册登记	（3）符合行政登记条件的，将税务师事务所名称、合伙人或者股东、执行事务合伙人或者法定代表人、职业资格人员等有关信息在门户网站公示，公示期不得少于 5 个工作日。 （4）省税务机关对相关信息进行公告，同时报送国家税务总局，抄送省税务师行业协会
变更行政登记	应当自办理工商变更之日起 20 个工作日内办理变更登记
注销行政登记	在注销工商登记前，应当办理终止行政登记；未办理终止行政登记的，省税务机关公告宣布行政登记失效

（二）税务师事务所质量控制

项目	具体内容
质量控制的目标	（1）合理保证税务师事务所及其涉税服务人员按照法律法规和涉税服务业务规范提供涉税专业服务。 （2）服务过程满足业务约定书需要。 （3）服务成果维护国家税收利益和纳税人合法权益。 （4）税务师事务所信用评价达到监管部门的要求
质量控制制度应遵循的原则	全面性、制衡性、重要性、适应性、成本效益
质量控制具体要求	（1）税务师事务所的法定代表人或执行合伙人对质量控制制度的建立与组织机构设置以及提高本机构信用管理水平承担责任。 （2）税务师事务所的法定代表人或执行合伙人、项目负责人对业务结果的质量承担最终责任；项目其他成员为所承担的工作质量承担责任。 （3）税务师事务所制定质量控制制度，应当考虑独立性对涉税服务人员的要求，及时发现、处理对独立性产生威胁的情形
对于独立性制度需注意的方面	（1）覆盖所有的涉税服务人员和业务流程。 （2）针对本机构内不同业务板块之间关系、同一客户提供不同业务类型服务等事项制定独立性政策。 （3）根据本事务所的情况，列举威胁本事务所独立性的具体情形和应采取的对应措施。 （4）要求需要保持独立性的人员，每年至少一次向本机构提供遵守独立性政策和程序的书面确认函

提示：涉税专业服务过程中的各项具体规定见"第三章 第一节"相关内容。

三、税务师行业协会的规定 新 变

中税协是由中国税务师（注册税务师）和税务师事务所等涉税专业服务机构及其从业人员自愿结成的全国性、行业性、非营利性社会组织。

1. 行业协会的职责

中税协的主要职责是：

（1）认真学习贯彻落实党的路线方针政策和国家发展战略，严格落实主管部门和监管部门工作要求，确保行业建设发展坚持正确方向。

（2）加强行业党的建设，增强会员政治素质和业务素质。

（3）参与制定本行业发展规划并组织实施。

（4）接受委托拟制涉税专业服务业务规范（准则、规则、指引）。

（5）对涉税专业服务机构从事涉税专业服务的执业质量进行评价。

（6）加强行业自律监督。

（7）协同税务机关，组织涉税专业服务机构开展税收宣传，提供公益性税收服务援助，促进税法遵从，增强社会依法纳税意识。

（8）统一组织和实施全国税务师职业资格考试，负责税务师职业资格证书登记服务工作。

（9）开展继续教育、专业培训及产教融合等工作。

（10）组织业务和其他工作交流。

（11）加强行业对外宣传，提升行业知名度和影响力。

（12）推进行业法治化建设。

（13）办理其他事项。

2. 行业自律管理

（1）中税协是行业自律管理的统一指导机构。地方税协是行业自律管理的地方组织。税务师事务所是行业自律管理的基层单位。

（2）会员管理。

（3）会员教育。

（4）行业监督。

（5）奖励与惩戒。

3. 行业业务规范

目前税务师行业已经出台的业务规范包括基本指引（1个）、行业指引（4个）、业务指引（7个）和具体业务指引（34个）。

典例研习在线题库

至此，涉税服务实务的学习已经进行了5%，继续加油呀！

5%

第二章　税收征收管理

学习提要

重要程度：次重点章节

平均分值：18~23分

考核题型：单项选择题、多项选择题、简答题

本章提示：本章内容多为概念型知识，需要记忆的内容较多

第一节　税收征收管理的概念

一、税收征收管理的概念

税收征收管理是国家税务机关依照税收政策、法令、制度对税收分配全过程所进行的计划、组织、协调和监督控制的一种管理活动。

二、税务机构设置和职责

1. 机构设置

目前我国税务管理体制如下：

（1）中央政府设立国家税务总局。

（2）国家税务总局下设省、市、县、乡四级税务机构。

（3）将社会保险费、有关非税收入的征收管理责任划入税务系统。

2. 税务机关的职权

包括：税务管理权、税收征收权、税收检查权、税务违法处理权、代位权和撤销权。

三、新时期深化税收征管体制改革要求

1. 总体要求和指导思想

着力建设：以服务纳税人缴费人为中心、以发票电子化改革为突破口、以税收大数据为驱动力的具有高集成功能、高安全性能、高应用效能的智慧税务。

2. 全面推进税收征管数字化和智能化

具体内容包括：

（1）加快推进智慧税务建设。

（2）稳步实施发票电子化改革。

（3）深化税收大数据共享应用。

3. 不断完善税务执法制度和机制

（1）健全税费法律法规制度。

（2）严格规范税务执法行为。

（3）不断提升税务执法精确度。

（4）加强税务执法区域协同。

（5）强化税务执法内部控制和监督。

第二节　税务管理

一、税务登记管理（★）

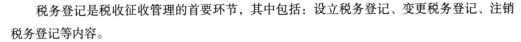

税务登记是税收征收管理的首要环节，其中包括：设立税务登记、变更税务登记、注销税务登记等内容。

（一）设立税务登记

项目	具体规定
适用的范围和情形	（1）按照"多证合一"改革要求，领取加载统一社会信用代码证件的企业、农民专业合作社、个体工商户及其他组织无须单独到税务机关办理税务登记证件，"多证合一"营业执照具有税务登记证的功能。 （2）个体工商户实施"两证整合"登记制度，将营业执照、税务登记证，整合改为一次申请、由市场监管部门核发一个营业执照。该营业执照具有税务登记证的功能。 （3）"多证合一、两证整合"改革之外的其他组织，如事业单位、社会组织、境外非政府组织等，应当办理税务登记
具体规定和时限	（1）资料齐全、符合法定形式、填写内容完整的，税务机关受理后可以即时办结。 （2）首次办理涉税事宜时，对税务机关依据市场监督管理等部门共享信息制作的《"多证合一"登记信息确认表》进行确认，对不全与不准确的信息进行补充和更正。 （3）采用新办纳税人"套餐式"服务的，可以一并办理：电子税务局开户、登记信息确认、财务会计制度及软件备案、纳税人存款账户账号报告、增值税一般纳税人登记、发票票种核定、增值税专用发票最高开票限额审批、实名办税、增值税税控系统专用设备初始发行、发票领用

提示：

（1）未实行"多证合一"制度的纳税义务人，应当自领取营业执照之日起30日内，办理税务登记。

（2）"多证合一"中"多证"具体包括：营业执照、组织机构代码证、税务登记证、社会保险登记证和统计登记证等。

原理详解

"多证合一"是否等同于取消税务登记制度？

"多证合一"并非取消了税务登记制度，只是政府简政放权将此环节改为由市场监督部门"一口受理"，核发一个统一的社会信用代码营业执照，这个营业执照在税务机关完成信息补录后具备税务登记证的法律地位和作用。

| 典例研习 · 2-1 （模拟单项选择题）

"多证合一"登记制度改革后，下列关于新设企业税务登记表述准确的是（　　）。

A. 取消税务登记，以营业执照替代税务登记证

B. 只向税务机关完成信息补录，不再核发税务登记证件

C. 仍需要办理税务登记，并核发税务登记证件

D. 向税务机关完成信息补录后，核发税务登记证件

⑤斯尔解析 本题考查"多证合一、一照一码"制度的相关规定。

选项 B 当选，多证合一的营业执照在税务机关完成信息补录后具备税务登记证的法律地位和作用。

选项 A 不当选，"多证合一"并非取消了税务登记制度，只是将此环节改为由市场监督部门"一口受理"，核发一个统一的社会信用代码营业执照。

选项 CD 不当选，多证合一登记制度下，无须额外办理税务登记，也无须核发税务登记证件。

▲本题答案 B

（二）变更税务登记

项目	具体规定
适用的范围和情形	改变纳税人名称、法定代表人，改变住所、经营地点（不含改变主管税务机关的），改变经济性质或企业类型，改变经营范围、经营方式，改变产权关系，改变注册资金
时限要求	（1）自市场监督管理部门办理变更登记之日起 30 日内，向原税务登记机关申报办理变更税务登记。 （2）不需要在市场监督管理部门办理变更登记的，自税务登记内容实际发生变化之日起 30 日内，或自有关机关批准或宣布变更之日起 30 日内，向原税务登记机关申报办理变更税务登记
自动变更登记	自 2023 年 4 月 1 日起，纳税人在市场监管部门依法办理变更登记后，无须向税务机关报告登记变更信息，税务机关可以根据市场监管部门共享的信息，在金税三期征管系统中自动同步变更（处于非正常、非正常户注销等状态的纳税人变更登记信息的，系统在其恢复正常状态时自动变更）
跨省迁移	提示：根据最新的优化跨省迁移税费服务流程，纳税人跨省迁移，在市场监管部门办完住所变更登记后，向迁出地税务机关填报《跨省（市）迁移涉税事项报告表》。对于不存在税务检查、未结涉税事项等特殊情形的纳税人，税务机关出具《跨省（市）迁移税收征管信息确认表》，纳税人确认后即时办结迁出手续，相关信息推送至迁入地税务机关。迁入地税务机关在接收到信息后一个工作日内完成相关迁入流程

（三）注销税务登记

项目	具体规定
适用范围	（1）纳税人发生解散、破产、撤销。 （2）纳税人被市场监督管理机关吊销营业执照。 （3）其他应办理注销税务登记情况
一般规定	（1）应在向市场监督管理部门办理注销登记前，办理注销税务登记（"先税务后市监"）。 （2）按规定不需要办理注销登记的，应自有关机关批准或者宣告终止之日起15日内向主管税务机关申报办理注销税务登记。被吊销营业执照的，应自被吊销之日起15日内向主管税务机关申报办理注销税务登记。 （3）在办理注销登记前，应结清应纳税款、滞纳金、罚款、缴销发票、税务登记证件和其他税务证件
注销程序	（1）简易注销程序： 税务部门通过信息共享获取市场监管部门推送的企业拟申请简易注销信息，经查询显示下列情形的，税务机关不提出异议： ①未办理过涉税事宜的。 ②办理过涉税事宜但未领用发票、无欠税（滞纳金）及罚款的且没有其他未办结涉税事项的。 ③查询时，已办结缴销发票、结清应纳税款等清税手续的。 ④无欠缴社保费、滞纳金、罚款。 （2）一般注销程序——即时出具清税文书（《清税证明》）： 符合下列条件的纳税人办理税务注销时，税务机关即时出具清税文书： ①未办理过涉税事宜的纳税人，主动到税务机关办理清税的。 ②经人民法院裁定宣告破产的企业，管理人持裁定书申请税务注销的。 （3）一般注销程序"承诺制容缺办理"： 符合下列条件的纳税人办理税务注销时，若资料不齐，可在作出承诺后，税务机关即时出具清税文书： ①办理过涉税事宜但未领用发票（含代开）、无欠税（滞纳金）及罚款的纳税人，主动到税务机关办理清税的。 ②未处于税务检查状态、无欠税（滞纳金）及罚款、已缴销发票及税控专用设备，且符合下列情形之一的： a.纳税信用级别为A级和B级的纳税人。 b.控股母公司纳税信用级别为A级的M级纳税人。 c.省级人民政府引进人才或经省级以上行业协会等机构认定的行业领军人才等创办的企业。

续表

项目	具体规定
注销程序	d. 未纳入纳税信用级别评价的定期定额个体工商户。 e. 未达到增值税纳税起征点的纳税人
其他应办理注销税务登记的情形	（1）因解散、破产、撤销等情形，依法终止纳税义务。 （2）按规定不需要在市场监督管理机关或者其他机关办理注销登记的，但经有关机关批准或者宣告终止。 （3）被市场监督管理机关吊销营业执照或者被其他机关予以撤销登记。 （4）境外企业在中华人民共和国境内承包建筑、安装、装配、勘探工程和提供劳务，项目完工、离开中国。 （5）外国企业常驻代表机构驻在期届满、提前终止业务活动。 （6）非境内注册居民企业经国家税务总局确认终止居民身份。 提示：属于上述情形的，税务机关应在 20 个工作日内办结注销税务登记。 定期定额个体工商户 5 个工作日内办结

典例研习·2-2 2023 年多项选择题

纳税人向市场监督管理部门申请简易注销的，下列属于免于到税务机关办理《清税证明》的情形有（　　）。

A. 未取得收入的

B. 未设置账簿的

C. 未办理过涉税事宜的

D. 办理过涉税事宜但未领用发票、无欠税（滞纳金）及罚款且没有其他未办结涉税事项的

E. 被市场监督管理部门吊销营业执照的

斯尔解析 本题考查注销税务登记中简易注销的情形。

向市场监督管理部门申请简易注销的纳税人，符合下列情形之一的，可免于到税务机关办理《清税证明》：

（1）未办理过涉税事宜的。（选项 C 当选）

（2）办理过涉税事宜但未领用发票、无欠税（滞纳金）及罚款且没有其他未办结涉税事项的。（选项 D 当选）

本题答案 CD

（四）税务登记的使用

办理下列事项时，必须持税务登记证件：

（1）开立银行账户。

（2）领用发票。

二、账簿凭证管理（★）

（一）设置账簿的范围

纳税人类型	账簿设置规定
从事生产、经营的纳税人	应自其领取工商营业执照之日起 15 日内按照有关规定设置账簿
扣缴义务人	应当自税收法律、行政法规规定的扣缴义务发生之日起 10 日内，分别设置代扣代缴、代收代缴税款账簿
生产、经营规模小又确无建账能力的纳税人	可聘请经批准从事会计代理记账的专业机构代为建账和办理账务

（二）财务会计制度等备案管理

从事生产、经营的纳税人应当自领取税务登记证件之日起 15 日内，将其财务、会计制度或者财务、会计处理办法和会计核算软件等信息报送主管税务机关备案。

提示：除了财务会计制度、处理办法、会计核算软件需要向税务机关报告之外，纳税人还应该自开立基本存款账户或其他存款账户之日起 15 日内，将全部账号向税务机关报告。

（三）账簿凭证的保存

会计档案的管理期限分为永久、定期两类，定期保管期限一般分为 10 年和 30 年。除法律、行政法规另有规定外，凭证、账簿等主要会计档案最低保管期限延长至 30 年，其他辅助会计资料的最低保管期限延长至 10 年。

解题高手

命题角度：税务登记、设置账簿和信息报告时间性规定总结。

设立税务登记：未采用"多证合一"制度的，30 日内办理。

变更税务登记：30 日内办理。

注销税务登记：15 日内办理（符合条件的即时出具清税文书）。

税务登记证件遗失：15 日内登报声明作废。

纳税人设置账簿：15 日内。

扣缴义务人设置扣缴账簿：10 日内。

报告财务会计制度、处理办法和会计核算软件：15 日内。

报告全部存款账号：15 日内。

三、发票管理

（一）发票的基本管理制度

1. 发票的样式和印制

项目	负责的机关
发票的种类、联次、内容编码规制、数据标准、使用范围等	由国务院税务主管部门（国家税务总局）确定
增值税专用发票的印制	由国家税务总局确定的企业印制
其他发票	由省税务机关确定的企业印制

提示：按现行发票管理规定，纳税人申请印有本单位名称的发票只限于增值税普通发票。

2. 发票的种类

划分维度	发票范围
按适用的发票管理办法分类（按行业划分）	（1）行业专业发票： ①金融企业存贷、汇兑、转账凭证。 ②公路、铁路和水上运输的客运发票。 ③航空运输电子客票行程单。 ④收费公路通行费增值税电子普通发票等。 （2）常规发票。 提示：行业专业发票仅适用于特殊行业中的特殊经营业务，对于特殊行业的常规经营业务，仍应使用常规发票
按增值税抵扣凭证类型划分	（1）增值税专用发票。 （2）增值税普通发票

（二）增值税普通发票（★）

（1）一般为增值税小规模纳税人使用。增值税一般纳税人在不能开具增值税专用发票的情况下也可使用增值税普通发票。

（2）增值税普通发票主要包括：增值税纸质普通发票；机动车销售统一发票；增值税电子普通发票；收费公路通行费增值税电子普通发票；增值税普通发票（卷式）；增值税普通发票（折叠票）；门票；过路（过桥）费发票；定额发票；二手车销售统一发票和印有本单位名称的增值税普通发票等。

（3）按照是否允许抵扣进项税额分类如下：

是否可以抵扣进项税额	具体发票种类
可以抵扣进项税额	机动车销售统一发票、农产品销售发票、通行费发票、收费公路通行费增值税电子普通发票，以及国内旅客运输服务的增值税电子普通发票、航空运输电子客票行程单、铁路车票和公路、水路等客票

续表

是否可以抵扣进项税额	具体发票种类
不得抵扣进项税额	除上述列举的普通发票以外，其他增值税普通发票不能作为抵扣增值税进项税额的凭证

精准答疑

问题： 取得增值税普通发票一定不能抵扣进项税额吗？

解答： 这种说法是错误的。按照现行发票管理办法，如果增值税一般纳税人取得了上述列举的特殊类型的增值税普通发票，是准予作为进项税额抵扣的扣税凭证的。一般纳税人取得的如果是"一般"的增值税普通发票，是不得抵扣进项税额的。

| 典例研习·2-3 2019 年单项选择题

增值税一般纳税人取得的增值税普通发票，可以抵扣进项税额的是（　　）。

A. 定额发票
B. 门票
C. 印有本单位名称的增值税普通发票
D. 机动车销售统一发票

斯尔解析 本题考查增值税普通发票的规定。

选项 D 当选，增值税普通发票中，只有列举的几类特殊的增值税普通发票可以抵扣进项税额，例如机动车销售统一发票。

本题答案 D

（三）发票的领用（★）

1. 领用的分类

项目	具体规定
一般领用	持设立登记证件或者税务登记证件，以及经办人身份证明，向主管税务机关办理发票领用手续
临时领用	（依法不需要办理税务登记或领取营业执照的）临时使用发票的单位和个人，可凭经营活动的书面证明、经办人身份证明，直接向经营地税务机关申请代开发票。 提示：应当缴纳税款的，税务机关应当先征收税款，再开具发票
异地领用	临时到本省、自治区、直辖市以外从事经营活动的纳税人，应凭所在地税务机关的证明，向经营地税务机关领用经营地发票。 临时在本省、自治区、直辖市以内跨市、县从事经营活动领用发票的办法，由省、自治区、直辖市税务机关规定

2. 首次申领发票

首次申请领用发票时，办理的主要涉税事项包括发票票种核定、增值税专用发票（增值税税控系统）最高开票限额审批、增值税税控系统专用设备初始发行、发票领用等涉税事项。

项目		具体规定
发票票种的核定	领用发票的种类	增值税普通发票和增值税专用发票
	最高开票限额审批	审批权限：区县税务机关。 实地查验：一般纳税人申请专用发票最高开票限额不超过10万元的，不需事前进行实地查验
	领用数量	新办纳税人首次领用增值税发票的数量和限额规定如下： （1）增值税专用发票最高开票限额不超过10万元，每月最高领用数量不超过25份。 （2）增值税普通发票最高开票限额不超过10万元，每月最高领用数量不超过50份
	办理时间	同时满足下列条件的新办纳税人首次申领增值税发票，主管税务机关应当自受理申请之日起2个工作日内办结，有条件的主管税务机关当日办结： （1）办税人员、法定代表人已经进行实名信息采集和验证。 （2）有开具增值税发票需求，主动申领发票。 （3）按规定办理税控设备发行等事项
	领用方式	指批量供应、交旧领新、验旧领新、额度确定等
增值税税控系统专用设备		（1）通过增值税防伪税控系统使用增值税发票，需要领购金税盘或税控盘等专用设备。 （2）领购金税盘或税控盘后，需要向主管税务机关办理初始发行

3. 日常发票领用

日常发票领用实施分级分类管理：

（1）税收风险程度较低的，按需供应。

（2）税收风险程度中等的纳税人，正常供应发票，加强事中事后监管。

（3）税收风险程度较高的纳税人，严格控制其发票领用数量和最高开票限额，并加强事中事后监管。

（4）纳税信用A级的，可以一次领取不超过3个月的发票用量。

（5）纳税信用B级的，可以一次领取不超过2个月的发票用量。

（6）实行纳税辅导期管理的一般纳税人（因税收遵从度低而被实行辅导期管理的），采取"限额开票、限量控制"，每次发出增值税专用发票数量不得超过25份。辅导期纳税人1个月内多次领用专用发票的，应从当月第二次领用起，按照上一次已领用并开具的专用发票销售额的3%预缴增值税。

解题高手 👍

命题角度：首次申领发票和日常发票领用的要求。

首次申领发票和日常发票领用分别规定了不同情形下对于发票领用的限制：

（1）首次申领发票针对的是新设立的纳税人，在生产经营前领用发票：10万元开票限额的发票"专25""普50"。

（2）日常发票领用针对的是日常经营活动中持续性的发票领用需求，根据信用级别和风险程度采用分级分类管理。记忆口诀为："A3""B2""辅25"。

（四）发票的开具（★）

1. 开票方和不征税发票

（1）一般由收款方向付款方开具。

（2）特殊情形下：由付款方向收款方开具。其主要适用于收购单位和扣缴义务人支付个人款项时。例如食品加工厂向农民个人收购其自产农产品时，应向农民个人开具农产品收购发票。

（3）收取款项未发生销售行为，应开具增值税普通发票的情形（开票时使用"未发生销售行为的不征税项目"编码，发票税率栏应填写"不征税"），主要包括：

①预付卡销售和充值：接受单用途卡、多用途卡持卡人充值取得的充值资金，不缴纳增值税，支付机构可按照规定开具增值税普通发票。

②销售自行开发的房地产项目预收款：收取预收款时，应开具增值税普通发票。

③已申报缴纳营业税未开票补开票。

④通行费电子发票的不征税发票。包括：ETC预付费客户选择在充值后索取发票的预付款、ETC后付费客户和用户卡客户通过政府还贷性收费公路支付的通行费。

⑤建筑服务预收款。

⑥不征税自来水。

⑦代理进口免税货物货款。

⑧融资性售后回租中承租方出售资产以及资产重组中涉及的资产转让行为等。

精准答疑 🎯

问题： 开了发票，一定要缴税吗？

解答： 不一定。在上述列举的情形中，纳税人虽然收到了款项，但未发生经营业务或者尚未产生纳税义务，由于购买方记账等需求，需要开具发票，此时允许纳税人开具增值税普通发票，在开票时应使用"未发生销售行为的不征税项目"编码，发票税率栏应填写"不征税"。这种情形下虽然开了发票，无须缴纳增值税。

典例研习·2-4 2022年多项选择题

下列情形中，应使用"未发生销售行为的不征税项目"编码开具发票的有（　　）。

A. 销售自行开发的房地产项目的预收款

B. 代理进口免税货物向委托方收取并代为支付的货款

C. 单用途商业预付卡充值

D. 以预收货款方式销售货物

E.ETC 预付费客户的预付费充值

斯尔解析 本题考查收取款项未发生销售行为，应开具不征税增值税普通发票的情形。

收取款项未发生销售行为，应开具增值税普通发票的情形（开票时使用"未发生销售行为的不征税项目"编码，发票税率栏应填写"不征税"），主要包括：

（1）预付卡销售和充值。（选项 C 当选）

（2）销售自行开发的房地产项目预收款。（选项 A 当选）

（3）已申报缴纳营业税未开票补开票。

（4）通行费电子发票的不征税发票。（选项 E 当选）

（5）建筑服务预收款。

（6）不征税自来水。

（7）代理进口免税货物货款。（选项 B 当选）

（8）融资性售后回租中承租方出售资产以及资产重组中涉及的资产转让行为等。

选项 D 不当选，销售货物预收货款时，一般不开具发票，待货物实际发出时，正常开具发票。

本题答案 ABCE

2. 开具要求

开具发票应当按照规定的时限、顺序、栏目，全部联次一次性如实开具，并在发票联和抵扣联加盖发票专用章。

3. 运用新版增值税发票管理系统开具发票

（1）新版增值税发票管理系统适用范围：

①适用于增值税一般纳税人、增值税小规模纳税人。

②适用的发票类型：增值税专用发票、增值税普通发票、机动车销售统一发票、二手车销售统一发票、增值税电子普通发票、增值税普通发票（卷式）、印有本单位名称的增值税普通发票（折叠票）和收费公路通行费增值税电子普通发票等。

提示：现行的发票系统 2.0 版集成了税控系统、电子底账系统及综合服务平台，在功能上优化升级原增值税发票选择确认平台和发票查验平台，为纳税人提供了增值税发票的网上抵扣勾选、退税勾选、代办退税勾选、进项发票查询、成品油消费税管理和进销项发票下载等功能。

（2）尚未纳入增值税发票管理新系统的发票主要有：门票、过路（过桥）费发票、定额发票和客运发票。

（3）运用新版增值税发票管理系统开票的具体规定：

项目	具体规定
在联网状态下开票	在线开具发票，自动上传开票信息
因网络故障等原因无法在线开票的	①在税务机关设定的离线开票时限和离线开具发票总金额范围内仍可开票。 ②超限将无法开具发票。联网上传已开具发票后方可正常开具
离线开票的管理	①已开具未上传的发票属于离线发票，按照离线开票的时限和限额管理。 ②离线开票限制由各省、自治区、直辖市和计划单列市税务局确定
不得开具离线发票的情形	①经国家税务总局、省税务局大数据分析发现存在涉税风险的纳税人。 ②新办理增值税一般纳税人登记的纳税人，自首次开票之日起 3 个月内不得离线开具发票（按照规定不使用网络办税或不具备风险条件的特定纳税人除外）

（4）开具发票时编码的选择：

开具增值税发票时，根据《商品和服务税收分类与编码》添加的商品和服务税收分类编码对应的简称会自动显示并打印在发票票面"货物或应税劳务、服务名称"或"项目"栏次中。

例如：提供税务咨询服务，商品和服务分类编码选择为"鉴证咨询服务"，输入的服务名称为"税务顾问"，增值税发票票面上会显示并打印"＊鉴证咨询服务＊税务顾问"。

| 典例研习·2-5　（2020 年单项选择题）

下列纳税人中不得离线开具发票的是（　　）。

A. 经省税务局大数据分析发现存在涉税风险的纳税人

B. 纳税信用等级为 M 级的纳税人

C. 2020 年曾因未按期申报被税务机关处罚过的纳税人

D. 曾取得过异常扣税凭证的纳税人

斯尔解析　本题考查不得离线开票的情形。

下列纳税人不得离线开具发票：经大数据分析发现存在涉税风险的纳税人（选项 A 当选）。新办理增值税一般纳税人登记的纳税人，自首次开票之日起 3 个月内不得离线开具发票，按照规定不使用网络办税或不具备风险条件的特定纳税人除外。

本题答案　A

4. 增值税电子普通发票的开具

（1）增值税电子普通发票在原有加密防伪措施上使用数字证书进行电子签章。增值税电子普通发票既可以电子数据形式，也可以打印为纸质发票形式。

（2）增值税电子普通发票的票种核定与增值税普通发票的票种核定一致。

（3）增值税电子发票系统不支持作废操作，发生退货、电子发票开具有误等情况，开票人应通过开具红字发票进行冲减。

（4）增值税电子普通发票的开票方和受票方需要纸质发票的，可以自行打印增值税电子普通发票的版式文件。打印的增值税电子普通发票，其法律效力、基本用途、基本使用规定等与税务机关监制的增值税普通发票相同。

5. 收费公路通行费增值税电子普通发票（以下简称"通行费电子发票"）的开具

（1）通行费电子发票的分类：

①左上角标识"通行费"字样，且税率栏次显示适用税率或征收率（"通行费征税发票"）。

②左上角无"通行费"字样，且税率栏次显示"不征税"（"通行费不征税发票"）。

（2）通行费电子发票的开具规定：

付费方式		公路性质	索取发票的类型
ETC 后付费客户和用户卡客户		经营性收费公路	取得通行费征税发票
		政府还贷性收费公路	取得通行费财政电子票据（试点地区）或通行费不征税发票（非试点地区）
ETC 预付费客户（可自行选择）	充值时开票	不限	取得全额开具的通行费不征税发票。（待实际发生通行费后，不得再另开具发票）
	实际发生通行费后开票	经营性收费公路	取得通行费征税发票
		政府还贷性收费公路	取得通行费财政电子票据（试点地区）或通行费不征税发票（非试点地区）

原理详解 💡

经营性收费公路和政府还贷性收费公路有何区别？

政府还贷性收费公路是地方人民政府或交通部门利用贷款建设的公路，收费主体为地方人民政府的交通部门，收取的费用属于国家行政事业性收费，要纳入国家财政专户管理，所以开具的票据为财政票据或不征税发票。

而经营性收费公路是依照市场原则投资建设的经营性公路，收取费用的目的是收回投资并取得回报，属于企业的经营收入，所以应开具通行费征税发票。

6. 机动车发票的开具

（1）目前新版机动车发票均应通过增值税发票管理系统开票软件的机动车发票开具模块在线开具。

提示：

开票采用"一车一票"原则：一辆机动车只能开具一张机动车销售统一发票，一张机动车销售统一发票只能填写一辆机动车的车辆识别代号/车架号。

（2）允许开具的企业包括机动车生产企业、机动车授权经销企业、其他机动车贸易商。

（3）向消费者销售机动车，应当开具"机动车销售统一发票"。其他销售机动车行为，应当开具增值税专用发票。

（4）开具纸质机动车销售统一发票后，如发生销货退回或开具有误的，销售方应开具红字发票，红字发票内容应与原蓝字发票一一对应。

（5）消费者丢失机动车销售统一发票，无法办理车辆购置税纳税申报或者机动车注册登记的，应向销售方申请重新开具机动车销售统一发票。销售方核对相关信息后，先开具红字发票，再重新开具与原蓝字发票存根联内容一致的机动车销售统一发票。

7. 备注栏注明经营业务的发票开具

业务类型	备注项目
建筑劳务	建筑服务发生地县（市、区）及项目名称
销售不动产	不动产详细地址
出租不动产	不动产详细地址
货物运输服务	起运地、到达地、车种车号及货物信息
单用途卡和多用途卡结算款	注明"收到预付卡结算款"
保险公司代收车船税	代收车船税税款信息：保险单号、税款所属期（详细至月）、代收车船税金额、滞纳金金额、金额合计
个人保险代理人汇总代开	备注"个人保险代理人汇总代开"字样

提示：目前通过增值税发票管理系统中的"差额征税开票功能"开具的差额征税发票，录入含税销售额和扣除额后，系统自动计算税额和不含税金额，备注栏会自动打印"差额征税"字样。

8. 其他特殊类型发票

主要包括：稀土专用发票、成品油发票。具体内容略。

| 典例研习·2-6 （2019 年多项选择题）

纳税人提供建筑劳务自行开具或税务机关代开增值税发票时，应在"备注栏"注明的内容有（   ）。

　　A. 建筑服务提供时间

　　B. 项目总金额

C. 建筑服务负责人

D. 项目名称

E. 建筑服务发生地县（市、区）名称

🔍斯尔解析 本题考查备注栏注明经营业务发票的开具。

提供建筑劳务自行开具发票或税务机关代开发票时，在发票备注栏应注明建筑服务发生地县（市、区）名称（选项 E 当选）以及项目名称（选项 D 当选）。

🔺本题答案 DE

（五）发票的保管、保存和缴销（★）

（1）应当建立发票使用登记制度，配合税务机关进行身份验证，定期报告发票使用情况。

（2）发生发票丢失情形时，应于发现丢失当日书面报告税务机关。

（3）办理变更或者注销税务登记的同时，办理发票和发票领用簿的变更、缴销手续。

（4）应当按规定存放和保管发票，不得擅自损毁。已经开具的发票存根联，应当保存5年。

解题高手👍

命题角度：账证、发票登记簿的保管时限等规定。

账簿、凭证（发票属于原始凭证）、报表、完税凭证：保存 10 年。

发票存根和登记簿：保存 5 年（期满查验后销毁）。

发票丢失：丢失当日书面报告。

（六）发票使用的审核

1. 取得发票的基本要求

（1）取得与经营活动相符的发票。

（2）使用发票时不得发生以下行为：

①转借、转让、介绍他人转让发票、发票监制章和发票防伪专用品。

②知道或者应当知道是私自印制、伪造、变造、非法取得或者废止的发票而受让、开具、存放、携带、邮寄、运输。

③扩大发票使用范围。

④以其他凭证代替发票使用。

⑤拆本使用发票。

⑥窃取、截留、篡改、出售、泄露发票数据。

2. 取得发票的合法有效审核

（1）审核发票记载的业务真实性。

（2）审核发票开具的规范性：买方信息是否相符、内容是否填写齐全、专用章是否加盖、填写是否符合规范、备注栏是否按规定注明。

（3）审核发票开具的内容逻辑性：税率或征收率是否准确、计量单位是否符合常规、单价是否公允。

四、增值税专用发票的管理

增值税专用发票，是购买方支付增值税额并可按照增值税有关规定据以抵扣增值税进项税额的凭证。

（一）增值税专用发票联次和适用范围

（1）增值税纸质专用发票包括三联：发票联、抵扣联和记账联。

（2）增值税小规模纳税人（其他个人除外）发生增值税应税行为，需要开具增值税专用发票的，可以自愿使用增值税发票管理系统自行开具。选择自行开具增值税专用发票的小规模纳税人，税务机关不再为其代开增值税专用发票。

精准答疑 🎯

问题： 增值税小规模纳税人不允许抵扣进项税额，为什么可以开具增值税专用发票？

解答： 对于增值税小规模纳税人，需要分清其购进行为和销售行为。

（1）小规模纳税人采用简易计税方法，其自身的购进行为不得抵扣进项税额。

（2）但是对外销售应税行为，按现行规定是可以开具增值税专用发票的。与一般纳税人所开具专用发票的区别为，小规模纳税人开具的专用发票上的"税点"为其适用的征收率，税额也是按照征收率计算出来的应纳税额。

（二）增值税专用发票的开具范围（★）

1. 不得开具增值税专用发票的情形

（1）商业企业一般纳税人零售的烟、酒、食品、服装、鞋帽（不包括劳保专用部分）、化妆品等消费品。

（2）销售免税货物或者提供免征增值税的销售服务、无形资产或者不动产。

（3）向消费者个人销售货物或者提供销售服务、无形资产或者不动产。

（4）部分差额征税项目：

①金融商品转让。

②经纪代理服务，向委托方收取的政府性基金或者行政事业性收费。

③融资性售后回租合同老项目且选择按差额征税方法缴纳增值税的纳税人，向承租方收取的有形动产价款本金。

④提供旅游服务选择按差额征税的，向旅游服务购买方收取并支付的从销售额中扣除的费用。

⑤提供签证代理服务，向服务接受方收取并代为支付的签证费、认证费。

（5）部分简易计税项目：

①增值税一般纳税人的单采血浆站销售非临床用人体血液选择简易计税的。

②销售旧货，按简易办法依3%征收率减按2%征收增值税的。

③销售自己使用过的固定资产，适用按简易办法依3%征收率减按2%征收增值税政策的。

解题高手

命题角度：纳税人销售自己使用过的不得抵扣且未抵扣过进项税额的固定资产的增值税处理。

如果适用于简易办法依照3%征收率减按2%的，不得开具增值税专用发票（可以开具普通发票）。

如果选择放弃减税，按照3%征收率正常缴纳增值税，可以开具增值税专用发票。

所以根据纳税人开具发票的方式即可判断增值税的处理方式。

（6）一般纳税人存在以下违规行为会导致不得领用、开具增值税专用发票：

①会计核算不健全，不能向税务机关准确提供增值税销项税额、进项税额和应纳税额数据及其他有关增值税税务资料的。

②有《税收征管法》规定的税收违法行为，拒不接受税务机关处理的。

③有以下发票违规行为之一，经税务机关责令限期改正而仍未改正的：

a. 虚开增值税专用发票。

b. 私自印制增值税专用发票。

c. 向税务机关以外的单位和个人买取增值税专用发票。

d. 借用他人增值税专用发票。

e. 未按规定开具增值税专用发票。

f. 未按规定保管增值税专用发票和专用设备。

g. 未按规定申请办理防伪税控系统变更发行。

h. 未按规定接受税务机关检查。

2. 增值税专用发票的开票要求

项目齐全，与交易相符；字迹清楚、不压线不错格；发票联和抵扣联加盖发票专用章；按照纳税义务发生时间开具。

提示：不符合要求的发票，购买方（受票方）有权拒收。

（三）增值税专用发票的作废或开具红字专用发票（★）

1. 作废

在开具增值税专用发票当月，发生销货退回、开票有误、应税服务中止等情形，需要作废发票的，应当收回原发票全部联次并注明"作废"字样后，作废发票。

提示：仅在当月能作废处理，跨月份则无法作废。

作废必须同时符合下列情形：

（1）收到退回的发票联、抵扣联，且时间未超过销售方开票当月。

（2）销售方未抄税且未记账。

（3）购买方未认证，或者认证结果不符。

提示：应当收回原发票全部联次并注明"红冲"字样后开具红字发票，无法收回原发票全部联次的，应当取得对方有效证明后开具红字发票。

2. 开具红字发票

在开具增值税专用发票后，发生销货退回、开票有误、应税服务中止等情形但不符合发票作废条件，或者因销货部分退回及发生销售折让，需要开具红字增值税专用发票的。按以下方法和步骤处理：

（1）已用于申报抵扣的，购买方在发票管理新系统中填开《开具红字增值税专用发票信息表》（以下简称"信息表"）。

（2）暂依信息表所列增值税税额从当期进项税额中转出（如果购买方未抵扣的，无须进行进项税额转出）。

（3）主管税务机关通过网络接收信息表，系统校验后，生成带有"红字发票信息表编号"的信息表，将信息同步。

（4）销售方凭税务机关校验通过的信息表，开具红字增值税专用发票。

（5）红字增值税专用发票应与信息表一一对应。

（6）购买方取得销售方开具的红字增值税专用发票后，与信息表一并作为记账凭证。

（四）增值税专用发票（含机动车销售统一发票）丢失的处理（★）

情形	处理
丢失抵扣联	凭发票联复印件，作为增值税进项税额的抵扣凭证或退税凭证
丢失发票联	凭抵扣联复印件，作为记账凭证
同时丢失发票联和抵扣联	凭加盖销售方发票专用章的记账联复印件，作为增值税进项税额的抵扣凭证、退税凭证或记账凭证

提示：纳税人丢失专用发票后，应于发现丢失当日书面报告税务机关。

（五）非法代开、虚开增值税专用发票的处理（★）

1. 定义

（1）非法代开发票：指为与自己没有发生直接购销关系的他人开具发票的行为。

（2）虚开发票：指下列行为之一：

①为他人、为自己开具与实际经营业务情况不符的发票。

②让他人为自己开具与实际经营业务情况不符的发票。

③介绍他人开具与实际经营业务情况不符的发票。

提示："与实际经营业务情况不符"指的是未购销商品、未提供或者接受服务、未从事其他经营活动，而开具或取得发票；有购销商品、提供或者接受服务、从事其他经营活动，但开具或取得的发票载明的购买方、销售方、商品名称或经营项目、金额等与实际经营情况不符。

2. 代开、虚开增值税专用发票的处理

（1）开票方的处理：

①虚开增值税专用发票，未就其虚开金额申报缴纳增值税的，应按其虚开金额补缴增值税。已经就其虚开金额申报缴纳增值税的，不再按其虚开金额补缴增值税。

②对虚开增值税专用发票的行为，按有关规定给予处罚。

（2）取得发票一方（受票方或购货方）的处理：

①取得代开、虚开的专用发票，不得作为增值税抵扣凭证抵扣进项税额。

②取得发票一方导致少缴的增值税税款应按偷税、骗取出口退税处理。

（3）不属于虚开发票的情形：

纳税人通过虚增增值税进项税额偷逃税款，但对外开具的增值税专用发票同时符合以下情形的，不属于对外虚开增值税专用发票，受票方取得专用发票可以抵扣：

①向受票方销售了货物，或者提供了增值税应税劳务、应税服务。

②向受票方收取了所销售货物、提供应税劳务或者应税服务的款项，或者取得了索取销售款项的凭据。

③向受票方开具的增值税专用发票相关内容，与所销售货物、提供应税劳务或者应税服务相符，且该专用发票是合法取得、以自己名义开具的。

3. 善意取得虚开的增值税专用发票的处理

原理详解 💡

"善意取得"实际上是法律上的概念，在此处可以理解为受票方（即购货方）与开票方（即销售方）存在真实的交易，且受票方（购货方）不知道其取得的增值税专用发票是以非法手段虚开的。

（1）对受票方（购货方）处理的基本原则：

对购货方不以偷税或者骗取出口退税论处。

（2）购货方进项税额的处理：

①如能重新取得合法有效的专用发票，准予抵扣进项税额。

②不能重新取得合法有效的专用发票，不准其抵扣进项税额或追缴已抵扣的进项税额。

提示：企业所得税税前扣除的处理与上述原则基本一致。

（3）善意取得虚开的增值税专用发票被依法追缴已抵扣税款的，不加征滞纳金。

（4）购货方不属于"善意取得"的情形：

有下列情形之一的，无论何种情形，对购货方均应按偷税或者骗取出口退税处理：

①购货方取得的增值税专用发票所注明的销售方名称、印章与其进行实际交易的销售方不符的。

②购货方取得的增值税专用发票为销售方所在省以外地区的。

③其他有证据表明购货方明知取得的增值税专用发票系销售方以非法手段获得的。

解题高手 👍

命题角度：虚开增值税专用发票以及取得虚开增值税专用发票的处理。

在记忆时应区分主体，虚开增值税专用发票行为中，存在开票方（销售方）和受票方（购货方）两方，各自的处理和例外情形总结如下：

开票方（销售方）		受票方（购货方）	
虚开发票的处理	不属于对外虚开发票的情形	不属于善意取得的处理	善意取得时的处理
（1）没缴税的，全额补征税款。 （2）按虚开发票予以处罚	对外开票同时符合： （1）真实销售。 （2）真实收款。 （3）票实相符、发票合法	按偷税、骗取出口退税处理	（1）不按偷税、骗取出口退税处理。 （2）能重新取得合法发票的，准予抵扣，否则不得抵扣或追缴。 （3）追缴的税款不加征滞纳金

（六）增值税电子专用发票（以下简称"电子专票"）

项目	内容
适用范围	在全国范围内部分地区新办纳税人中实行专票电子化。受票方范围为全国
具体规定	电子专票由各省税务局监制，采用电子签名代替发票专用章，属于增值税专用发票，其法律效力、基本用途、基本使用规定等与增值税纸质专用发票相同
电子专票与纸质专票的衔接	自各地专票电子化实行之日起，本地区需要开具增值税纸质发票的新办纳税人，统一领取税务 UKey 开具发票（免费发放）
领用与开具	（1）税务机关按照电子专票和纸质专票的合计数，为纳税人核定增值税专用发票领用数量。电子专票和纸质专票的最高开票限额应当相同。 提示：同新办纳税人发票票种核定的知识点，增值税专用发票最高开票限额不超过 10 万元，每月最高领用数量不超过 25 份。 （2）开票时，既可以开具电子专票，也可以开具纸质专票。受票方索取纸质专票的，开票方应当开具纸质专票。 （3）发生销货退回、开票有误、应税服务中止、销售折让，应开具红字电子专票

项目	具体规定
电子专票的归档要求	（1）电子专票作为电子会计凭证的一种，符合电子会计凭证的条件的，可以仅使用电子专票进行报销入账归档，不再另以纸质形式保存。 （2）电子专票的纸质打印件不能单独作为报销入账归档依据使用。无论采用何种报销、入账方式，只要接收的是电子专票，则必须归档保存电子专票

（七）进项税额认证确认或用途确认

自 2020 年 1 月起，用于抵扣进项税额的扣税凭证不再采取认证或登录、查询、选择确认方式，改为通过增值税发票综合服务平台对扣税凭证信息进行用途确认。

1. 用途确认

纳税人登录本省的增值税发票综合服务平台确认发票用途。

提示：海关进口专用缴款书也可通过增值税发票综合服务平台进行用途确认。

2. 认证确认申报抵扣期限

取得 2017 年 1 月 1 日及以后开具的抵扣凭证，取消认证确认、稽核比对、申报抵扣的期限。

（八）异常扣税凭证的管理（★）

1. 异常凭证的范围

（1）有下列情形之一的增值税专用发票，直接列入异常扣税凭证范围：

①丢失、被盗税控专用设备中未开具或已开具未上传的增值税专用发票。

②非正常户纳税人未向税务机关申报或未按规定缴纳税款的增值税专用发票。

③增值税发票管理系统稽核比对发现"比对不符""缺联""作废"的增值税专用发票。

④经大数据分析发现，开具的增值税专用发票存在涉嫌虚开、未按规定缴纳消费税等情形的。

（2）走逃（失联）企业存续经营期间发生下列情形之一的，对应所属期开具的增值税专用发票列入异常凭证范围：

①商贸企业购进、销售货物名称严重背离的。

②生产企业无实际生产加工能力且无委托加工，或生产能耗与销售情况严重不符，或购进货物并不能直接生产其销售的货物且无委托加工的。

③直接走逃失联不纳税申报，或虽然申报但通过填列申报表，规避审核比对，进行虚假申报的。

（3）增值税一般纳税人申报抵扣异常凭证，同时符合下列情形的，其对应开具的增值税专用发票列入异常凭证范围：

①异常凭证进项税额累计占同期全部增值税专用发票进项税额 70%（含）以上的。

②异常凭证进项税额累计超过 5 万元的。

2. 不纳入异常扣税凭证的范围

纳税人尚未申报抵扣、尚未申报出口退税或已作进项税额转出的异常凭证，其涉及的进项税额不计入异常凭证进项税额的计算。

3. 取得异常扣税凭证的处理

纳税人类型	处理
纳税信用 A 级以外的纳税人	(1) 尚未抵扣进项税额的，暂不允许抵扣。已经申报抵扣进项税额的，作进项税额转出处理。 (2) 尚未申报出口退税或者已申报但尚未办理出口退税的，暂不允许办理。已经办理出口退税的，作进项税额转出处理。适用免退税办法已经办理出口退税的，应将该发票对应的已退税款追回。 (3) 对于消费税纳税人，以外购或委托加工收回的已税消费品为原料连续生产应税消费品，尚未申报抵扣已纳消费税的，暂不允许抵扣。已经申报抵扣的，冲减当期抵扣的消费税税款，不足冲减的，补缴
纳税信用 A 级的纳税人	(1) 接到税务机关通知之日起 10 个工作日内，提出核实申请。 (2) 经核实，符合进项税额抵扣、出口退税或消费税抵扣规定的，可不作转出、追回或冲减等处理。 (3) 逾期未提出核实申请的，期满后参照上述纳税信用等级 A 级以外的规定进行相关处理

提示：在解题的时候首先应看清纳税人的信用级别（题目中会作为已知条件给出），然后再判断相对应的处理方式。

| 典例研习·2-7 （模拟多项选择题）

纳税信用 A 级以外的增值税一般纳税人取得走逃（失联）企业开具的异常增值税扣税凭证的说法中，正确的有（　　）。

A. 尚未申报出口退税的，除另有规定外，暂不允许办理出口退税

B. 已经申报抵扣的，可以先不作进项税额转出处理

C. 适用增值税免退税办法已经办理出口退税的，应对列入异常凭证范围的专票对应的已退税款追回

D. 尚未申报抵扣的，暂不允许抵扣

E. 在规定的期限内向税务机关提出核实申请，经核实符合相关规定的，可以不作进项税额转出等处理

⑤斯尔解析　本题考查增值税异常扣税凭证的处理。

选项 A 当选，取得异常扣税凭证，但尚未申报出口退税或者已申报但尚未办理出口退税的，暂不允许办理。

选项 C 当选，取得异常扣税凭证已经办理出口退税的，作进项税额转出处理。适用免退税办法已经办理出口退税的，应将该发票对应的已退税款追回。

选项 D 当选，尚未抵扣进项税额的，暂不允许抵扣。

选项 B 不当选，取得异常扣税凭证已经申报抵扣进项税额的，作进项税额转出处理。

选项 E 不当选，选项 E 为针对纳税信用 A 级纳税人取得异常扣税凭证的处理方式，题干表述为纳税信用 A 级以外的纳税人。

本题答案 ACD

（九）全面数字化的电子发票 新

维度	具体规定
优点	（1）领票流程更简化。纳税人不再需要预先领取专用税控设备。 （2）开票用票更便捷。纳税人不仅可以通过电脑网页端开具全电发票，电子发票服务平台全部功能上线后，还可以通过客户端、移动端手机 App 随时、随地开具全电发票。 （3）入账归档一体化
试点范围	按规定不使用网络办税或不具备网络条件的纳税人暂不纳入数电票试点范围。存在严重涉税违法失信行为、存在发票风险、经税收大数据分析发现重大涉税风险的纳税人暂不纳入试点
类型和效力	（1）包括带有"增值税专用发票"字样的数电票，带有"普通发票"字样的数电票，带有"航空运输电子客票行程单"字样的数电票，带有"铁路电子客票"字样的数电票。 （2）数电票的法律效力、基本用途与现有票据相同。 提示：数电票无联次
票种领用和核定	数电票无须进行发票票种核定和发票领用
开具发票	试点纳税人通过实人认证等方式进行身份验证后，无须使用税控专用设备即可通过电子发票服务平台开具发票，无须进行发票验旧操作
发票交付	试点纳税人通过电子发票服务平台税务数字账户自动交付数电票，也可通过电子邮件、二维码等方式自行交付数电票
数据归集	电子发票服务平台税务数字账户自动归集发票数据

五、纳税申报管理（★）

项目	具体规定
纳税申报基本要求	必须按照规定的申报期限、申报内容如实申报。 提示：扣缴义务人也要按规定如实申报并提供相关资料

续表

项目	具体规定
报送的资料	（1）纳税人应报送纳税申报表、财务会计报表，以及税务机关要求的其他纳税资料。 （2）扣缴义务人需报送代扣代缴、代收代缴税款报告表，以及税务机关要求的其他有关资料
申报方式	自行申报、邮寄申报、电子方式、代理申报
特殊要求和特殊情形的处理	（1）不论当期是否发生纳税义务，均应按规定办理纳税申报。 （2）实行定期定额方式的纳税人，可以实行简易申报、简并征期等申报方式。 （3）享受减税、免税待遇的，在减税免税期间应当按规定办理纳税申报
延期纳税申报	（1）按照规定的期限办理纳税申报确有困难，需要延期的，应当在规定的期限内向税务机关提出书面延期申请，经税务机关核准，在核准的期限内办理。 提示：纳税人在不可抗力情形消除后立即向税务机关报告。 （2）经核准办理延期申报的，应在纳税期内按照上期实际缴纳税额或者税务机关核定的税额预缴税款，并在核准的延期内办理结算

精准答疑

问题： 申请办理延期申报与申请延期缴纳税款有何区别？

解答： 延期申报指的仅仅是延期进行纳税申报（提交申报表和申报材料），但在纳税期限届满前仍应按一定金额预缴税款，在申请的延期内办理税款结算。延期缴纳税款指的是在特殊情形下，暂缓缴纳税款（在"第五节 征纳双方权利、义务及法律责任"中会详细介绍）。

一个是申报行为延期，一个是缴税行为延期，两者不同。

六、税收风险管理

（一）税收风险管理的内容

1. 风险管理的内容

（1）风险识别、风险分析及任务统筹、风险应对和风险监控是最重要的四个环节。

（2）风险应对是税收风险管理的核心。

2. 风险应对

对象	应对策略	具体内容
无风险纳税人	避免不当打扰	—
低风险纳税人	风险提示提醒（服务提示）	采取纳税服务提醒函的形式，告知风险疑点，由纳税人自我对照检查、自我纠错，纳税人无须向税务机关作出回复说明
中风险纳税人	纳税评估	税务机关依法对纳税人自主履行税收义务情况进行检查审核、确认或调整。 提示：纳税评估是我国税务机关最主要的执法形式之一，也是最主要的税收风险应对方式
涉嫌偷税（逃避缴纳税款）、逃避追缴欠税、骗税、抗税、虚开发票等违法行为的高风险纳税人	税务稽查	指稽查局依法对履行纳税义务、扣缴义务情况及涉税事项进行检查处理，以及围绕检查处理开展的其他相关工作的总称

原理详解

纳税评估与税务稽查的区别：

纳税评估是 2005 年才引入到我国税收征管体系中的概念，实际上涵盖了税务机关在日常征管中对纳税人自行纳税申报的确认、对申报有误的调整，同时也涵盖了日常常规检查、核定，体现了税务机关对于纳税人的信任、指导和服务。

而税务稽查则是税务机关对于税收违法行为线索进行的调查、查处和惩治，体现了我国的税收强制性，是税收征管的有效补充。

日常的纳税评估行为不一定会导致税务稽查，仅仅在发现了税收违法行为的明确线索后才会转入税务稽查程序。

（二）纳税评估

1. 纳税评估的概念

纳税评估是指税务机关运用数据信息对比分析的方法，对纳税申报情况的真实性和准确性作出定性和定量的判断，并采取进一步征管措施的管理行为。

2. 实施的主体

主要由基层税务机关负责，重点税源和重大事项的纳税评估也可由上级税务机关负责。

3.纳税评估的指标

指标类型	具体内容
通用分析指标	包括：收入类、成本类、费用类、利润类和资产类评估分析指标等
特定分析指标	根据各个具体税种及其相关因素所运用的各种指标

4.纳税评估的对象

筛选纳税评估对象可采用计算机自动筛选、人工分析筛选和重点抽样筛选等方法筛选评估的对象。重点评估分析对象应包括：

（1）综合审核对比分析中发现有问题或疑点的纳税人。

（2）重点税源户、特殊行业的重点企业。

（3）税负异常变化、长时间零税负和负税负申报的纳税人。

（4）纳税信用等级低下、日常管理和税务检查中发现较多问题的纳税人。

5.纳税评估结果的处理

情形	处理方式
一般性问题（例如：计算、填写错误、政策和程序理解偏差或存在的疑点问题）	（1）经调查核实认定事实清楚，不具有违法嫌疑，无须立案查处的，提请纳税人自行改正。 （2）督促纳税人逐项落实：补充资料、补正申报、补缴税款、调整账目等
需要提请纳税人陈述说明、补充提供举证资料的问题	（1）由主管税务机关约谈纳税人。 （2）约谈需经税务机关批准并发出《税务约谈通知书》。 （3）约谈的对象主要是企业财务会计人员。因评估需要，必须约谈企业其他人员的，应经批准后通过企业财务部门进行安排。 （4）纳税人可以委托税务代理人进行税务约谈
对于发现的必须到生产经营现场了解情况、审核账目凭证的问题	经税务机关批准后，进行实地调查核实
发现有偷税、逃避追缴欠税、骗取出口退税、抗税或其他需要立案查处的税收违法行为嫌疑的	移交税务稽查部门处理
发现外资企业与其关联企业之间的业务往来不按照独立企业业务往来收取或支付价款、费用，需要调查、核实的	移交上级税务机关处理

提示：税务机关对纳税评估工作中发现的问题，要作出评估分析报告，同时将评估工作内容、过程、证据、依据和结论等记入纳税评估工作底稿。

七、纳税信用管理（★）

（一）纳税信用管理的概念

1. 纳税信用信息

信息类型	具体内容
信用历史信息	基本信息、评价年度之前的纳税信用记录、相关部门评定的优良信用记录和不良信用记录
税务内部信息	（1）经常性指标信息：涉税申报信息、税（费）款缴纳信息、发票与税控器具信息、登记与账簿信息等纳税人在评价年度内经常产生的指标信息。 （2）非经常性指标信息：税务检查信息等纳税人在评价年度内不经常产生的指标信息
外部信息	（1）外部参考信息：相关部门评定的优良信用记录和不良信用记录。 （2）外部评价信息：从相关部门取得的其他指标信息

2. 适用范围

主要适用于已办理登记信息确认，从事生产经营的独立核算企业，以及适用查账征收个人所得税的个人独资企业和个人合伙企业。

提示：征收企业所得税的企业不论采用查账征收或核定征收，均参与纳税信用评价。适用于增值税一般计税方法的个体工商户和非独立核算分支机构可自愿申请参加纳税信用评价。

（二）纳税信用评价

评价周期为一个纳税年度（公历1月1日起至12月31日止）。

1. 评价方式

评价方式	内容
年度评价指标得分	（1）采取扣分方式。 （2）近三个年度内存在非经常性指标信息的，从100分起评。 （3）近三个年度内没有非经常性指标信息的，从90分起评。 提示：非经常性指标主要包括纳税评估、税务审计、反避税调查信息和税务稽查指标等
直接判级	适用于有严重失信行为的纳税人

2. 纳税信用级别

设A、B、M、C、D五级：

级别	内容
A级	年度评价指标得分90分以上的
B级	年度评价指标得分70分以上不满90分的

续表

级别	内容
M 级	未发生严重失信行为（直接判为 D 级的失信行为）的下列企业适用 M 级纳税信用： （1）新设立企业。 （2）评价年度内无生产经营业务收入且年度评价指标得分 70 分以上的企业
C 级	年度评价指标得分 40 分以上不满 70 分的
D 级	年度评价指标得分不满 40 分，或者直接判级确定的

｜典例研习·2-8 （2020 年单项选择题）

下列企业中纳税信用等级适用 M 级的企业是（   ）。

A. 未发生直接判为 D 级规定所列失信行为的新设立企业

B. 上一年度纳税信用评为 D 级的企业

C. 实际生产经营期 1 年以上不满 3 年的企业

D. 评价年度内无生产经营收入且指标得分 60 分以下的企业

⑤斯尔解析 本题考查纳税信用级别。

未发生直接判定为 D 级的严重失信行为的下列企业适用 M 级纳税信用：新设立企业（选项 A 当选）、评价年度内无生产经营业务收入且年度评价指标得分 70 分以上的企业。

▲本题答案 A

（三）纳税信用修复、补充评价和复评

1. 申请纳税信用修复的条件

符合下列条件之一的，可在规定的期限内向主管税务机关申请纳税信用修复：

违规情形	需完成的补救措施
因确定为重大税收违法失信主体，纳税信用直接判为 D 级的纳税人	失信主体信息已按规定不予公布或停止公布，且申请前连续 12 个月没有新增纳税信用失信行为记录
因其他失信行为，纳税信用直接判为 D 级的纳税人，或因上一年度纳税信用直接判为 D 级，本年度保留为 D 级的纳税人	已纠正失信行为、履行法律责任，申请前连续 12 个月没有新增纳税信用失信行为记录
由纳税信用 D 级纳税人的直接责任人员登记或者负责经营，纳税信用关联评价为 D 级的纳税人	申请前连续 6 个月没有新增纳税信用失信行为记录
未按税务机关处理结论缴纳或者足额缴纳税款、滞纳金和罚款，未构成犯罪，纳税信用级别被直接判为 D 级的纳税人	在税务机关处理结论明确的期限届满后 60 日内足额缴纳、补缴

续表

违规情形	需完成的补救措施
被纳入非正常户状态的纳税人	纳税人履行相应法律义务并由税务机关依法解除非正常户状态
破产企业或其管理人在重整或和解程序中	已依法缴纳税款、滞纳金、罚款，并纠正相关纳税信用失信行为
纳税人发生未按法定期限办理纳税申报、税款缴纳、资料备案等事项	已补办纳税申报、税款缴纳、资料备案等事项

2. 信用修复的程序

（1）税务机关自受理之日起15个工作日内完成审核，并反馈信用修复结果。

（2）修复完成后，按照修复后的信用级别适用相应的税收政策和管理服务措施，之前已适用的不作追溯调整。

3. "首违不罚"相关规定

税务机关按照"首违不罚"相关规定对纳税人不予行政处罚的，相关记录不纳入纳税信用评价。

4. 补评和复评 新

（1）未参加当年评价的，待不参与评价情形解除或对当期未予评价有异议的，可填写《纳税信用补评申请表》，向主管税务机关申请补充评价。作出评价的税务机关应按规定开展纳税信用补评工作。自受理申请之日起15个工作日完成补评。

（2）纳税人对纳税信用评价结果有异议的，可在纳税信用评价结果确定的当年内，填写《纳税信用复评申请表》，向主管税务机关申请复评。自受理申请之日起15个工作日完成复评工作。

（四）重大税收违法失信主体信息公布管理

1. "重大税收违法失信主体"的范围

违法行为	标准
逃税（逃避缴纳税款）	不缴或者少缴应纳税款100万元以上，且任一年度不缴或者少缴应纳税款占当年各税种应纳税总额10%以上的
欠税（逃避追缴欠税）	100万元以上的
抗税	无标准，直接公布
骗税	
虚开发票	虚开增值税专用发票或虚开用于骗取出口退税、抵扣税款的其他发票的
	虚开普通发票100份以上或金额400万元以上的

续表

违法行为	标准
伪造、变造发票及周边	私自印制、伪造、变造发票，非法制造发票防伪专用品，伪造发票监制章的
走逃失联	有上述违法行为（逃、欠、抗、骗、虚开发票）经税务机关检查确认走逃（失联）的
非法提供账户、发票、证明或其他	导致未缴、少缴税款 100 万元以上或者骗取国家出口退税款的
税务代理人违法	造成纳税人未缴或者少缴税款 100 万元以上的

2. 公布程序

（1）文书告知。

税务机关作出确定失信主体决定前，向当事人送达告知文书，告知其依法享有陈述、申辩的权利。

对于纳入纳税信用评价范围的当事人，还应告知其拟适用 D 级纳税人的管理措施。

（2）信息公布。

税务机关应当在失信主体确定文书送达后的次月 15 日内，向社会公布下列信息：

①失信主体基本情况。

②失信主体的主要税收违法事实。

③税务处理、税务行政处罚决定及法律依据。

④确定失信主体的税务机关。

⑤法律、行政法规规定应当公布的其他信息。

（3）公布期限。

公布期限为 3 年。满 3 年的，停止公布。

八、税务管理信息化

（一）金税工程

"一个网络"：国家税务总局与省、地、县税务局四级计算机网络。

"四个子系统"：增值税防伪税控开票子系统、防伪税控认证子系统、增值税稽核子系统和发票协查子系统。

（二）电子税务局

包括"我的信息""我要办税""我要查询""互动中心""公众服务""个性服务"等主要功能。

（三）"非接触式"网上办税

国家税务总局梳理了可在网上办理的共计 233 个涉税缴费事项，纳税人可依托电子税务局等各类"非接触式"办税缴费服务渠道，办理各项主要涉税事宜。

九、纳税服务与创新发展

1."放管服"改革

近年来，我国持续深化"放管服"改革，不断优化税收营商环境。截至 2023 年 1 月，行政审批事项由 87 项减少到 1 项。95% 以上的税费优惠事项改为备查。减少 50% 的资料报送和 25% 的纸质表证单书。全国范围内实现 11 大类 146 个办税事项"最多跑一次"。营商环境调查报告显示，2006 年到 2019 年，我国纳税指标排名累计上升了 63 位，其中纳税次数指标排全球第 16 位，已居世界前列。

2."便民办税春风行动"

国家税务总局持续开展便民办税春风行动，推出"进一步夯实税费服务供给基础""进一步提升税费服务诉求响应""进一步强化税费服务数字赋能""进一步推进税费服务方式创新"等四个方面惠民利企服务举措，进一步提高纳税人缴费人获得感、满意度。

3."告知承诺制"

自 2023 年 3 月 1 日起，扩大实行告知承诺制的税务证明事项目录。

4."容缺办理"

2023 年 2 月 1 日起，国家税务总局在全国范围内将 13 项涉税费资料纳入容缺办理范围，同时进一步精简涉税费资料报送，取消 12 项资料报送，将 22 项改为留存备查。

第三节　税款征收和缴纳

一、税款征收的方式

方式	适用情形	具体内容
查账征收	账务健全的纳税人	—
核定征收	账务不全，但能控制其材料、产量或进销货物的纳税单位或个人	—
查验征收	—	查验应税商品、产品的数量，按市场一般销售单价计算其销售收入并据以计算应纳税额
定期定额征收	个体工商户	对个体工商户在一定经营地点、一定经营时期、一定经营范围内的应税经营额和所得额进行核定，并以此为依据确定应纳税额

续表

方式	适用情形	具体内容
代扣代缴	负有扣缴税款义务的单位和个人	由支付人在向纳税人支付款项时，从所支付的款项中依法直接扣收税款并代为缴纳
代收代缴	负有收缴税款义务的单位和个人	由与纳税人有经济业务往来的单位和个人在向纳税人收取款项时依法收取税款
委托代征	—	委托有关单位和个人代征零星、分散和异地缴纳的税收。 ·例如：税务机关委托交通运输部门、海事管理机构代为征收船舶的车船税税款

二、税款征收的措施

（一）核定应纳税额（★）

1.核定应纳税额的情形

纳税人有下列情形之一的，税务机关有权核定其应纳税额：

（1）依照法律、行政法规的规定可以不设置账簿的。

（2）依照法律、行政法规的规定应当设置账簿但未设置的。

（3）擅自销毁账簿或者拒不提供纳税资料的。

（4）虽设置账簿，但账目混乱或者成本资料、收入凭证、费用凭证残缺不全，难以查账的。

（5）发生纳税义务，未按照规定的期限办理纳税申报，经税务机关责令限期申报，逾期仍不申报的。

（6）纳税人申报的计税依据明显偏低，又无正当理由的。

2.对未按规定办理税务登记的纳税人的核定和处理

（1）核定其应纳税额，并责令缴纳。

（2）不缴纳的，扣押其价值相当于应纳税款的商品、货物。

（3）扣押后缴纳的，立即解除扣押并归还。仍不缴纳的，经县以上税务局（分局）局长批准，拍卖或变卖所扣押的商品、货物，抵缴税款（等同于下面的"强制执行措施"）。

（二）关联企业纳税调整

纳税人与其关联企业之间的业务往来，应当按照独立企业之间的业务往来收取或者支付价款、费用。否则，税务机关有权进行合理调整。

（三）税收保全和强制执行措施（★）

项目	税收保全措施	强制执行措施
前置程序	（1）税务机关有根据认为纳税人有逃避纳税义务行为。 （2）在规定的纳税期之前，责令限期缴纳税款（责令提前缴纳）。 （3）（限期内发现纳税人有明显的转移、隐匿商品、货物以及其他财产或应纳税收入的迹象的）责成纳税人提供纳税担保。 （4）（拒绝担保或无力担保的）经县级以上税务局（分局）局长批准，采取税收保全措施	（1）责令限期缴纳税款。 （2）逾期仍未缴纳的，经县级以上税务局（分局）局长批准，采取强制执行措施
措施种类	（1）书面通知纳税人开户银行或者其他金融机构冻结纳税人的金额相当于应纳税款的存款。 （2）扣押、查封纳税人的价值相当于应纳税款的商品、货物或其他财产	（1）书面通知其开户银行或者其他金融机构从其存款中扣缴税款。 （2）扣押、查封、依法拍卖或者变卖其价值相当于应纳税款的商品、货物或者其他财产，以拍卖或者变卖所得抵缴税款。 提示：对于未缴纳的滞纳金同时强制执行
不在范围内的财产	（1）个人及其所扶养家属维持生活必需的住房和用品（不包括机动车辆、金银饰品、古玩字画、豪华住宅或者一处以外的住房）。 （2）单价5 000元以下的其他生活用品	
采取措施后的处理	（1）采取税收保全措施的期限一般不得超过6个月。遇到重大案件需要延长的，应当报国家税务总局批准。 （2）纳税人在规定的限期内缴纳税款的，立即解除税收保全措施。限期期满仍未缴纳税款的，转入强制执行措施	—

提示：

教材中列示的强制执行措施中还包括"阻止出境"：欠缴税款的纳税人或其法定代表人在出境前未按照规定结清应纳税款、滞纳金或者提供纳税担保的，税务机关可以通知出入境管理机关阻止其出境。

典例研习·2-9 `2022 年单项选择题`

下列措施中，属于税务机关税收保全措施的是（　　）。

A. 书面通知纳税人开户行从其存款中扣缴税款

B. 通知出入境管理机关阻止纳税人出境

C. 拍卖纳税人价值相当于应纳税款的商品

D. 查封纳税人价值相当于应纳税款的商品、货物或其他财产

⑤斯尔解析 本题考查税收保全和税收强制执行措施。

选项 D 当选，税收保全措施包括：

（1）书面通知纳税人开户银行或者其他金融机构冻结纳税人的金额相当于应纳税款的存款。

（2）扣押、查封纳税人的价值相当于应纳税款的商品、货物或其他财产。

选项 ABC 不当选，属于强制执行措施。

✦本题答案 D

（四）税收优先规定（★）

税款优先顺序：

（1）税收优先于无担保债权。

（2）欠缴税款发生在抵押、质押或留置之前的，税收优先于抵押权、质权和留置权执行。

（3）税收优先于行政罚款、没收违法所得。

（五）税款征收的其他规定

1. 开付收据或清单

税务机关扣押商品、货物或其他财产时，必须开付收据。查封商品、货物或其他财产时，必须开付清单。

2. 合并、分立情形的信息报告

情形	具体规定
一般报告要求	合并、分立情形的，应当向税务机关报告，并缴清税款
合并未缴清税款的	应当由合并后的纳税人继续履行未履行的纳税义务
分立未缴清税款的	分立后的纳税人对未履行的纳税义务应当承担连带责任

提示：欠缴税款数额在 5 万元以上的纳税人，在处分其不动产或大额资产之前，也应向税务机关报告。

3. 代位权和撤销权

（1）代位权：欠缴税款的纳税人怠于行使到期债权，给国家税收造成损害的，税务机关可以依法申请人民法院行使代位权。

（2）撤销权：欠缴税款的纳税人放弃到期债权、无偿转让财产，或以明显不合理的低价转让财产而受让人知道的，对国家税收造成损害的，税务机关依法申请人民法院行使撤销权。

第四节　税务检查

措施	具体内容
查账	检查纳税人的账簿、记账凭证、报表和有关资料，检查扣缴义务人代扣代缴、代收代缴税款账簿、记账凭证和有关资料。 提示： （1）经县级以上税务局（分局）局长批准，可以将以前年度会计账簿、记账凭证、报表和其他有关资料调回税务机关检查，但必须开付清单，并在3个月内完整退还。 （2）有特殊情况的，经设区的市、自治州以上税务局局长批准，税务机关可以将当年的账簿、记账凭证、报表和其他有关资料调回检查，但必须在30日内退还
场地检查	到纳税人的生产、经营场所和货物存放地检查纳税人应纳税的商品、货物或者其他财产，检查扣缴义务人与代扣代缴、代收代缴税款有关的经营情况
责成提供资料	责成纳税人、扣缴义务人提供与纳税或者代扣代缴、代收代缴税款有关的文件、证明材料和有关资料
询问	询问纳税人、扣缴义务人与纳税或者代扣代缴、代收代缴税款有关的问题和情况
交通邮政场地查验	到车站、码头、机场、邮政企业及其分支机构检查纳税人托运、邮寄应纳税商品、货物或者其他财产的有关单据、凭证和有关资料
存款账户核查	经县以上税务局（分局）局长批准，凭全国统一格式的检查存款账户许可证明，查询从事生产、经营的纳税人、扣缴义务人在银行或者其他金融机构的存款账户（有责任为被检查人保守秘密）

提示：

（1）税务机关派出的人员进行税务检查时，应当出示税务检查证和税务检查通知书，并有责任为被检查人保守秘密。未出示税务检查证和通知书的，被检查人有权拒绝检查。

（2）税务稽查人员对实施税务稽查过程中知悉的国家秘密、商业秘密或者个人隐私、个人信息，应当依法予以保密。

第五节 征纳双方权利、义务及法律责任

一、税务机关的权利、义务及法律责任

（一）税务机关的权利（★）

（1）建议和制定权。

税务机关有对于税收法律、行政法规的建议权，对于税收规章的制定权。

（2）税收管理权。

（3）税款征收权。

这是税务机关在税款征收管理过程中享有的最主要的职权。主要包括：

①依法计征权。

②核定税款权。

③税收保全和强制执行权〔需经县级以上税务局（分局）局长批准〕。

④追征税款权：

责任方	追征的规定
税务机关的责任	在3年内要求纳税人、扣缴义务人补缴税款，且不得加收滞纳金
因纳税人、扣缴义务人计算错误等失误	在3年内追征税款，需要加收滞纳金。 有特殊情况的，追征期可以延长到5年
偷税、抗税、骗税的	无限期追征其未缴或者少缴的税款、滞纳金或者所骗取的税款。 提示：还需进行处罚，构成犯罪的，追究刑事责任

提示：企业因与其关联方之间的业务往来，不符合独立交易原则，或者企业实施其他不具有合理商业目的安排的，税务机关进行特别纳税调整的追溯期为10年。

| 典例研习·2-10 2022年单项选择题

下列关于追征税款权的说法，正确的是（   ）。

A. 因税务机关的责任，致使纳税人、扣缴义务人未缴或者少缴税款的，税务机关在5年内追征税款并加收滞纳金

B. 因税务机关责任导致纳税人少缴税款超过10万元的，税务机关可在5年内追征

C. 因税务机关的责任，致使纳税人、扣缴义务人未缴或者少缴税款的，税务机关可在3年内追征税款，不得加收滞纳金

D. 因纳税人计算错误，导致未缴或者少缴税款的，税务机关可在3年内追征税款，但不加收滞纳金

🔍斯尔解析 本题考查税务机关的权利中的追征税款。

选项C当选，选项AB不当选，因税务机关的责任，致使纳税人、扣缴义务人未缴或者少缴税款的，税务机关可在3年内追征税款，不得加收滞纳金。对于少缴税款的金额无要求。

选项 D 不当选，因纳税人、扣缴义务人计算错误等失误，未缴或者少缴税款的，税务机关在 3 年内可以追征税款、滞纳金；有特殊情况的，追征期可以延长到 5 年。

本题答案 C

（4）批准税收减、免、退、延期缴纳税款权。

①在规定的权限内，对纳税人的减免税申请予以审批，但不得违法擅自作出减税免税的规定。

②为了照顾纳税人的某些特殊困难，经省、自治区、直辖市税务局批准，可以延期缴纳税款，但是最长不得超过 3 个月。

提示：

特殊困难包括：

a. 因不可抗力，发生较大损失，正常生产经营活动受到较大影响。

b. 当期货币资金在扣除应付职工工资、社会保险费后，不足以缴纳税款。

（5）税务检查权。

包括查账权、场地检查权、询问权、责成提供资料权、存款账户核查权等。

（6）处罚权。

（二）税务机关的义务

（1）宣传、贯彻、执行税收法规的义务。

（2）为检举人保密的义务。

（3）为纳税人依法依规办理税务登记、发给税务登记证件的义务。

（4）受理减、免、退税申请及延期缴纳税款申请的义务。

（5）受理税务行政复议的义务。

（6）保护纳税人合法权益的义务等。

（三）税务机关和税务人员的法律责任

略。

二、纳税人的权利、义务及法律责任（★）

（一）纳税人的权利

权利名称	具体内容 / 特别提示
知情权	—
保密权	税收违法行为信息不属于保密范围
税收监督权	对税务人员的违法行为可以检举和控告，对其他纳税人的税收违法行为也有权进行检举
纳税申报方式选择权	到办税服务厅办理，也可以采取邮寄、数据电文或者其他方式办理。 提示：采取邮寄或数据电文方式办理的，需经主管税务机关批准。邮寄申报以寄出的邮戳日期为实际申报日期

续表

权利名称	具体内容 / 特别提示
申请延期申报权	如不能按期办理纳税申报等事宜的，应在规定的期限内向税务机关提出书面延期申请，经核准，可在核准的期限内办理。 提示：纳税人仍然需要按照上期实缴税款或者核定的税额预缴税款，在核准的延期内办理税款结算
申请延期缴纳税款权	仅限特殊困难情形下，且最长不得超过 3 个月
申请退还多缴税款权	(1) 税务机关发现后，发现之日起 10 日内退还。 (2) 纳税人自结算缴纳税款之日起 3 年内发现的，可以要求退还多缴的税款并加算银行同期存款利息
依法享受税收优惠权	(1) 减税、免税期满，自期满次日起恢复纳税。 (2) 减税、免税条件发生变化的，应当自变化之日起 15 日内向税务机关报告。不再符合条件的，应依法纳税
委托税务代理权	—
陈述与申辩权	税务机关不会因纳税人的申辩而加重处罚
对未出示税务检查证和税务检查通知书的拒绝检查权	—
税收法律救济权	包括：申请行政复议、提起行政诉讼、请求国家赔偿的权利
依法要求听证权	听证时，如纳税人认为指定的听证主持人与本案有直接利害关系，有权申请主持人回避
索取有关税收凭证权	税务机关扣押财产时，必须开付收据。查封财产时，必须开付清单

| **典例研习·2-11** 2018 年多项选择题

税务机关在税收征收管理中可以行使的权利有（　　）。

A. 税收保密权　　　　　　　　B. 税收强制执行权

C. 税务检查权　　　　　　　　D. 核定税款权

E. 处罚权

⑤斯尔解析　本题考查税务机关和纳税人的权利。

选项 BCDE 当选，均属于税务机关的权利。

选项 A 不当选，属于纳税人的权利，即纳税人有权要求税务机关为纳税人的情况保密。

▲ 本题答案　BCDE

（二）纳税人的义务

（1）依法进行税务登记。

（2）依法设置账簿、保管账簿和有关资料以及依法开具、使用、取得和保管发票。

（3）财务会计制度和会计核算软件备案义务。

（4）按照规定安装、使用税控装置义务。

（5）按时、如实申报义务。

扣缴义务人也需要按规定报送代扣代缴、代收代缴税款报告表以及其他有关资料。

（6）按时缴纳税款义务。

未按照规定期限缴纳税款或未按照规定期限解缴税款的，税务机关**除责令限期缴纳外，从滞纳税款之日起，按日加收**滞纳税款**万分之五的滞纳金**。

提示：滞纳金征收的期间从滞纳税款之日（纳税期限届满的次日）起算，到实际缴纳税款之日止。

（7）代扣、代收税款义务。

（8）接受依法检查义务。

（9）及时提供信息义务。

（10）报告其他涉税信息义务。包括：

①关联企业往来的价格、费用标准等相关信息。

②企业合并、分立的相关信息。

③全部账号信息（开立基本存款账户或其他存款账户之日起15日内）。

④处分大额财产的信息（仅限于欠缴税款在5万元以上的情形）。

（三）纳税人的法律责任

1.违反税务管理行为的法律责任

具体行为	法律责任/处罚
（1）未按规定期限申报办理税务登记、变更或者注销登记的。 （2）未按规定设置、保管账簿或者保管记账凭证和有关资料的。 （3）未按规定将财务、会计制度或者财务会计处理办法和会计核算软件报送税务机关备查的。 （4）未按规定将其全部银行账号向税务机关报告的。 （5）未按规定安装、使用税控装置，或者损毁或者擅自改动税控装置的	（1）责令限期改正，处2000元以下的罚款。 （2）情节严重的，处2000元以上1万元以下的罚款
不办理税务登记的	（1）责令限期改正。 （2）逾期不改，提请市场监督管理部门吊销其营业执照

续表

具体定义 / 具体行为	法律责任 / 处罚
未按规定使用税务登记证件，或者转借、涂改、损毁、买卖、伪造税务登记证件	（1）处 2 000 元以上 1 万元以下的罚款。 （2）情节严重的，处 1 万元以上 5 万元以下的罚款
扣缴义务人未照规定设置、保管扣缴税款账簿或扣缴税款记账凭证及有关资料的	（1）责令限期改正，可处 2 000 元以下的罚款。 （2）情节严重的，处 2 000 元以上 5 000 元以下的罚款
未按规定期限办理纳税申报和报送纳税资料的，或扣缴义务人未按规定期限报送扣缴税款报告表和有关资料的	（1）责令限期改正，可处 2 000 元以下的罚款。 （2）情节严重的，可处 2 000 元以上 1 万元以下的罚款

2. 发票违规的法律责任

适用情形	处罚措施
（1）应当开具而未开具发票，或者未按照规定的时限、顺序、栏目，全部联次一次性开具发票，或者未加盖发票专用章的。 （2）使用税控装置开具发票，未按期向主管税务机关报送开具发票的数据的。 （3）使用非税控电子器具开具发票，未将电子器具的软件程序说明资料报主管税务机关备案，或者未按照规定保存、报送开具发票的数据的。 （4）拆本使用发票的。 （5）扩大发票使用范围的。 （6）以其他凭证代替发票使用的。 （7）跨规定区域开具发票的。 （8）未按照规定缴销发票的。 （9）未按照规定存放和保管发票的	（1）处 1 万元以下的罚款。 （2）没收违法所得
（1）跨规定的使用区域携带、邮寄、运输空白发票，以及携带、邮寄或者运输空白发票出入境的。 （2）丢失发票或者擅自毁损发票	（1）处 1 万元以下的罚款。 （2）情节严重的，处 1 万元以上 3 万元以下罚款。 （3）没收违法所得

续表

适用情形	处罚措施
（1）转借、转让、介绍他人转让发票、发票监制章和发票防伪专用品的。 （2）知道或者应当知道是私自印制、伪造、变造、非法取得或者废止的发票而受让、开具、存放、携带、邮寄、运输的。 （3）私自印制、伪造、变造发票，非法制造发票防伪专用品，伪造发票监制章的，窃取、截留、篡改、出售、泄露发票数据的	（1）处1万元以上5万元以下的罚款。情节严重的，处5万元以上50万元以下的罚款。 （2）没收违法所得（以及作案工具和非法物品）
（1）违反规定虚开发票的。 （2）非法代开发票的	（1）没收违法所得。 （2）处以罚款： ①虚开1万元以下的，可以并处5万元以下罚款。 ②虚开超过1万元的，并处5万元以上50万元以下的罚款

提示：

（1）税务机关对违反发票管理法规的行为依法进行处罚的，由县以上税务机关决定；罚款额在2000元以下的，可由税务所决定。

（2）对于违反发票管理规定2次以上或者情节严重的单位和个人，税务机关可以在办税场所或者新闻媒体上公告纳税人发票违法的情况，公告内容包括：纳税人名称、统一社会信用代码或者纳税人识别号、经营地点、违反发票管理法规的具体情况。

3.偷、逃、抗、骗税等严重违法行为的法律责任

行为分类	具体定义	法律责任
逃避缴纳税款行为（偷税）	伪造、变造、隐匿、擅自销毁账簿、记账凭证，或在账簿上多列支出或者不列、少列收入。 或经税务机关通知申报而拒不申报或进行虚假申报，不缴或者少缴税款	（1）追缴税款、滞纳金，并处50%以上5倍以下的罚款。 （2）扣缴义务人采取此类手段，不缴或者少缴已扣、已收税款，税务机关追缴其税款、滞纳金，并处50%以上5倍以下的罚款。 提示：对扣缴义务人处应扣未扣、应收未收税款50%以上3倍以下的罚款。 （3）构成犯罪的，追究刑事责任
逃避追缴欠税行为	欠缴应纳税款，采取转移或者隐匿财产的手段，妨碍税务机关追缴欠缴的税款	（1）追缴税款、滞纳金，并处50%以上5倍以下的罚款。 （2）构成犯罪的，追究刑事责任

续表

行为分类	具体定义	法律责任
骗税行为及处罚	骗取国家税款（包括骗取出口退税）	(1) 追缴退税款，并处1倍以上5倍以下的罚款。 (2) 可以在规定的期间内停止为其办理出口退税。 (3) 构成犯罪的，追究刑事责任
抗税行为及处罚	以暴力、威胁方法拒不缴纳税款	(1) 情节轻微，未构成犯罪的，追缴税款、滞纳金，并处1倍以上5倍以下的罚款。 (2) 构成犯罪的，追究刑事责任

4. 其他违法行为及处罚

具体行为	处罚
非法印制、转借、倒卖、变造或者伪造完税凭证的	(1) 处2 000元以上1万元以下的罚款。 (2) 情节严重的，处1万元以上5万元以下的罚款。 (3) 构成犯罪的，追究刑事责任
银行及其他金融机构未依照规定在纳税人的账户中登录税务登记证件号码，或未按规定在税务登记证件中登录账户账号的	(1) 处2 000元以上2万元以下的罚款。 (2) 情节严重的，处2万元以上5万元以下的罚款
为纳税人非法提供银行账户、发票、证明或者其他方便，导致未缴、少缴税款或者骗取退税款的	(1) 没收违法所得。 (2) 可处未缴、少缴或者骗取的税款1倍以下的罚款
纳税人拒绝代扣、代收税款的，扣缴义务人应当向税务机关报告，由税务机关直接向纳税人追缴税款、滞纳金，纳税人拒不缴纳的	(1) 采取强制执行措施追缴其不缴或者少缴的税款。 (2) 可处不缴或者少缴的税款50%以上5倍以下的罚款
税务机关到车站、码头、机场、邮政企业及其分支机构检查纳税人有关情况时，有关单位拒绝的	(1) 可处1万元以下的罚款。 (2) 情节严重的，处1万元以上5万元以下的罚款
(1) 提供虚假资料，不如实反映情况，或者拒绝提供有关资料的。 (2) 拒绝或者阻止税务机关记录、录音、录像、照相和复制与案件有关的情况和资料的。 (3) 在检查期间，纳税人、扣缴义务人转移、隐匿、销毁有关资料的	(1) 可以处1万元以下的罚款。 (2) 情节严重的，处1万元以上5万元以下的罚款

续表

具体行为	处罚
向税务人员行贿，不缴或者少缴应纳税款的	按照行贿罪追究刑事责任，并处不缴或者少缴的税款 5 倍以下的罚金

三、涉税专业服务机构的法律责任（★）

分类	具体情形	监管责任和措施
较为轻微的违规责任	有下列情形之一的： （1）使用税务师事务所名称未办理行政登记的（逾期不改正的省税务机关应当提请市场监管部门吊销其营业执照）。 （2）未按照办税实名制要求提供涉税专业服务机构和从事涉税服务人员实名信息的。 （3）未按照业务信息采集要求报送从事涉税专业服务有关情况的。 （4）报送信息与实际不符的。 （5）拒不配合税务机关检查、调查的。 （6）其他	（1）责令限期改正或予以约谈。 （2）逾期不改正的，降低信用等级或纳入信用记录，暂停受理业务（不超过 6 个月）。 （3）情节严重的，纳入失信名录，予以公告并推送。其所代理的涉税业务不予受理
较为严重的违法违规行为	有下列情形之一的： （1）违反税收法律、行政法规，造成委托人未缴或者少缴税款，按照《中华人民共和国税收征收管理法》及其实施细则相关规定被处罚的。 （2）未按涉税专业服务相关业务规范执业，出具虚假意见的。 （3）采取隐瞒、欺诈、贿赂、串通、回扣等不正当竞争手段承揽业务，损害委托人或他人利益的。 （4）利用服务之便，谋取不正当利益的。 （5）以税务机关和税务人员的名义敲诈纳税人、扣缴义务人的。 （6）向税务机关工作人员行贿或者指使、诱导委托人行贿的。 （7）其他违法行为	（1）列为重点监管对象，降低信用等级或纳入信用记录，暂停受理业务（不超过 6 个月）。 （2）情节较重的，纳入失信名录，予以公告并推送，其所代理的涉税业务不予受理。 （3）情节严重的，宣布行政登记无效，吊销营业执照，取消其职业资格证书登记，收回其资格证书并公告等

典例研习在线题库 →

至此，涉税服务实务的学习已经进行了20%，继续加油呀！

20%

第三章

涉税专业服务程序与方法

考点精讲

第一节 涉税专业服务基本程序

一、涉税专业服务基本原则（★）

涉税专业服务实施"信任保护原则"。

存在下列情形之一的，税务师事务所及其涉税服务人员有权终止业务：

（1）委托人违反法律、法规及相关规定的。

（2）委托人提供不真实、不完整资料信息的。

（3）委托人不按照业务结果进行申报的。

（4）其他因委托人原因限制业务实施的情形。

如已完成部分约定业务，应当按照协议约定收取费用，并就已完成事项进行免责性声明，由委托人承担相应责任。

二、涉税专业服务的流程

（一）业务承接程序

1. 承接涉税业务的前提

承接或保持业务委托关系前，应评估下列事项，根据评估结果作出是否承接或保持委托关系的决策。

（1）税务师事务所及其涉税服务人员具备从事涉税专业服务的相应专业资质。

（2）税务师事务所及其涉税服务人员能够承担相应的风险与责任。

（3）涉税服务人员具有相应的专业服务能力。

（4）涉税服务人员能够获取有效资料和具备必要工作条件。

2. 调查评估

项目负责人应当对委托人或委托人指向的第三方的情况进行充分的调查和评估，评估项目风险；针对重大项目，应由税务师事务所业务负责人对项目负责人的评估情况进行评价和决策。

（1）项目负责人应调查和评估的内容包括：

①基本情况、经营情况及财务状况。

②信誉、诚信可靠性及税法遵从度。

③委托目的和目标。

④内部控制制度及执行情况。

⑤财务会计制度及执行情况。

⑥税务风险管理制度及执行情况。

⑦是否存在以前年度受到税务机关处罚情况。

⑧其他影响涉税服务人员执业质量的情形。

（2）涉税专业服务机构应通过以下判断是否承接业务：新

①委托方的委托目的是否合法合理。

②委托事项所属的业务类别。

③承接专业税务顾问、税收策划、涉税鉴证、纳税情况审查业务的，是否具备相应的资质。

④承接涉税鉴证和纳税情况审查业务是否符合独立性原则。

⑤是否具备承接该业务的专业胜任能力。

3.业务委托协议的签订

应根据不同的服务类型，对业务约定书的重要事项制定标准条款并定期修订。

（1）协议的内容：

服务内容、服务方式、服务期限、服务费用、成果形式及用途、权利义务、违约责任、争议解决以及其他需要载明的事项。变

提示：业务委托协议应当由评估项目涉税风险的涉税服务人员起草，起草人或审定人应为项目组成员。

（2）注意事项：

应当及时向税务机关报送《涉税专业服务协议要素信息采集表》。如协议内容发生变更或提前终止的，也应及时报送变更内容。

4.业务成员委派

委派的项目组结构一般设为三级：

（1）项目负责人。

提示：项目负责人可以根据业务需要，请求本机构内部或外部相关领域的专家协助工作。项目负责人应当对专家的工作成果负责。

（2）项目经理。

（3）项目助理。

（二）业务计划

涉税专业服务业务计划包括总体业务计划和具体业务计划。

（三）业务实施

1.业务实施需重点关注的方面

主要包括：

（1）事实方面：环境事实、业务事实、其他事实。

（2）会计方面：会计账户、交易事项的确认与计量、财务会计报告等。

（3）税收方面：会计数据信息采集、计税依据、适用税率、纳税调整、纳税申报表或涉税审批备案表等。

2. 业务实施的阶段

通常包括五个阶段：资料收集、事项判断、实施办理、风险控制、后续管理。

提示：简单业务可适当简化。

3. 业务实施的资料收集

在业务实施过程中应当根据需要和变化及时补充完善资料。

4. 专业判断

涉税服务人员在业务实施时，需要对税收政策的适用性、法律法规的时效性、税收政策的适用条件、税收政策的文件选择等方面进行专业判断。

（四）业务质量复核和质量监控

1. 业务质量复核

专业税务顾问、税收策划、涉税鉴证、纳税情况审查专项业务应当实施两级以上复核。

2. 业务质量监控

业务质量监控内容应包括：

（1）重要风险、质量控制事项处理是否适当，结论是否准确。

（2）税法选用是否准确。

（3）重要证据是否采集。

（4）对委托人舞弊行为的处理是否恰当。

（5）委托人的委托事项是否完成，结论是否恰当。

三、涉税专业服务的业务记录和业务成果（★）

（一）业务记录（即业务工作底稿）

税务师事务所应制定工作底稿档案管理制度。业务底稿和记录应保持完整性、真实性和逻辑性。

1. 工作底稿的种类

（1）管理类工作底稿。主要包括业务委托协议；业务计划；业务执行过程中重大问题发现、沟通和处理记录；业务复核记录；归档和查阅记录。

（2）业务类工作底稿。主要包括执业过程中收集相关证据，形成专业服务结论或意见的工作过程记录以及相关资料。

2. 工作底稿的要素

应当包括下列要素：涉税专业服务项目名称；委托人及其指向第三人名称；项目所属期间或截止日；工作底稿名称和索引；服务过程和结果的记录；相关证据；工作底稿编制人签名和编制日期；工作底稿复核人签名和复核日期。

3. 工作底稿的形式

可以采用纸质或者电子的形式。有视听资料、实物等证据的，可以同时采用其他形式。

4. 工作底稿的管理

（1）工作底稿应当反映税务师事务所的业务质量控制过程。复核人员应当对工作底稿出具书面复核意见并签字。

（2）应当于业务完成后 60 日内形成电子或纸质的业务档案。**变**

（3）因工作需要查阅工作底稿的，应当履行查阅手续，并对查阅内容予以保密。

（4）业务工作底稿，应当自提交结果之日起至少保存 10 年。

（二）业务成果

1.业务成果的类型

形成的业务成果一般包括：

（1）纳税申报表及其附表、扣缴税款报告表和其他相关资料。

（2）一般税务咨询的意见、建议及相关资料。

（3）专业税务顾问业务报告及相关资料。

（4）税收策划业务报告及相关资料。

（5）涉税鉴证业务报告及相关资料。

（6）纳税情况审查业务报告及须报送行政机关、司法机关相关资料。

（7）税务机关要求报送的其他纳税资料。

（8）委托人应当留存备查的资料。

（9）经双方约定出具的其他业务成果。

2.业务成果的形式构成

应当包括标题、编号、收件人、引言或前言、业务背景、业务实施情况、结论、特殊事项、税务师事务所及其涉税服务人员签章、出具日期、业务成果说明及附件。

提示：专业税务顾问、税收策划、涉税鉴证和纳税情况审查四类业务，应当由实施该项业务的税务师、注册会计师或者律师签字。

3.业务成果提交

项目组成员之间、项目负责人与业务质量监控人员之间产生的意见分歧得到解决以后，项目负责人方可提交业务成果。

4.业务成果结论的修改

（1）在正式出具业务成果前，可以在不影响独立判断的前提下，与委托人就拟出具业务成果的有关内容进行沟通。

（2）对委托人提出的修改业务成果结论的要求，涉税服务人员应当向其询问理由，获取新的有效证据并进行综合分析后，再决定保持或者修改结论。

5.业务成果的档案管理

（1）业务成果，由本机构和委托人留存备查。其中，税收法律法规及国家税务总局规定报送的，应当向税务机关报送。

（2）税务师事务所应当在履行内部审批复核程序及签章手续后，在书面业务成果上加盖印章并送达委托人。

（3）涉税服务人员发现委托人存在下列情形之一的，应当及时提醒，并形成书面记录：

①对重要涉税事项的处理与国家税收法律、法规及相关规定相抵触的。

②对重要涉税事项的处理会导致利害关系人产生重大误解的。

③对重要涉税事项的处理有重大影响的其他内容。

提示：专业税务顾问、税收策划、涉税鉴证和纳税情况审查四类业务，还应按要求向税务机关报送信息采集表（见"第一章　第三节　一、实名制管理和业务信息采集"的内容）。

第二节　纳税审核方法概述

一、必须具备纳税审核技术的涉税专业服务项目

涉税专业服务机构和涉税服务人员在提供涉税鉴证、纳税情况审查服务时，必须具备纳税审核技术。

二、纳税审核的基本方法

（一）顺查法和逆查法（★）

名称	含义	特点	适用情形
顺查法	按照会计核算程序，从审查原始凭证开始，顺次审查账簿，核对报表，最后审查纳税情况	系统、全面，运用简单，可避免遗漏；但工作量大，重点不够突出	审查经济业务量较少、会计核算制度不健全、财务管理混乱、问题较多的纳税人、扣缴义务人
逆查法	以会计核算的相反顺序，从分析审查会计报表开始，对于有疑点的地方再进一步审查账簿和凭证	能够抓住重点，迅速突破问题，又比较省时省力，是一种比较常用的审核方法	税务师对于纳税人、扣缴义务人的税务状况较为了解的情况

（二）详查法和抽查法（★）

名称	含义	特点	适用情形
详查法	对纳税人、扣缴义务人在审查期内的所有会计凭证、账簿、报表进行全面、系统、详细的审核	可从多方面进行比较、分析、相互考证，一定程度上保证了纳税审查的质量，但工作量大、时间长	经济业务比较简单、会计核算不够健全、财务管理比较混乱的企业
抽查法	对纳税人、扣缴义务人的会计凭证、账簿、报表有选择性地抽取一部分进行审核	能提高纳税审核的工作效率，但有较高的风险，影响到纳税审核的质量；需要对相关方面予以评价	对经济业务量较大、会计核算比较健全的纳税人、扣缴义务人的审核

（三）核对法和查询法（★）

名称	含义	特点	适用情形
核对法	根据凭证、账簿、报表之间的相互关系，对账证、账表、账账、账实的相互勾稽关系进行核对审查	比较容易发现问题，但比较费时；仅能查明查账目标的技术性正确，并不能证实查账目标在内容上真实、合法、有效；采用时，必须结合其他纳税审核方法	对纳税人和扣缴义务人有关会计处理结果之间的对应关系有所了解的情况
查询法	在审核过程中，根据审核的线索或者有关人员的反映，通过问询或调查的方式取得必要的资料或证实有关问题	便于了解现实情况，常与其他方法一起使用	—

（四）比较分析法和控制计算法

名称	含义	特点	适用情形
比较分析法	将纳税人、扣缴义务人审查期间的账表资料同历史的、计划的、同行业的、同类的相关资料进行对比分析，找出问题	易于发现纳税人、扣缴义务人存在的问题	比较的结果只能为进一步的审查提供线索
控制计算法	根据账簿之间、生产环节等之间的必然联系，进行测算以证实账面数据是否正确	以产核销、以耗定产	这种方法也需配合其他方法

（五）其他纳税审核方法（★）

名称	含义	适用情形或说明
审阅法	通过对被审计单位有关书面资料进行仔细观察和阅读来取得审计证据	一种十分有效的审核技术，不仅可以取得直接证据，还能取得间接证据，可以找出可能存在的问题和疑点，作为进一步审核的线索。用于对各种书面资料的审核，以取得书面证据
复算法	对凭证、账簿和报表以及预算、计划、分析等书面资料重新复核、验算	包含在"核对法"中
调节法	以一定时点的数据为基础，结合因已经发生的正常业务而应增应减的因素，将其调整为所需要的数据，从而验证被查事项是否正确	通常用来审核银行存款和存货的结存情况

续表

名称	含义	适用情形或说明
盘存法	通过对有关财产物资的清点、计量，来证实账面反映的财物是否确实存在	用于确定财产物资的实有情况，分为直接盘存法和监督盘存法（多采用监督盘存法）
观察法	通过实地观看视察来取得审计证据	结合盘存法、查询法使用，会取得更好的效果
鉴定法	对于需要证实的经济活动、书面资料及财产物资超出涉税专业服务人员专业技术时，另聘有关专家运用相应专门技术和知识加以鉴定证实	除用于原材料、产品和工程质量外，也可运用专门技术对书面资料的真伪进行鉴定

典例研习·3-1 模拟单项选择题

下列选项中，不属于纳税审查基本方法的是（　　）。

A. 顺查法和逆查法

B. 比较分析法和控制计算法

C. 核对法和查询法

D. 检查法和监盘法

斯尔解析 本题考查纳税审核方法。

选项 D 当选，检查法和监盘法不属于纳税审查的基本方法。

纳税审查的基本方法，包括顺查法和逆查法（选项 A 不当选）、详查法和抽查法、比较分析法和控制计算法（选项 B 不当选）、核对法和查询法（选项 C 不当选），此外还有其他纳税审核方法，例如审阅法、复算法、调节法、盘存法、观察法、鉴定法。

本题答案 D

典例研习在线题库

至此，涉税服务实务的学习已经进行了25%，继续加油呀！

 25%

第四章 实体税种的纳税审核和纳税申报

学习提要

重要程度：**重点章节**

平均分值：**85分**

考核题型：**各种题型**

本章提示：本章为实体税种的基础知识内容，其中大部分内容与《税法Ⅰ》《税法Ⅱ》科目有所重叠，增值税和企业所得税纳税申报的知识是本科目特有内容。今年同时学习备考《税法Ⅰ》《税法Ⅱ》科目的同学可以将本章内容当作对基础知识的复习

第一节 增值税的纳税审核和纳税申报

一、增值税一般纳税人登记资格的审核（★）

（一）增值税纳税人分类依据及标准

1. 一般纳税人资格登记

登记类型	具体规定
必须登记	年销售额超过 500 万元
申请登记	年销售额未超过 500 万元，但会计核算健全，且能够提供准确的税务资料
选择登记	年销售额超过 500 万元但不经常发生应税行为的非企业性单位、企业和个体工商户
不能登记	其他个人

提示：

（1）"年销售额"指纳税人在连续不超过 12 个月或 4 个季度的经营期内累计应征增值税销售额，包括纳税申报销售额（含免税销售额和税务机关代开发票的销售额）、稽查查补销售额、纳税评估调整销售额（计入查补税款申报当期）。

（2）销售服务、无形资产或者不动产有扣除项目的纳税人，其"年销售额"按未扣除之前的销售额计算。

（3）纳税人偶然发生的销售无形资产、转让不动产的销售额，不计入"年销售额"。

2. 小规模纳税人登记管理

（1）年销售额 500 万元及以下的纳税人。

（2）其他个人。

（3）年销售额超过规定标准但不经常发生应税行为的单位和个体工商户，以及非企业性单位、不经常发生应税行为的企业，可选择按照小规模纳税人纳税。需要向税务机关提出书面申请。

（二）登记的时限和违规处理

1. 登记时限

（1）年销售额超过规定标准的月份（或季度）的所属申报期结束后 15 日内。

（2）未按规定时限办理的，主管税务机关应当在规定时限结束后 5 日内制作《税务事项通知书》，告知纳税人应当在 5 日内向主管税务机关办理相关手续。

（3）一般纳税人生效之日，可以由纳税人自行选择在办理登记的当月 1 日或者次月 1 日中自行选择。

2. 违规处理

（1）逾期仍不办理的，次月起按销售额依照增值税税率计算应纳税额，不得抵扣进项税额，直到纳税人办理相关手续为止。

提示：此项规定实际上是对于已经达到一般纳税人认定标准，被税务机关责令办理却仍不办理的纳税人的惩罚性措施。

（2）一般纳税人注销或被取消辅导期一般纳税人资格，转为小规模纳税人时，其存货不作进项税额转出处理，其留抵税额也不予以退税。

| 典例研习·4-1 （模拟多项选择题）

下列销售额应计入增值税纳税人判定标准的有（　　）。

A. 纳税评估调整的销售额　　　　　B. 稽查查补的销售额

C. 免税销售额　　　　　　　　　　D. 税务机关代开发票销售额

E. 偶尔发生的销售无形资产销售额

⑤斯尔解析　本题考查纳税人判定标准中年销售额的确定。

年销售额是指纳税人在连续不超过12个月或四个季度的经营期内累计应征增值税销售额，包括纳税申报销售额、稽查查补销售额（选项B当选）、纳税评估调整销售额（选项A当选）。纳税申报销售额是指纳税人自行申报的全部应征增值税销售额，其中包括免税销售额（选项C当选）和税务机关代开发票销售额（选项D当选）。

选项E不当选，纳税人偶然发生的销售无形资产、转让不动产的销售额，不计入年销售额。

🔺本题答案　ABCD

二、增值税征税范围的审核（★）

（一）销售或者进口货物

销售货物，指有偿转让货物的所有权。货物是指有形动产，包括电力、热力和气体在内。

提示：有偿，不仅指从购买方取得货币，还包括取得货物或其他经济利益。

进口货物，指申报进入我国海关境内的货物。只要是报关进口的应税货物，均属于增值税征税范围。

（二）销售劳务

销售劳务，指有偿提供加工、修理修配劳务。

提示：

（1）单位或者个体工商户聘用的员工为本单位或者雇主提供加工、修理修配劳务不包括在内。

（2）纳税人受托对垃圾、污泥、污水、废气等废弃物进行专业化处理（即运用填埋、焚烧、净化、制肥等方式，对废弃物进行减量化、资源化和无害化处置）后产生货物，且货物归属委托方的，受托方属于提供加工劳务。未产生货物或者货物归受托方的，受托方属于提供"专业技术服务"，受托方将产生的货物用于销售时，按照正常销售货物处理。

（三）销售服务

销售服务，是指提供交通运输服务、邮政服务、电信服务、建筑服务、金融服务、现代服务、生活服务。

1. 交通运输服务（税率9%）

子目	重点提示
陆路运输服务	出租车公司向使用本公司自有出租车的出租车司机收取的管理费用，按照"陆路运输服务"缴纳增值税
水路运输服务	程租业务、期租业务按照"水路运输服务"缴纳增值税。 提示： "程租""期租"与"光租"的辨析：光租，指不配人员只出租船舶，按照有形动产的租赁服务缴纳增值税
航空运输服务	（1）湿租业务按"航空运输服务"缴纳增值税。 提示： "湿租"与"干租"的辨析：干租，不配人员只出租飞机，按照有形动产的租赁服务缴纳增值税。 （2）航天运输服务，按照"航空运输服务"征收增值税
管道运输服务	通过管道设施输送气体、液体、固体物质的运输业务活动

提示：

（1）**无运输工具承运业务**：经营者以承运人身份与托运人签订运输服务合同，收取运费并承担承运人责任，然后委托实际承运人完成运输服务的经营活动，按照"交通运输服务"缴纳增值税。

（2）**逾期票证收入**：纳税人已售票但客户逾期未消费取得的逾期票证收入，按照"交通运输服务"缴纳增值税。

2. 邮政服务（税率9%）

邮政服务，指中国邮政集团公司及其所属邮政企业提供邮件寄递、邮政汇兑和机要通信等邮政基本服务的业务活动。

提示：中国邮政速递物流股份有限公司及其子公司（含各级分支机构）以及邮政储蓄银行，不属于中国邮政集团公司所属邮政企业。

3. 电信服务

子目	重点提示
基础电信服务 （税率9%）	利用固网、移动网、卫星、互联网，提供语音通话服务、出租或出售带宽、波长等网络元素等业务活动
增值电信服务 （税率6%）	利用固网、移动网、卫星、互联网，有线电视网络，提供短信、彩信、电子数据和信息的传输及应用、互联网接入服务等业务活动（含卫星电视信号落地转接服务）

4. 建筑服务（税率9%）

子目	重点提示
工程服务	新建、改建各种建筑物、构筑物的工程作业
安装服务	固定电话、有线电视、宽带、水、电、燃气、暖气等经营者向用户收取的安装费、初装费、开户费、扩容费以及类似收费，按照"建筑服务——安装服务"缴纳增值税
修缮服务	修缮服务针对不动产，而修理修配针对有形动产
装饰服务	物业服务企业为业主提供的装修服务，按照"建筑服务——装饰服务"缴纳增值税
其他建筑服务	纳税人将建筑施工设备出租给他人使用并配备操作人员的，按照建筑服务缴纳增值税。只出租建筑施工设备不配备操作人员的，按照有形动产的租赁服务缴纳增值税

5. 金融服务（6%）

子目	重点提示
贷款服务	将资金贷与他人使用而取得利息收入的业务活动，各种占用、拆借资金取得的收入，包括以下项目： （1）金融商品持有期间（含到期）利息（包括"保本收益、报酬、资金占用费、补偿金"等名目收取的，合同中明确承诺到期本金可全部收回的投资收益）收入。 （2）信用卡透支利息收入。 （3）买入返售金融商品利息收入。 （4）融资融券收取的利息收入。 （5）押汇、罚息、票据贴现、转贷等业务取得的利息及利息性质的收入。 （6）融资性售后回租业务中收到的利息性质的收入。 （7）以货币资金投资收取的固定利润或者保底利润。 提示：金融商品持有期间（含到期）取得的非保本的上述收益，不属于利息或利息性质的收入，不征收增值税
直接收费金融服务	包括货币兑换、账户管理、电子银行、信用卡、信用证、财务担保、资产管理、信托管理、基金管理、金融交易场所（平台）管理、资金结算、资金清算、金融支付等服务
保险服务	包括人身保险服务、财产保险服务
金融商品转让	转让非上市公司股权不属于转让"金融商品"，不缴纳增值税

精准答疑

问题： 上市公司的股票和非上市公司股权转让和持有时如何缴纳增值税？

解答： （1）转让上市公司的股权，需要按照金融商品转让缴纳增值税。而转让非上市公司股权，其股权不属于有价证券，转让其股权不属于增值税征收范围，不需要缴纳增值税。

（2）上市公司股票和非上市公司的股权在持有期间，取得的股息、红利等投资收益属于非保本的投资性收益，不属于增值税应税范围，不需要缴纳增值税。

6. 现代服务（除租赁服务以外，其他的均适用6%税率）

子目	重点提示
研发和技术服务	包括研发服务、合同能源管理服务、工程勘察勘探服务、专业技术服务
信息技术服务	包括软件服务、电路设计及测试服务、信息系统服务、业务流程管理服务和信息系统增值服务
文化创意服务	（1）包括设计服务、知识产权服务、广告服务和会议展览服务。 （2）广告服务，包括广告代理和广告的发布、播映、宣传、展示等。 （3）会议展览服务，包括宾馆、旅馆、旅社、度假村和其他经营性住宿场所提供会议场地及配套服务的活动
物流辅助服务	包括：航空服务、港口码头服务、货运客运场站服务、打捞救助服务、装卸搬运服务、仓储服务、收派服务
租赁服务	（1）建筑物、构筑物等不动产的广告位出租按照"不动产租赁服务"缴纳增值税。 （2）飞机、车辆等有形动产的广告位出租按照"有形动产租赁服务"缴纳增值税。 （3）车辆停放服务、道路通行服务（包括过路费、过桥费、过闸费等）等按照"不动产租赁服务"缴纳增值税。 （4）光租、干租业务，属于"有形动产租赁服务"。 提示：融资租赁属于"租赁服务"，而融资性售后回租按照金融服务中的"贷款服务"缴纳增值税
鉴证咨询服务	（1）包括认证服务、鉴证服务和咨询服务。 （2）翻译服务和市场调查服务按照"咨询服务"缴纳增值税
广播影视服务	包括广播影视节目（作品）的制作服务、发行服务和播映（含放映）服务
商务辅助服务	包括企业管理服务、经纪代理服务（包括货物运输代理服务、代理报关服务等）、人力资源服务、安全保护服务

子目	重点提示
其他现代服务	（1）纳税人对安装运行后的机器设备提供的维护保养服务，按照"其他现代服务"缴纳增值税。 （2）纳税人为客户办理退票而向客户收取的退票费、手续费等收入，按照"其他现代服务"缴纳增值税

7. 生活服务（6%）

生活服务，是指为满足城乡居民日常生活需求提供的各类服务活动。包括文化体育服务、教育医疗服务、旅游娱乐服务、餐饮住宿服务、居民日常服务和其他生活服务。

提示：

（1）纳税人在游览场所经营索道、摆渡车、电瓶车、游船等取得的收入，按照"文化体育服务"缴纳增值税。

（2）游览场所以外的缆车运输、索道运输按照"交通运输服务——陆路运输服务"缴纳增值税。

（3）纳税人提供植物养护服务，按照"其他生活服务"缴纳增值税。

（四）销售无形资产（除转让土地使用权外，税率6%）

销售无形资产，指有偿转让无形资产所有权或者使用权的业务活动。

无形资产，指不具实物形态，但能带来经济利益的资产，包括技术、商标、著作权、商誉、自然资源使用权和其他权益性无形资产。

提示：转让土地使用权虽然属于销售无形资产，但适用9%的税率。其他情形的销售无形资产均适用6%的税率。

精准答疑

问题：销售软件属于销售无形资产吗？

解答：软件产品在我国增值税征税范围中属于"货物"范畴，适用13%的税率，不属于销售无形资产。同时针对销售软件产品，还有增值税即征即退的优惠政策，具体内容见本章的"税收优惠"部分内容。

（五）销售不动产（税率9%）

销售不动产，指有偿转让不动产所有权的业务活动，适用税率9%。

转让建筑物有限产权或者永久使用权、转让在建的建筑物或者构筑物所有权，以及在转让建筑物或者构筑物时一并转让其所占土地的使用权的，按照"销售不动产"缴纳增值税。

提示：虽然单独转让土地使用权属于销售无形资产，但如果在转让土地使用权的同时，也将地上的建筑物或者构筑物一起转让，则属于销售不动产。

| 典例研习·4-2 （模拟多项选择题）

根据增值税征税范围的规定，下列说法正确的有（   ）。

A. 道路通行服务按"不动产租赁服务"缴纳增值税

B. 向客户收取退票费按"其他现代服务"缴纳增值税

C. 融资租赁按"金融服务"缴纳增值税

D. 车辆停放服务按"有形动产租赁服务"缴纳增值税

E. 融资性售后回租按"租赁服务"缴纳增值税

斯尔解析 本题考查增值税征税范围的辨析。

选项 CE 不当选，融资租赁按现代服务中的"租赁服务"缴纳增值税，融资性售后回租按金融服务中的"贷款服务"缴纳增值税。选项 D 不当选，车辆停放服务按"不动产租赁服务"缴纳增值税。

本题答案 AB

（六）增值税税率

提示： 增值税税率考试中不会作为已知条件给出。在复习增值税征税范围时，一定要跟增值税税率结合起来一起复习。

（1）销售服务、无形资产和不动产适用税率：

项目	项目子类	适用税率
	交通运输服务	9%
	邮政服务	9%
电信服务	基础电信服务	9%
	增值电信服务	6%
	建筑服务	9%
	金融服务	6%
现代服务	除租赁服务以外的现代服务	6%
	特殊：不动产租赁服务	9%
	特殊：有形动产租赁服务	13%
	生活服务	6%
销售无形资产	销售其他无形资产	6%
	特殊：转让土地使用权	9%
	销售不动产	9%

（2）销售或进口货物、销售劳务的适用税率：

13%——一般货物、劳务。

9%——下列特定低税率货物。

粮食等农产品、食用植物油、食用盐、自来水、暖气、冷气、热水、煤气、石油液化气、天然气、二甲醚、沼气、居民用煤炭制品、图书、报纸、杂志、音像制品、电子出版物、饲料、化肥、农药、农机、农膜。

（3）零税率的适用范围：

出口货物、有资质的国际运输服务、航天运输服务，以及向境外单位提供的完全在境外消费的下列服务：

研发服务、合同能源管理服务、设计服务、广播影视节目（作品）的制作和发行服务、软件服务、电路设计及测试服务、信息系统服务、业务流程管理服务、离岸服务外包业务、转让技术。

（七）征税范围的特殊规定

1. 特殊情形

特殊项目	属于征税范围的行为	不属于征税范围的行为
财政补贴收入	与其销售货物、劳务、服务、无形资产、不动产的收入或者数量直接挂钩的，应按规定计算缴纳增值税	其他情形的财政补贴收入，不征收增值税
罚没物品	经营单位购入罚没物品再销售、国家指定销售单位将罚没物品再销售、专管机关再经营应征增值税的货物，应照章征收增值税	罚没物品公开拍卖收入、变价处理收入、交由专管机关取得的收入或收购收入，如数上缴财政，不予征税
单用途商业预付卡和支付机构预付卡（多用途卡）	(1) 售卡方因发行或者售卡并办理相关资金收付结算业务取得的手续费、结算费、服务费、管理费等收入，应按照现行规定缴纳增值税。 (2) 持卡人到特约商户购买货物或服务，特约商户应按规定正常缴纳增值税（不得向持卡人开具增值税发票，与售卡方结算时向售卡方开具增值税普通发票）	售卡或者持卡人充值取得的充值或预收资金，不缴纳增值税（不得开具增值税专用发票，可开具不征税的普通发票）

2. 不征收增值税的情形

记忆提示	具体情形
非营业活动	(1) 单位或者个体工商户聘用的员工为本单位或者雇主提供取得工资的服务、单位或者个体工商户为员工提供应税服务。 (2) 代为收取的满足条件的政府性基金或者行政事业性收费。

续表

记忆提示	具体情形
非营业活动	（3）各党派、共青团、工会、妇联、中科协、青联、台联、侨联收取党费、团费、会费，以及政府间国际组织收取会费。 （4）房地产主管部门或者其指定机构、公积金管理中心、房地产开发企业以及物业管理单位代收的住宅专项维修资金
特定金融相关	（1）存款利息、被保险人获得的保险赔付。 （2）融资性售后回租业务中，承租方出售资产的行为
"整体资产转让"	资产重组过程中，通过合并、分立、出售、置换等方式，将全部或者部分实物资产以及与其相关联的债权、负债和劳动力一并转让给其他单位和个人，其中涉及的货物和不动产转让行为

（八）视同销售行为

原理详解

有些货物移送行为、提供服务、转让无形资产和不动产的行为虽未产生"实实在在的销售额"，企业需要进行视同销售处理，从而保证：

（1）有增值即纳税，防止通过这些行为逃避纳税，造成税基被侵蚀，税款流失。

（2）保证本环节的销项税额可以作为下一个环节的进项税额继续抵扣，使得税款抵扣链条具有完整性，避免重复征税。

1. 视同销售货物

记忆提示	具体范围
代销	（1）将货物交付其他单位或者个人代销。 （2）销售代销货物
总分机构异地移送	设有两个以上机构并实行统一核算的纳税人，将货物从一个机构移送其他机构用于销售，但相关机构设在同一县（市）的除外。 "用于销售"，是指受货机构发生以下情形之一的经营行为： （1）向购货方开具发票。 （2）向购货方收取货款
用于特定 "视同销售"的用途	（1）将自产、委托加工的货物用于集体福利或个人消费。 （2）将自产、委托加工或购进的货物作为投资，提供给其他单位或个体工商户。 （3）将自产、委托加工或购进的货物分配给股东或投资者。

续表

记忆提示	具体范围
用于特定"视同销售"的用途	（4）将自产、委托加工或购进的货物无偿赠送给其他单位或者个人。 提示：购进的货物用于集体福利和个人消费不视同销售，而属于进项税额不可抵扣的情形

2. 视同销售服务、无形资产或者不动产

（1）单位或者个体工商户向其他单位或者个人无偿提供服务，但用于公益事业或者以社会公众为对象的除外。

提示：根据国家指令无偿提供的铁路运输服务、航空运输服务，不征收增值税。

（2）单位或者个人向其他单位或者个人无偿转让无形资产或者不动产，但用于公益事业或者以社会公众为对象的除外。

提示：纳税人出租不动产，租赁合同中约定免租期的，不属于视同销售服务。

（九）兼营和混合销售行为

类型	定义	税务处理
混合销售	一项销售行为如果既涉及货物又涉及服务，为混合销售。 提示：判断销售货物与服务之间是否存在联系	(1) 混合销售行为，按"主业"征税。 (2) 特殊规定：销售活动板房、机器设备、钢结构件等自产货物（含外购的机器设备）的同时提供建筑、安装服务，不属于混合销售，应分别核算货物和建筑服务的销售额（分别适用不同的税率和征收率）
兼营	适用于不同税率或不同征收率的应税销售行为	应当分别核算适用不同税率或者征收率的销售额。未分别核算的，从高适用税率或征收率

三、一般纳税人采用的计税方法的审核（★）

（一）一般纳税人·一般计税方法

一般纳税人采用一般计税方法基本计算公式：

应纳税额 ＝ 当期销项税额 － 当期进项税额

（二）一般纳税人·简易计税方法

1. 一般纳税人采用简易计税方法——3% 征收率

提示：一般纳税人选择简易计税方法，一经选择，36 个月内不得变更。

主要适用情形包括：

（1）销售部分自产货物的情形（详细内容略）。

（2）寄售商店代销寄售物品（包括居民个人寄售的物品在内）。

（3）典当业销售死当物品。

（4）公共交通运输服务。

（5）经认定的动漫企业为开发动漫产品提供的动漫相关服务，以及在境内转让动漫版权。

（6）电影放映服务、仓储服务、装卸搬运服务、收派服务和文化体育服务。

（7）以纳入营改增试点之日前取得的有形动产为标的物提供的经营租赁服务。

（8）在纳入营改增试点之日前签订的尚未执行完毕的有形动产租赁合同。

（9）以清包工方式提供的建筑服务。

（10）为甲供工程提供的建筑服务。

提示：一般纳税人销售自产机器设备的同时提供安装服务，应分别核算机器设备和安装服务的销售额，安装服务可以按照甲供工程选择适用简易计税方法计税（外购机器设备同时提供安装服务，若分开核算的，也比照此规定）。

（11）提供非学历教育服务、教育辅助服务。

（12）非企业性单位中的一般纳税人提供的研发和技术服务、信息技术服务、鉴证咨询服务，以及销售技术、著作权等无形资产。

（13）从事再生资源回收的纳税人销售其收购的再生资源，选择适用简易计税方法的。

提示：该纳税人应取得相应的经营许可证书、资质认定证书或完成再生资源回收经营者备案。

2. 适用 3% 征收率减按 2% 征收（一般纳税人）

适用情形：

（1）销售自己使用过的固定资产。

一般纳税人销售自己使用过的不得抵扣且未抵扣进项税额的固定资产，适用简易办法依照 3% 征收率减按 2% 征收增值税，应开具普通发票，不得开具增值税专用发票。纳税人也可以放弃减税，按照简易办法依照 3% 征收率缴纳增值税，并可以开具增值税专用发票。

（2）纳税人销售旧货，按照简易办法依照 3% 征收率减按 2% 征收增值税，不能开具增值税专用发票（二手车经销商销售二手车除外）。

旧货，指进入二次流通的具有部分使用价值的货物（含旧汽车、旧摩托车和旧游艇），但不包括自己使用过的物品。

精程答疑

问题："旧货"和"自己使用过的固定资产"有什么区别？

解答：自己使用过的固定资产，是指纳税人符合规定并根据财务会计制度已经计提折旧的固定资产。旧货，指进入二次流通具有部分价值的货物。

举例说明：

假设甲生产企业，淘汰自己生产经营用的旧设备，这属于销售自己使用过的固定资产。

假设乙企业是专门从事二手生意的经销商，这台旧设备被卖到乙企业手中，即属于"存货"，乙企业再把这台旧设备对外出售，这属于销售旧货。

| 典例研习·4-3

甲企业为增值税一般纳税人，2024年3月份处置其2006年购买并使用过的A设备和B设备。

出售A设备取得含税金额1.03万元，按购买方要求开具了增值税专用发票。

出售B设备取得含税金额2.06万元，未开具增值税专用发票，也未放弃减税优惠。

已知：当年采购A、B设备时按规定均未抵扣过进项税额。

要求：

分别计算出售A、B设备的应纳增值税税额。

⑨斯尔解析 本题考查增值税一般纳税人销售自己使用过的固定资产的处理。

出售A设备应纳税额 =1.03÷（1+3%）×3%=0.03（万元）

出售B设备应纳税额 =2.06÷（1+3%）×2%=0.04（万元）

提示：根据给出条件，出售A设备开具了增值税专用发票，隐含条件即为放弃2%减税优惠，应按照3%的征收率计算应纳税额。

出售B设备未开具专用发票，也未放弃减税优惠，故按3%的征税率进行价税分离换算后，按2%的税率计算应纳税额。

3. 适用 0.5% 征收率（一般纳税人及小规模纳税人均适用）

应纳税额 = 销售额 ×0.5%= 含税销售额 ÷（1+0.5%）×0.5%

适用情形：自2020年5月1日至2027年12月31日，从事二手车经销的纳税人销售其收购的二手车，改为按0.5%征收增值税。

纳税人应当开具二手车销售统一发票。除购买方为个人外，购买方索取增值税专用发票的，应当再开具征收率为0.5%的增值税专用发票。

精准答疑 ◎

问题1： 收购旧机动车，取得二手车销售统一发票，能否作为进项税额扣税凭证？

解答1： 二手车销售统一发票不是有效的增值税扣税凭证。

问题2： 开具二手车销售统一发票后，还可以再开具0.5%的专用发票，为什么要开两张发票？

解答2： 在购买方（除个人外）索取"专票"的情况下，二手车经销单位确实是需要开具两张发票的。

其中一张是二手车销售统一发票，这张发票上面注明了车辆的发动机号等相关信息，用于在二手车市场办理车辆过户手续。而0.5%征收率的增值税专用发票，用于记账和抵扣进项税额。两张发票上的价税合计金额是一致的。

4.适用5%征收率

（1）一般纳税人提供劳务派遣服务、安全保护服务，选择差额纳税的：

其中，一般纳税人提供劳务派遣服务选择差额纳税的，以取得的全部价款和价外费用，扣除代用工单位支付给劳务派遣员工的工资、福利和为其办理社会保险及住房公积金后的余额为销售额，其向用工单位收取用于支付给劳务派遣员工工资、福利和为其办理社会保险及住房公积金的费用，不得开具增值税专用发票，可以开具普通发票。

（2）一般纳税人提供人力资源外包服务，选择适用简易计税方法的。

（3）一般纳税人销售不动产老项目、转让土地使用权老项目、租赁不动产老项目，以及房地产开发企业中的一般纳税人销售自行开发的房地产老项目，选择简易方法计税的。

（4）住房租赁企业向个人出租住房，选择适用简易计税方法，按5%的征收率减按1.5%计算缴纳增值税。

解题高手

命题角度：不同税率和征收率的辨析。

（1）适用5%的征收率的情形。

除了劳务派遣服务、安保服务、人力资源外包服务之外，其他适用于5%征收率的均为"老"不动产相关的服务，包括不动产租赁、不动产销售、不动产融资租赁、土地使用权以及（除高速公路之外的）道路、桥、闸通行费。

（2）适用3%征收率的情形。

①一般纳税人销售自己使用过的固定资产，第一步先看是否属于可以选择简易计税的情形。第二步，再看题目中是如何开票的。

如果开的是普票，按照3%减按2%计算增值税。如果开的是专票，则说明放弃减税，直接按照3%的征收率计算增值税。

②试点前高速公路通行费适用征收率3%，而试点前一级公路、二级公路、桥、闸通行费适用征收率5%。

| 典例研习·4-4 （模拟多项选择题）

下列服务中，一般纳税人可以选择简易计税的有（　　）。

A. 公共交通运输服务　　　　　　B. 劳务派遣服务

C. 清包工方式建筑服务　　　　　D. 融资性售后回租

E. 人力资源外包服务

（斯尔解析）本题考查一般纳税人可以选择简易计税方法情形的判断。

选项A当选，一般纳税人提供的公共交通运输服可以选择简易计税方法，按照3%的征收率计算缴纳增值税。

选项 B 当选，一般纳税人提供的劳务派遣服务，可以选择差额纳税，按照简易计税方法适用 5% 的征收率计算缴纳增值税。

选项 C 当选，一般纳税人以清包工方式提供的建筑服务可以选择简易计税方法，按照 3% 的征收率计算缴纳增值税。

选项 E 当选，一般纳税人提供的人力资源外包服务可以选择简易计税方法，按照 5% 的征收率计算缴纳增值税。

选项 D 不当选，一般纳税人提供的融资性售后回租服务取得的利息及利息性质的收入按照"金融服务——贷款服务"征收增值税，不能选择简易计税方法。

本题答案 ABCE

四、一般计税方法下销项税额的审核（★★）

（一）纳税义务发生时间

1. 纳税义务发生时间的一般规定

（1）纳税人发生应税销售行为，纳税义务发生时间为收讫销售款项或者取得索取销售款项凭据的当天。先开具发票的，为开具发票的当天。

其中：

收讫销售款项，指纳税人发生应税销售行为过程中或者完成后收到的款项。

取得索取销售款项凭据的当天，指书面合同确定的付款日期。未签订书面合同或者书面合同未确定付款日期的，为应税销售行为完成的当天或者不动产权属变更的当天。

原理详解 💡

上述规定可理解为，应税销售行为的纳税义务发生时间一般为收款时或按照合同规定到期应收款之日。如果先开具了发票，则按照开发票的时间。

（2）进口货物，为报关进口的当天。

（3）增值税扣缴义务发生时间，为纳税人增值税纳税义务发生的当天。

2. 各类应税销售行为具体规定

销售方式	纳税义务发生时间
直接收款	不论货物是否发出，均为收到销售款或者取得索取销售款凭据的当天
托收承付和委托银行收款	发出货物并办妥托收手续的当天
赊销和分期收款	(1) 书面合同约定的收款日期的当天。 (2) 无合同或合同无约定，为货物发出的当天

续表

销售方式	纳税义务发生时间
预收货款	(1) 一般货物，为发出的当天。 (2) 工期超 12 个月的货物（大型机械设备、船舶、飞机等）为收到预收款或者书面合同约定的收款日期的当天。 (3) 租赁服务采取预收款方式的，为收到预收款的当天
委托他人代销货物	(1) 收到代销清单或收到全部或部分货款的当天。 (2) 未收到代销清单及货款的，为发出代销货物满 180 天的当天
代销之外的其他视同销售	货物移送的当天
金融商品转让	所有权转移的当天
视同销售服务、无形资产、不动产	服务、无形资产转让完成的当天，不动产权属变更的当天

提示：在所有情形下，先开具发票的，为开具发票的当天。

典例研习·4-5 （模拟多项选择题）

关于增值税纳税义务发生时间和扣缴义务发生时间，下列说法正确的有（　　）。

A. 从事金融商品转让的，为收到销售额的当天

B. 赠送不动产的，为不动产权属变更的当天

C. 扣缴义务发生时间为纳税人增值税纳税义务发生的当天

D. 以预收款方式提供租赁服务的，为服务完成的当天

E. 以预收款方式销售货物（除特殊情况外）的，为货物发出的当天

斯尔解析 本题考查增值税纳税义务发生时间和扣缴义务发生时间的规定。

选项 A 不当选，从事金融商品转让的，为金融商品所有权转移的当天。

选项 D 不当选，以预收款方式提供租赁服务的，为收到预收款的当天。

本题答案 BCE

（二）一般销售方式下销售额的确认

销售额为纳税人发生应税销售行为收取的全部价款和价外费用，但是不包括收取的销项税额。具体来说，应税销售额包括以下内容：

1. 销售货物或提供应税劳务取自于购买方的全部价款及价内税

对于含税销售额，我们需先将其换算成不含税销售额，换算公式如下：

不含税销售额 = 含税销售额 ÷（1 + 增值税税率）

2.价外费用

（1）向购买方收取的价外费用，不论会计制度如何核算，均应并入销售额。

提示：价外费用一般都是含税金额，需要按照所销售货物的适用税率进行换算。

（2）不包含在价外费用中的项目：

①受托加工应征消费税的消费品所代收代缴的消费税。

②销货同时代办保险收取的保险费、向购买方收取的代购买方缴纳的车辆购置税、车辆牌照费。

③同时符合以下条件的代垫运费：承运部门的运输费用发票开具给购买方的，且纳税人将该项发票转交给购买方的。

提示：上述项目实际上是纳税人在各个环节代收代付的款项，包括加工环节缴纳的消费税（实际支付给税务机关）、保险费（实际支付给保险公司）、车辆购置税和车辆牌照费（实际是要付给税务机关、车辆管理机构的）等，属于"证据确凿"的代收代付。

精准答疑

问题： 如何分辨"销售额"是否含税。

解答： 常见表述方法如下。

维度	表述
含税	(1) 零售价格。 (2) 普通发票上注明的价税合计金额。 (3) 价外费用（各种名目）。 (4) 包装物押金。 提示：若出现上述表述，则需要进行价税分离
不含税	(1) 增值税专用发票上注明的价款或金额。 (2) 机动车销售统一发票上注明的价款或金额。 (3) 海关进口增值税专用缴款书上注明的价款或金额

（三）特殊销售方式下销售额的确定

销售方式	描述	增值税税务处理
折扣销售 （商业折扣）	因购货方购货数量较大等原因而给予购货方的价格优惠	(1) 销售额和折扣额在同一张发票（金额栏）上分别注明的，可扣除折扣额。如果仅在发票"备注栏"注明折扣额，或将折扣额另开发票的，不论财务上如何处理，折扣额均不得从销售额中扣除。

续表

销售方式	描述	增值税税务处理
折扣销售（商业折扣）	因购货方购货数量较大等原因而给予购货方的价格优惠	（2）开具发票之后，如果由于购买方在一定时期内累计购买货物达到一定数量，或由于市场价格下降等原因，销货方给予购货方相应的价格优惠或补偿等折扣、折让行为，可按照有关规定开具红字增值税发票
销售折扣（现金折扣）	发生应税销售行为后，为了鼓励购货方及早偿还货款而协议许诺给予购货方的一种折扣优待	销售折扣不得从销售额中减除，实质上是一种融资性质的理财费用。例如：10 天内付款给予 5% 折扣、20 天内付款给予 3% 折扣、30 天内付款给予 1% 折扣
销售折让或销售退回	因售出商品的质量不合格等原因而在售价上给予的减让	销售折让可以通过开具红字专用发票，从发生退回或折让当期的销售额中扣除
以旧换新	在销售自己的货物时，有偿收回旧货物的行为	（1）一般货物：按新货物的同期销售价格确定销售额，不得扣减旧货物的收购价格。（2）金银首饰特殊规定：金银首饰以旧换新业务，可以按销售方实际收取的不含增值税的全部价款征收增值税
包装物押金（需单独核算）	一般包装物押金（啤酒、黄酒按照此规定执行）	（1）一年以内且未超过合同规定期限，不并入销售额征税。（2）一年以内但超过合同规定期限，并入销售额征税。（3）一年以上，并入销售额征税。提示：判定逾期的原则，比较一年和合同期限，在孰早的时点并入销售额征税
	酒类包装物押金（啤酒、黄酒除外）	收到就并入销售额

提示：包装物押金为含税价，需要作价税分离换算为不含税价。

（四）视同销售货物销售额的确认

纳税人销售货物、发生应税行为的价格明显偏低或偏高且不具有合理商业目的，或者有视同销售货物行为、视同发生应税行为而无销售额的，在计算增值税时，销售额应按照如下规定的顺序来确定：

（1）按照纳税人最近时期同类应税货物、应税行为的平均销售价格确定。

（2）按照其他纳税人最近时期同类应税货物、应税行为的平均销售价格确定。

（3）按照组成计税价格确定：

组成计税价格 = 成本 ×（1+ 成本利润率）

成本利润率由国家税务总局确定。

提示：

①如果销售的是应征消费税的应税消费品，组成计税价格中还需要包含消费税税额。公式变成：

应交消费税货物的组成计税价格 = 成本 ×（1+ 成本利润率）+ 消费税税额

或：组成计税价格 = 成本 ×（1+ 成本利润率）÷（1- 消费税比例税率）。

②一般货物"成本利润率"为 10%。但属于应征收消费税的货物，其成本利润率依据消费税规定。

（五）按差额确定销售额

原理详解 💡

为何要进行差额计税？

现行增值税政策规定，增值税的销售额为纳税人发生应税销售行为收取的全部价款和价外费用。但有些销售行为，仍然无法通过抵扣机制避免重复征税的存在，确定这些行为的应税销售额时，引入特殊规定，即可以从全部价款和价外费用中减除部分项目，以差额作为计税销售额。

1. 金融商品转让

（1）金融商品转让，按照卖出价扣除买入价后的余额为销售额。

（2）转让金融商品出现的正负差，按盈亏相抵后的余额为销售额。若相抵后出现负差，可结转下一纳税期与下期转让金融商品销售额相抵，但年末仍出现负差的，不得转入下一个会计年度（即转让金融商品盈亏可以相抵，负差可跨纳税期相抵，但不得跨年）。

（3）金融商品的买入价，可以选择按照加权平均法或者移动加权平均法进行核算，选择后 36 个月内不得变更。

提示：金融商品转让，不得开具增值税专用发票。

（4）针对解禁流通后对外转让限售股的买入价的特殊规定。

①公司首次公开发行股票并上市（IPO）形成的限售股，以及上述股份孳生的送、转股，以该上市公司股票首次公开发行 IPO 的发行价为买入价。

②因上市公司实施重大资产重组形成的限售股，以及上述股份孳生的送、转股，以停牌前一交易日的收盘价为买入价。

③单位将其持有的限售股在解禁流通后对外转让，按照规定确定的买入价低于该单位取得限售股的实际成本价的，以实际成本价为买入价计算缴纳增值税。

提示：因为在股权分置改革、重大资产重组，或者首次公开发行上市的情况下，股票的"买入价"难以确定，所以税法中对这几种情形下股票的"买入价"单独做了详细的规定，以便于增值税的计算和征管。

| 典例研习·4-6

某金融机构为增值税一般纳税人，按季申报缴纳增值税，2024 年第二季度经营业务如下：转让债券，卖出价为 2 200 万元，该债券于 2021 年 6 月买入，买入价为 1 400 万元。该金融机构 2024 年第一季度转让债券亏损 80 万元。2023 年年底转让债券仍有负差 100 万元。

要求：

根据上述资料，计算第二季度金融商品转让的销项税额。

🔍**斯尔解析** 本题考查金融商品转让销项税额的计算。

金融商品转让，按照卖出价扣除买入价后的余额为销售额。转让金融商品出现的正负差，按盈亏相抵后的余额为销售额。若相抵后出现负差，可结转下一纳税期与下期转让金融商品销售额相抵，但年末时仍出现负差的，不得转入下一个会计年度。

第二季度金融商品转让的销项税额 ＝（2 200–1 400–80）÷（1+6%）×6%=40.75（万元）

2. 融资租赁和融资性售后回租的销售额（仅限于经监管机构批准的）

（1）融资租赁服务：

以取得的全部价款和价外费用，扣除支付的借款利息、发行债券利息和车辆购置税后的余额为销售额。

（2）融资性售后回租服务：

以全部价款和价外费用（不含本金），扣除对外支付的借款利息、发行债券利息后的余额作为销售额（即可以扣除本金）。

纳税人提供有形动产融资性售后回租服务，向承租方收取的有形动产价款本金部分，不得开具增值税专用发票，可以开具普通发票。

解题高手👆

命题角度：融资租赁和融资性售后回租增值税税务处理的辨析。

（1）普通融资租赁不可以扣本金，只能以扣除借款利息、发行债券利息和车辆购置税后的余额为销售额，按照"租赁服务"征收增值税。

（2）融资性售后回租以不含本金的全部价款和价外费用（即可扣本金），再扣除借款利息、发行债券利息后的余额为销售额，按照"贷款服务"征收增值税，适用 6% 的税率。

提示：融资租赁中，设备在购进时本金部分可以取得增值税专用发票，可以抵扣进项税，所以在算销项税额的时候不得从租金里面扣除本金。融资性售后回租业务中出售资产的行为不征收增值税，也无法取得增值税发票，而出租方收到的租金，按照贷款服务缴纳增值税，实际上只是针对利息及利息性质的收入征收，所以需要扣除本金。

3. 房地产开发企业中的一般纳税人销售其开发的房地产项目的销售额

房地产开发企业中的一般纳税人销售其开发的房地产项目适用"一般计税方法"计税，以取得的全部价款和价外费用，扣除受让土地时向政府部门支付的土地价款后的余额为销售额。取得土地时向其他单位或个人支付的拆迁补偿费用也允许扣除。

提示：建筑服务、转让不动产、房地产开发企业销售自行开发的房地产项目的销售额确定相关规定，需要按照计算题的标准掌握，将在后续章节中进一步学习及总结。

4. 一般纳税人提供客运场站服务

销售额为扣除支付给承运方运费后的余额。

5. 旅游服务

可以选择以取得的全部价款和价外费用，扣除向旅游服务购买方收取并支付给其他单位或者个人的住宿费、餐饮费、交通费、签证费、门票费和支付给其他接团旅游企业的旅游费用后的余额为销售额。

提示：不能扣除的费用包括导游费、车辆加油费、司机费用等其他未列明的费用。选择上述办法计算销售额的纳税人，针对上述费用，不得开具增值税专用发票，可以开具普通发票。

6. 各类代理服务

项目	销售额的确定
经纪代理服务	允许扣除政府性基金或者行政事业性收费
签证代理服务	允许扣除向服务接受方收取并代为支付给外交部和外国驻华使（领）馆的签证费、认证费
人力资源外包服务	销售额中不包括接受客户委托代为向客户单位员工发放的工资和代理缴纳的社会保险、住房公积金
航空运输企业和航空运输销售代理企业	（1）航空运输企业的销售额不包括代售其他航空运输企业客票而代收转付的价款。 （2）航空运输销售代理企业提供机票代理服务，允许扣除境内或境外的机票结算款和相关费用。 提示：航空运输企业的销售额不包括代收的民航发展基金

7. 简易计税方法下采用"差额征税"的项目

（1）建筑服务选择适用简易计税方法。

以取得的全部价款和价外费用扣除支付的分包款后的余额为销售额。

（2）转让不动产"老项目"适用简易计税方法（非房地产开发企业）。

一般纳税人转让 2016 年 4 月 30 日前取得的不动产（不含自建）选择适用简易计税方法的，小规模纳税人转让取得的不动产（不含自建），以取得的全部价款和价外费用扣除不动产购置原价或者取得不动产时作价后的余额为销售额。

（3）一般纳税人提供劳务派遣服务选择适用简易计税方法。

选择差额纳税的，以取得的全部价款和价外费用，扣除代用工单位支付劳务派遣员工的工资、福利和为其办理社会保险及住房公积金后的余额为销售额，按照简易计税方法依5%征收率征税（小规模纳税人也可参照此办法）。

（4）物业公司收取自来水水费。

提供物业管理服务的纳税人，向服务接受方收取的自来水水费，以扣除其对外支付的自来水水费后的余额为销售额，按照简易计税方法依3%的征收率征税。

提示：按照上述"差额征税"规定允许扣除的价款，应当取得合法有效凭证。

具体为：

（1）支付给境内单位或者个人的款项，以发票为合法有效凭证。

（2）支付给境外单位或者个人的款项，以该单位或者个人的签收单据为合法有效凭证。税务机关对签收单据有疑义的，可以要求其提供境外公证机构的确认证明。

（3）缴纳的税款，以完税凭证为合法有效凭证。

（4）扣除的政府性基金、行政事业性收费或者向政府支付的土地价款，以省级以上（含省级）财政部门监（印）制的财政票据为合法有效凭证。

解题高手👍

命题角度：判断哪些应税行为可以按照差额计税，主要可以总结为以下3种类型。

（1）允许扣除的部分实际上不属于纳税人自己的收入或者不属于纳税人自己的销售额，属于"证据确凿的代收代付"。

（2）允许扣除的部分在实际操作中很难或者无法取得增值税进项税额的合法抵扣凭据。

（3）由于适用简易计税方法的增值税应税行为不得抵扣进项税额，所以采用差额作为销售额，以平衡采用简易计税方法的纳税人的税负。

在做题时判断是否应以差额确定销售额时，可从以上3种类型进行理解记忆。

| 典例研习·4-7 （模拟单项选择题）

关于增值税的销售额，下列说法中正确的是（　　）。

A. 旅游服务，一律以取得的全部价款和价外费用为销售额

B. 经纪代理服务，一律以取得的全部价款和价外费用为销售额

C. 劳务派遣服务，一律以取得的全部价款和价外费用为销售额

D. 航空运输销售代理企业提供境内机票代理服务，以取得的全部价款和价外费用，扣除向客户收取并支付给航空运输企业或其他航空运输销售代理企业的境内机票净结算款和相关费用后的余额为销售额

🔍 **斯尔解析** 本题考查增值税差额计税的判定。

选项 A 不当选，纳税人提供旅游服务，可以选择以取得的全部价款和价外费用，扣除向旅游服务购买方收取并支付给其他单位或者个人的住宿费、餐饮费、交通费、签证费、门票费和支付给其他接团旅游企业的旅游费用后的余额为销售额。

选项 B 不当选，经纪代理服务，以取得的全部价款和价外费用，扣除向委托方收取并代为支付的政府性基金或者行政事业性收费后的余额为销售额。

选项 C 不当选，劳务派遣服务，可以选择差额纳税，以全部价款和价外费用，扣除代用工单位支付给劳务派遣员工的工资、福利和为其办理社会保险及住房公积金后的余额为销售额，按照简易计税方法计算缴纳增值税。

🔖 **本题答案** D

五、一般计税方法下进项税额的审核（★★）

（一）准予抵扣的进项税额

1. 凭票抵扣

抵扣凭证	适用情况
增值税专用发票	纳税人发生应税销售行为开具的发票
机动车销售统一发票	纳税人从事机动车零售业务开具的发票
海关进口增值税专用缴款书	一般纳税人进口货物的时候从报关地海关索取的缴款书
解缴税款的完税凭证	一般纳税人从境外单位或个人购进劳务、服务、无形资产或者境内的不动产，从税务机关或者扣缴义务人处取得的完税凭证
收费公路通行费增值税电子普通发票	按照增值税电子普通发票上注明的增值税额抵扣
国内旅客运输服务增值税电子普通发票	

提示：在审核增值税专用发票时，应注意审核票面开具的内容、货物或应税劳务、服务名称或栏目打印的编码，与税率及业务实质是否相符。

2.购进农产品的计算抵扣和核定扣除

（1）计算抵扣。

购进农产品取得的抵扣凭证	基本抵扣方法	加计扣除的情形
一般纳税人开具的增值税专用发票，或海关进口增值税专用缴款书	以增值税专用发票或海关进口增值税专用缴款书上注明的增值税额为进项税额	购进农产品用于生产销售或委托加工13%税率货物的，在实际生产领用时，在9%的基础上，加计扣除1%的进项税额
农产品销售发票	①收购一般农产品，计算抵扣：进项税额＝买价×基本扣除率9%	
农产品收购发票		
从按照简易计税方法依照3%征收率的小规模纳税人取得的增值税专用发票	②收购烟叶，计算抵扣：进项税额＝（收购烟叶实际支付的价款总额＋烟叶税应纳税额）×基本扣除率9%	

提示：

①"买价"的确定，取得农产品收购发票和销售发票的，以发票上注明的价款作为买价。取得3%增值税专用发票的，以发票上注明的不含税金额作为买价。

②纳税人从批发、零售环节购进适用免征增值税政策的蔬菜、鲜活肉蛋而取得的普通发票，不得作为计算抵扣进项税额的凭证。

③从小规模纳税人处取得的征收率为1%的专用发票，不适用上述计算抵扣的规定，只能按照1%的税额凭票抵扣，用于深加工的也不得享受加计扣除。

（2）特定农产品的核定扣除政策适用范围。

以购进农产品为原料生产销售液体乳及乳制品、酒及酒精、植物油的增值税一般纳税人，其购进农产品无论是否用于生产上述产品，均按照核定扣除试点办法核定扣除。

3.收费公路通行服务和国内旅客运输服务的进项税额抵扣政策

项目	取得的抵扣凭证	可抵扣进项税额
收费公路通行服务、国内旅客运输服务	增值税电子普通发票	按照电子普通发票上注明的税额抵扣
收费公路通行服务	桥、闸通行费发票	桥、闸通行费发票上注明金额÷（1+5%）×5%
国内旅客运输服务（需注明旅客身份信息）	航空运输电子客票行程单	（票价＋燃油附加费）÷（1+9%）×9%
	铁路车票	票面金额÷（1+9%）×9%
	公路、水路等其他客票	票面金额÷（1+3%）×3%

提示：国内旅客运输服务的增值税计算抵扣仅限于与本单位签订了劳动合同的员工，以及本单位接受的劳务派遣员工发生的国内旅客运输服务。

解题高手

命题角度：取得不同类型国内旅客运输服务的凭证时，允许抵扣进项税额的计算。

计算时，需要注意各类国内旅客运输项目计算抵扣进项税时的税率（或征收率）：

(1) 航空运输行程单：9%（含燃油附加，不含民航发展基金）。

(2) 铁路车票：9%。

(3) 公路、水路客票：3%。

提示：用于单位集体福利或个人消费的国内旅客运输服务的进项税额，也是不得抵扣的。
【详见后续"（二）不得从销项税额中抵扣的进项税额"的内容】

（二）不得从销项税额中抵扣的进项税额

1. 不可抵扣进项税额的情形

记忆提示	不得抵扣的项目	详细规定
"特定用途"	购进货物、劳务、服务、无形资产和不动产用于： (1) 简易计税方法计税项目、免征增值税项目。 (2) 集体福利或个人消费（包括交际应酬消费）	(1) 其他权益性无形资产不论用于什么项目，均可抵扣进项税额。 (2) 固定资产、不动产、无形资产（其他权益性无形资产除外），包括租入的固定资产、不动产，专用于左侧不得抵扣项目的，不可抵扣。兼用的，可以全额抵扣。 (3) 除固定资产、不动产、无形资产以外的购进货物、劳务、服务，兼用于一般计税项目、简易计税项目或免税项目而无法划分的，按下面公式按比例计算不得抵扣的进项税额： 不得抵扣的进项税额 = 当期无法划分的全部进项税额 × （当期简易计税方法计税项目销售额 + 免征增值税项目销售额）÷ 当期全部销售额
"非正常损失"	非正常损失，指因管理不善造成货物被盗、丢失、霉烂变质，以及因违反法律法规造成货物或者不动产被依法没收、销毁、拆除的情形	(1) 非正常损失的购进货物、在产品或产成品所耗用的购进货物，以及相关劳务和交通运输服务。 (2) 非正常损失的不动产、不动产在建工程，以及其所耗用的购进货物、设计服务和建筑服务。 上述货物、劳务、服务等对应的进项税额不得抵扣
"贷、餐、民、娱"	贷款服务、餐饮服务、居民日常服务、娱乐服务	(1) 购进的贷款服务、餐饮服务、居民日常服务和娱乐服务不得抵扣进项税额。 (2) 因接受贷款服务向贷款方支付的与该笔贷款直接相关的投融资顾问费、手续费、咨询费等费用，其进项税额不得从销项税额中抵扣

续表

记忆提示	不得抵扣的项目	详细规定
"不合规"	核算不健全或票不合规	(1) 一般纳税人会计核算不健全，不能准确提供税务资料；或应当办理一般纳税人资格登记而未办理的。 (2) 取得的增值税扣除凭证不符合规定

精准答疑

问题： 一般纳税人购进客车、小汽车自用，不视同销售，为什么进项税额可以抵扣？

解答： 购进的货物、劳务、服务、无形资产和不动产只有用于简易计税、免税项目、集体福利和个人消费四种情形，不得抵扣进项税。购进客车、小汽车自用如果是用于生产经营的，进项税额可以抵扣。

解题高手

命题角度： "不可以抵扣进项税额项目"和"视同销售项目"的辨析。

用途		项目		
		简易计税、免税项目、集体福利、个人消费		投资、分配、无偿赠送
		专用的	兼用的	
购进的	购进的货物、劳务、服务	不得抵扣	按比例计算不得抵扣部分并转出	视同销售
	购进和租入的固定资产、不动产，购进的无形资产（其他权益性无形资产除外）	不得抵扣	全额抵扣	视同销售
	购进的其他权益性无形资产	全额抵扣		视同销售
	自产、委托加工的货物	视同销售 （仅限于用于集体福利和个人消费）		视同销售

2. 已抵扣的进项税额发生上述不得抵扣情形的处理

已抵扣过进项税额的项目，发生了"不可抵扣进项税额"的情形，在发生上述情形的当期进行进项税额转出。

进行进项税额转出的情形	转出金额或计算方法
取得增值税专用发票、海关进口增值税专用缴款书等凭票抵扣的情形，需要转出的	按已抵扣的税额直接进行转出
其他已抵扣进项税的货物、劳务、服务，需要转出的	按照实际成本为依据计算转出
已抵扣进项税额的固定资产、不动产、无形资产，需要转出的	固定资产、不动产或者无形资产的净值 × 适用税率
在产品、产成品、不动产的在建工程等需要转出的	按照相关耗用的货物、劳务或服务的实际成本进行进项税额转出

｜典例研习·4-8

某制药厂为增值税一般纳税人，2024 年 3 月销售应税药品取得不含税收入 100 万元，销售免税药品取得收入 50 万元，当月购入原材料一批，取得增值税专用发票，注明税款 6.8 万元，应税药品与免税药品无法划分耗料情况。计算该制药厂当月应缴纳增值税。

🔍**斯尔解析** 本题考查不得抵扣进项税额的计算方法。

不得抵扣的进项税额 = 当期无法划分的全部进项税额 ×（当期简易计税方法计税项目销售额 + 免征增值税项目销售额）÷ 当期全部销售额 =6.8×50÷（100+50）=2.27（万元）

当期准予抵扣的进项税额 =6.8-2.27=4.53（万元）

当期应纳增值税 =100×13%-4.53=8.47（万元）

｜典例研习·4-9

某超市为增值税一般纳税人，2024 年 3 月向农民收购一批免税玉米清洗后直接出售，2024 年 6 月，因管理不善该批玉米全部丢失，账面总成本为 9 100 元。该批玉米购入时支付了相应的运输费用取得增值税专用发票注明金额 600 元，进项税额已抵扣。计算应转出的进项税额。

🔍**斯尔解析** 本题考查已抵扣的进项税额转出的计算。

因管理不善导致损失的玉米，购入时相对应的运输成本需要一并作进项税额的转出处理。

进项税额转出 =（9 100-600）÷（1-9%）×9%+600×9%=894.66（元）

3. 其他需要扣减进项税额的情形——平销返利

商业企业向供货方收取的与商品销量和销售额挂钩（如以一定比例、金额、数量计算）的各种返还收入，冲减"返利"当期增值税进项税额公式为：

当期应冲减进项税额 ＝ 当期取得的返还资金 ÷（1＋所购货物适用税率）× 所购货物适用税率

提示：返还收入应视为含税价进行换算。商业企业向供货方收取的各种返还收入，一律不得开具增值税专用发票。

（三）进项税额加计抵减

原理详解

进项税额加计抵减目的是降低特定行业纳税人增值税税负。学习中要把握两个大方向：

(1) 不是所有行业都适用于加计抵减政策，考试中要区分特定行业。

(2) 加计抵减的计算"游离于"正常计算增值税当期应纳税额的体系之外，是"额外给予"的抵减。

1. 加计抵减比例

行业	2023年1月1日至 2023年12月31日	2024年1月1日至 2027年12月31日
邮政服务、电信服务、现代服务业	5%	政策到期，不再适用
生活性服务业	10%	政策到期，不再适用
先进制造业 新	5%	
集成电路和工业母机企业 新	15%	

2. 加计抵减计算的详细规定和步骤

（1）计算"本期计提加计抵减额"。

按照现行规定不得从销项税额中抵扣的进项税额，不得计提加计抵减额，因此：

本期计提加计抵减额 ＝ 本期可抵扣进项税额 ×10%（或 15%/5%）

提示：集成电路企业外购芯片的进项税额，不得计提加计抵减额。

（2）计算"当期可抵减的加计抵减额"。

已计提加计抵减额的进项税额，需要作进项税额转出的，应在进项税额转出当期，调减相应的加计抵减额（纳税人享受留抵退税政策而进行的进项税额转出无须调减对应的加计抵减额）。此外，加计抵减的计算体系中，也会存在上期未抵减完的"上期结转的加计抵减额余额"，须在计算步骤中予以考虑。

综上，当期可抵减的加计抵减额的具体计算公式为：

当期可抵减的加计抵减额 ＝ 上期结转的加计抵减额余额 ＋ 本期计提加计抵减额 － 本期调减加计抵减额

（3）计算出一般计税方法下应纳税额（以下称"抵减前的应纳税额"）后，区分以下情形进行加计抵减：

①抵减前的应纳税额等于零的，当期可抵减加计抵减额全部结转下期（成为下期计算公式中的"上期结转的加计抵减额余额"）。

②抵减前的应纳税额大于零，且大于当期可抵减加计抵减额的，全额抵减。

③抵减前的应纳税额大于零，且小于或等于当期可抵减加计抵减额的，将应纳税额抵减至零。剩余的加计抵减额，结转下期继续抵减（成为下期计算公式中的"上期结转的加计抵减额余额"）。

提示：计算加计抵减时，并非将抵减前应纳税额与加计抵减金额相加再与零进行比较，而是根据加计抵减前应纳税额的不同情形再进行抵减。

（4）其他特殊规定。

纳税人出口货物劳务、发生跨境应税行为不适用加计抵减政策，其对应的进项税额不得计提加计抵减额。

六、预缴税款的审核（★）

（一）预缴税款的情形和计算方式

预缴情形	预缴公式	征收管理规定
跨县市提供建筑服务	一般计税方法： 应预缴税款 =（含税销售额 - 含税分包款）÷（1+9%）×2% 简易计税方法： 应预缴税款 =（含税销售额 - 含税分包款）÷（1+3%）×3%	（1）向建筑服务发生地主管税务机关预缴。 （2）分包款，应当取得合法有效凭证（发票）。 （3）小规模纳税人在预缴地月销售额未超过标准的，无须预缴。其他个人无须预缴
异地提供不动产经营租赁	一般计税方法： 应预缴税款 = 含税销售额 ÷（1+9%）×3% 简易计税方法： 应预缴税款 = 含税销售额 ÷（1+5%）×5%	（1）向不动产所在地主管税务机关预缴。 （2）个体户和其他个人出租住房减按1.5%征收。 （3）小规模纳税人在预缴地月销售额未超过标准的，无须预缴。其他个人无须预缴。 提示：租赁服务采用预收款方式的，收到预收款即需要在当地预缴

续表

预缴情形	预缴公式	征收管理规定
异地转让不动产	一般计税方法和简易计税方法一致。 （1）自建的不动产： 应预缴税款＝含税销售额÷（1+5%）×5% （2）取得的不动产： 应预缴税款＝（含税销售额－取得时含税购置原价）÷（1+5%）×5%	（1）向不动产所在地主管税务机关预缴。 （2）"取得"包括以购买、接受捐赠、接受投资入股、抵债等方式取得的不动产。 （3）其他个人无须预缴

提示：个体工商户和其他个人（自然人）出租住房，都可享受减按1.5%征收的优惠。区别在于个体户需要预缴税款，而其他个人不实行预缴，直接向不动产所在地缴纳应纳税款。

（二）预缴税款的抵减

向应税行为发生地或不动产所在地税务机关预缴税款后，向机构所在地主管税务机关申报纳税时允许抵减已经预缴的税款。抵减不完的，结转下期继续抵减。

（1）预缴时，需要按规定填列《增值税及附加税费预缴表》。

（2）向机构所在地申报纳税时，需要填列《增值税及附加税费申报表附列资料（四）》。

（3）当期应纳税额不足抵减的情况下，允许结转下期抵减。

（三）其他规定

1. 跨县市提供建筑服务

（1）纳税人取得的全部价款和价外费用扣除支付的分包款后的余额为负数的，可结转下次预缴税款时继续扣除。

（2）纳税人应按照工程项目分别计算应预缴税款，分别预缴。

（3）自2023年1月1日起，按规定应预缴税款的小规模纳税人，凡在预缴地实现的月销售额未超过10万元的，当期无须预缴税款。

（4）扣除支付的分包款，应当取得符合法律、行政法规和国家税务总局规定的合法有效凭证（备注栏注明建筑服务发生地及项目名称的发票），否则不得扣除。向建筑服务发生地主管税务机关预缴税款时，需填报《增值税及附加税费预缴表》，并提交以下资料：

①与发包方签订的建筑合同复印件（加盖纳税人公章）。

②与分包方签订的分包合同复印件（加盖纳税人公章）。

③从分包方取得的发票复印件（加盖纳税人公章）。

2. 异地转让不动产

（1）一般纳税人转让2016年4月30日前取得的不动产，可以选择简易计税方法计税，按照简易计税的相关规定执行。

（2）纳税人转让其取得的不动产，向不动产所在地主管税务机关预缴的增值税税款，可以在当期增值税应纳税额中抵减，抵减不完的，结转下期继续抵减。

（3）不动产购置原价的确定：

不动产购置原价或取得作价，按照下列方法来扣除：

①纳税人如果同时保留取得不动产时的发票和其他能证明契税计税金额的完税凭证等资料的，应当凭发票进行差额扣除。

②如因丢失等原因无法提供取得不动产时的发票，可向税务机关提供其他能证明契税计税金额的完税凭证等资料，进行差额扣除。

（4）扣税凭证的要求：

扣除购置原价或者取得作价的，应当取得符合法律、行政法规和国家税务总局规定的合法有效凭证。否则，不得扣除。上述凭证指：

①税务部门监制的发票。

②法院判决书、裁定书、调解书，以及仲裁裁决书、公证债权文书。

③国家税务总局规定的其他凭证。

3. 异地提供不动产经营租赁

（1）一般纳税人可以选择简易计税的情形，主要指一般纳税人出租 2016 年 4 月 30 日前取得的不动产或房地产开发企业（一般纳税人）出租 2016 年 4 月 30 日前自行开发的"老项目"。

（2）其他个人采取一次性收取租金的形式出租不动产，取得的租金收入可在租金对应的租赁期内平均分摊，分摊后的月租金收入不超过 10 万元的，可享受小规模纳税人免征增值税优惠政策。

（四）房地产开发企业销售自行开发的房地产项目增值税征收管理

房地产开发企业中的一般纳税人销售其开发的房地产项目适用一般计税方法计税的，如果是从政府手中取得的土地使用权，以差额确定销售额。房地产开发企业销售自行开发的房地产老项目选择简易计税方法的，以全额确定销售额。

1. 应纳税额及预缴税额的计算规则

计税方法	预缴公式	申报公式
简易计税	预缴税款 = 预收款 ÷ (1+5%) × 3%	应纳税额 = 全部价款和价外费用 ÷ (1+5%) × 5%－预缴税款
一般计税（一般纳税人）	预缴税款 = 预收款 ÷ (1+9%) × 3%	应纳税额 =（全部价款和价外费用－当期允许扣除的土地价款）÷（1+9%）×9%－进项税额－预缴税款 当期允许扣除的土地价款 =（当期销售房地产项目建筑面积 ÷ 房地产项目可供销售建筑面积）× 支付的土地价款

2. 土地价款的扣除

（1）在按照差额计算增值税的时候，并不是全部的土地价款都允许扣除，而只允许扣除按照当期房地产销售面积占总可售面积比例分摊的土地价款。各项参数的释义如下：

①当期销售房地产项目建筑面积，指当期进行纳税申报的增值税销售额对应的建筑面积。房地产项目可供销售建筑面积，指可以出售的总建筑面积，不包括销售房地产项目时未单独作价结算的配套公共设施的建筑面积。上述面积均指地上建筑面积，不包括地下车位建筑面积。

②支付的土地价款，指向政府、土地管理部门或受政府委托收取土地价款的单位直接支付的土地价款，包括支付的征地和拆迁补偿费、土地前期开发费用和土地出让收益。

提示：支付的土地价款应取得财政票据或合同及付款凭证。

（2）兼有一般计税方法计税、简易计税方法计税、免征增值税的房地产项目而无法划分不得抵扣的进项税额的，应以"建设规模"为依据进行划分。

不得抵扣的进项税额 = 当期无法划分的全部进项税额 × （简易计税、免税房地产项目建设规模 ÷ 房地产项目总建设规模）

七、应纳税额的审核（★★）

（一）计算当期应纳税额

一般公式：

当期应纳税额 = 当期销项税额 − 当期进项税额

｜典例研习·4-10

某生产企业为增值税一般纳税人，其生产的货物适用 13% 的增值税税率。

2024 年 3 月该企业的有关生产经营业务如下：

（1）销售甲产品给某大商场，开具了增值税专用发票，取得不含税销售额 80 万元。销售甲产品的同时提供送货运输服务取得收入 5.65 万元。

（2）销售乙产品，开具了增值税普通发票，取得价税合计金额为 22.6 万元。

（3）将自产的一批应税新产品用于本企业集体福利项目，成本价为 20 万元，纳税人未生产过与该新商品的同类商品，市场上也无同类产品的销售价格，国家税务总局确定该产品的成本利润率为 10%。

（4）销售 2019 年 1 月购进并作为固定资产使用过的进口摩托车 5 辆（已缴纳进口环节相关税款并取得海关专用缴款书），开具增值税专用发票，上面注明的金额为每辆 1 万元。

（5）购进货物取得增值税专用发票，上面注明的货款金额 60 万元、税额 7.8 万元。另外支付购货的运输费用 6 万元，取得运输公司开具的增值税专用发票，上面注明的税额 0.54 万元。

（6）当月租入商用楼房一层，取得对方开具的增值税专用发票上注明的税额为 5.22 万元。该楼房的 1/3 用于工会的集体福利项目，其余为企业管理部门使用。

要求：

以上相关票据均符合税法的规定，计算该企业 3 月应缴纳的增值税（需计算出合计数）。

🔍斯尔解析 本题综合考查增值税的计算。

（1）销售产品同时提供了送货运输收入，属于混合销售行为，应该按照其主业"销售货物"适用 13% 税率。

销售甲产品的销项税额 = 80 × 13% + 5.65 ÷ （1 + 13%） × 13% = 11.05（万元）

（2）销售乙产品的销项税额 = 22.6 ÷ （1 + 13%） × 13% = 2.6（万元）。

（3）将自产的产品用于集体福利，应按照视同销售处理。该产品无同类产品市场销售价格，则按照国家税务总局确定的成本利润率组价计算。

自产自用新产品的销项税额 $=20×$（$1+10\%$）$×13\%=2.86$（万元）

（4）摩托车为 2019 年 1 月购进并取得增值税专用发票表示已经抵扣过进项税额，销售时需要按照一般计税方法计算销项税额。

销售使用过的摩托车销项税额 $=1×13\%×5=0.65$（万元）

（5）购进或租入的固定资产兼用于应税项目和集体福利的，可以全额抵扣进项税额。

允许抵扣的进项税额 $=7.8+0.54+5.22=13.56$（万元）

当月应缴纳的增值税税额 $=11.05+2.6+2.86+0.65-13.56=3.6$（万元）

（二）留抵税额

当一般公式计算的结果出现负数，即当期销项税额小于当期进项税额，计算出来的未能全部抵扣的进项税额剩余部分就是"留抵税额"。

留抵税额允许结转下期继续抵扣。

下一期间的计算公式则变为：

应纳税额 = 当期销项税额 − 当期进项税额 − 上期留抵税额

（三）留抵税额退税政策

自 2019 年 4 月 1 日起，我国开始试行增值税期末留抵税额退税制度。自 2022 年 4 月 1 日起，实行大规模增值税留抵退税政策，部分企业不仅允许退还增量留抵税额，还允许退还存量留抵税额。

原理详解

增量留抵退税政策是我国增值税改革过程中一项重要举措，主要为了缓解纳税人资金压力，促进实业良性发展。

1. 留抵退税政策的适用主体

适用企业类型（三类）		划定标准（年销售额）	开始时间	享受政策需满足的条件
小微企业（含个体工商户）	微型	＜100 万元	2022 年4 月 1 日起	（1）纳税信用等级为 A 级或者 B 级。
	小型	＜2 000 万元		（2）退税前 36 个月未骗取留抵退税、出口退税或虚开专票。
制造业等"六行业"	中型	＜1 亿元	2022 年4 月 1 日起	（3）退税前 36 个月未因偷税被税务机关处罚两次及以上。
	大型	除上述范围以外		
批发和零售业等"七行业"		不限	2022 年7 月 1 日起	（4）2019 年 4 月 1 日起未享受即征即退、先征后返（退）政策

续表

适用企业类型 （三类）		划定标准 （年销售额）	开始时间	享受政策需满足的条件
其他行业	除以上企业外其他	—	2019年4月1日起	在上述四个条件基础上，多一个条件： 自2019年4月税款所属期起，连续6个月（按季纳税的，连续2个季度）增量留抵税额均大于零，且第6个月增量留抵税额不低于50万元

提示：

（1）制造业等"六行业"，指从事"制造业""科学研究和技术服务业""电力、热力、燃气及水生产和供应业""软件和信息技术服务业""生态保护和环境治理业"和"交通运输、仓储和邮政业"业务相应发生的增值税销售额占全部增值税销售额的比重超过50%的纳税人。

（2）批发和零售业等"七行业"，是指从事"批发和零售业""农、林、牧、渔业""住宿和餐饮业""居民服务、修理和其他服务业""教育""卫生和社会工作"和"文化、体育和娱乐业"业务相应发生的增值税销售额占全部增值税销售额的比重超过50%的纳税人。

（3）上述销售额比重根据纳税人申请退税前连续12个月的销售额计算确定。申请退税前经营期不满12个月但满3个月的，按照实际经营期的销售额确定。

（4）销售额，包括纳税申报销售额、稽查查补销售额、纳税评估调整销售额。适用"差额征税"政策的，以差额后的销售额确定。

2. 留抵退税的计算依据

提示：如果是2019年4月1日以后新设立的纳税人，2019年3月31日留抵税额视为0。

留抵退税的依据	时间节点	
	一次性取得存量留抵退税之前	一次性取得存量留抵退税之后
存量留抵税额	2019年3月31日的期末留抵税额与当期期末留抵税额相比，取孰低	0
增量留抵税额	当期期末留抵税额与2019年3月31日相比新增加的留抵税额	当期的期末留抵税额

精推答疑 ◎

问题： 计算 2024 年或 2023 年中某月末的新增留抵税额，也是与 2019 年 3 月末相比较得出的吗？

解答： 按照政策规定，在任意年度中任意月份月末的留抵税额，都应固定与 2019 年 3 月底的留抵税额相比较，增加的部分属于"新增留抵税额"。如果是 2019 年 4 月 1 日以后新设立的纳税人，2019 年 3 月底的留抵税额视同为 0。因此，2019 年 4 月 1 日后新设立的纳税人，"增量留抵税额"即为各月末的期末留抵税额。

| 典例研习·4-11

某企业划型为微型企业。该企业 2019 年 3 月 31 日的期末留抵税额为 100 万元。2023 年 4 月拟申请一次性退还存量留抵税额。假如该企业 2023 年 3 月 31 日期末留抵税额分别为 120 万元、80 万元，计算该纳税人的存量留抵税额。

🔍**斯尔解析** 本题考查存量留抵税额的计算。

假如该企业当期期末留抵税额为 120 万元，该企业存量留抵税额为 100 万元。

假如该企业当期期末留抵税额为 80 万元，该企业存量留抵税额为 80 万元。

提示：如果该纳税人在 4 月底一次性取得上述存量留抵退税后，该企业的存量留抵税额即变为 0。

3. 留抵退税计算方式

退税主体	存量留抵税额	增量留抵税额
小微企业、制造业等"六行业"、批发和零售业等"七行业"	一次性退还。 可退税款＝存量留抵税额 × 进项构成比例 ×100%	按月退还。 可退税款＝增量留抵税额 × 进项构成比例 ×100%
其他行业	—	可退税款＝增量留抵税额 × 进项构成比例 ×60%

提示：

（1）"进项构成比例"为 2019 年 4 月至申请退税前一税款所属期已抵扣的增值税专用发票（含税控机动车销售统一发票、全面数字化的增值税电子专用发票）、收费公路通行费增值税电子普通发票、海关进口增值税专用缴款书、解缴税款完税凭证注明的增值税额占同期全部已抵扣进项税额的比重。

（2）在计算进项构成比例时，"进项税额转出"无须从进项构成比例计算公式的分子或分母中扣减。

| 典例研习·4-12

　　某制造业纳税人 2019 年 4 月至 2023 年 3 月取得的进项税额中，增值税专用发票 500 万元，道路通行费电子普通发票 100 万元，海关进口增值税专用缴款书 200 万元，农产品收购发票抵扣进项税额 200 万元。2022 年 12 月，该纳税人因发生非正常损失，此前已抵扣的增值税专用发票中，有 50 万元进项税额按规定作进项税转出。该纳税人 2023 年 4 月拟申请留抵退税，计算该纳税人的进项构成比例。

🔍**斯尔解析**　本题考查增值税留抵退税中的进项构成比例的计算。

进项构成比例 =（500+100+200）÷（500+100+200+200）×100%=80%

进项税额转出的 50 万元，在上述计算公式的分子、分母中均无须扣减。

4. 存量和增量留抵退税的申请办理时间

退税主体分类		存量留抵退税	增量留抵退税
小微企业	微型	自 2022 年 4 月申报期起	自 2022 年 4 月申报期起
	小型	自 2022 年 5 月申报期起	
制造业等"六行业"	中型	自 2022 年 5 月申报期起	
	大型	自 2022 年 6 月申报期起	
批发和零售业等"七行业"	不限	自 2022 年 7 月申报期起	自 2022 年 7 月申报期起
其他行业		—	符合条件申报期起

5. 管理规定

　　（1）同时享受出口"免抵退"及增量留抵退税的，免抵退税优先。纳税人出口货物劳务、发生跨境应税行为，适用免抵退税办法的，应先办理免抵退税。免抵退税办理完毕后，仍符合条件的，可以申请退还留抵税额（免抵退优先）。

　　（2）纳税人按照规定取得留抵退税款的，不得再申请享受增值税即征即退、先征后返（退）政策。

　　（3）纳税人可以选择向主管税务机关申请留抵退税，也可以选择结转下期继续抵扣。纳税人应在纳税申报期内，完成当期增值税纳税申报后申请留抵退税。

| 典例研习·4-13

　　甲企业属于制造业企业，为增值税一般纳税人，符合留抵退税政策的条件，企业划型属于微型企业，2019 年 3 月底期末留抵税额为 100 万元。2023 年 3 月底期末留抵税额为 160 万元。已知甲企业进项构成比例为 80%。甲企业拟于 2023 年 4 月申报期时同时申请存量留抵退税和增量留抵退税。

要求：

分别计算甲企业申请存量留抵退税和增量留抵退税可退还的增值税。

🔊 斯尔解析 甲企业符合留抵退税条件，进项构成比例为80%，属于微型企业，可自2022年4月申报期起同时申请存量留抵退税和增量留抵退税。

甲企业存量留抵税额，为当期期末留抵税额与2019年3月31日留抵税额相比取孰低。当期期末留抵税额160万元，大于2019年3月31日期末留抵税额100万元，故甲企业存量留抵税额为100万元。

存量留抵退税可退税款=100×80%×100%=80（万元）

甲企业增量留抵税额，为当期期末留抵税额与2019年3月31日相比新增加的留抵税额=160-100=60（万元）。

增量留抵退税可退税款=60×80%×100%=48（万元）

八、小规模纳税人的纳税审核（★）

（一）应税销售额的审核

1. 销售额

销售额 = 含税销售额 ÷（1 + 征收率）

2. 征收率

（1）征收率3%：适用于一般情形。

（2）按3%征收率减按2%征收：小规模纳税人（除其他个人外）销售旧货或自己使用过的固定资产。

（3）征收率5%：适用于销售和租赁不动产等情形。

（4）征收率1%：自2023年1月1日至2027年12月31日，小规模纳税人适用3%征收率的应税销售收入，减按1%征收率征税。适用3%预征率的预缴增值税项目，减按1%预征率预缴。

（5）征收率0.5%（一般纳税人、小规模纳税人均适用）：适用于自2020年5月1日至2027年12月31日期间从事二手车经销的纳税人销售其收购的二手车。

提示：

二手车经销商适用0.5%征收率的计算公式：

应纳税额 = 含税销售额 ÷（1+0.5%）×0.5%

（二）应税销售额扣除的审核

小规模纳税人允许按照"差额征税"的情形。包括（但不限于）：

（1）金融商品转让：允许扣除买入价（正负差相抵规定与一般纳税人金融商品转让的规定一致）。

（2）销售取得的不动产：允许扣除不动产购置原价或者取得不动产时的作价。

（3）提供建筑服务：允许扣除支付的分包款。

（4）提供劳务派遣服务：可以选择以全部销售额按 3% 征收率计算增值税；也可以选择按照扣除支付给劳务派遣员工的工资、福利和为其办理社会保险及住房公积金后的余额后的差额，按 5% 征收率计算增值税。

其他小规模纳税人可以适用于差额征税的情形略。

提示：小规模纳税人（不含其他个人）跨县（市）提供建筑服务、异地销售和出租不动产以及房地产开发企业中的小规模纳税人以预收款方式销售开发项目，仍然需要预缴增值税。

（三）小规模纳税人的税收优惠政策的审核

1. 小规模纳税人销售额未达标准的免税政策

自 2023 年 1 月 1 日至 2027 年 12 月 31 日，小规模纳税人合计月销售额未超过 10 万元（以 1 个季度为 1 个纳税期的，季度销售额未超过 30 万元）的，免征增值税。

具体规定如下：

（1）小规模纳税人合计月销售额超过 10 万元，但扣除本期发生的销售不动产销售额后未超过 10 万元的，其销售货物、劳务、服务、无形资产取得的销售额免征增值税。

（2）适用增值税差额征税政策的小规模纳税人，以差额后的销售额确定是否可以享受上述规定的免征增值税政策。

（3）按规定应当预缴增值税的小规模纳税人，凡在预缴地实现的月销售额未超过 10 万元的，无须预缴税款。

（4）适用于上述免税政策的，可就该笔销售收入选择放弃免税，并开具增值税专用发票。

提示：其他个人出租不动产，采取一次性收取租金方式取得的租金收入，可在对应的租赁期内平均分摊，分摊后的月租金收入未超过 10 万元的，免征增值税。

2. 小规模纳税人适用 3% 征收率项目的减税政策

自 2023 年 1 月 1 日至 2027 年 12 月 31 日，小规模纳税人适用 3% 征收率的应税销售收入，减按 1% 征收率征收。适用 3% 预征率的预缴增值税项目，减按 1% 预征率预缴。

九、增值税的税收优惠和征收管理的审核（★）

（一）增值税免税项目（节选）

1. 与销售货物相关的免税项目

（1）农业生产者销售的自产农产品。

（2）直接用于科学研究、科学试验和教学的进口仪器、设备。

（3）销售的自己使用过的物品。

提示：仅限于其他个人，即自然人。

（4）从事农产品批发、零售的纳税人销售的蔬菜、部分鲜活肉蛋产品。

2. 生活、养老、医疗、教育、文化类免税项目

（1）托儿所、幼儿园提供的保育和教育服务。

（2）养老机构提供的养老服务。

（3）婚姻介绍服务。

（4）殡葬服务。

（5）为社区提供养老、托育、家政等服务的机构，提供社区养老、托育、家政服务取得的收入。

（6）医疗机构提供的医疗服务。

（7）纪念馆、博物馆、文化馆、文物保护单位管理机构、美术馆、展览馆、书画院、图书馆在自己的场所提供文化体育服务取得的第一道门票收入。

（8）寺院、宫观、清真寺和教堂举办文化、宗教活动的门票收入。

3. 非经营性活动和收入类免税项目

（1）社会团体收取的会费。

提示：各社会团体开展经营服务活动取得的其他收入，照章缴纳增值税。

（2）福利彩票、体育彩票的发行收入。

4. 特定人群：学生、残疾人、军队和随军家属类免税项目

（1）学生勤工俭学提供的服务。

（2）残疾人福利机构提供的育养服务。

（3）残疾人员本人为社会提供的服务。

（4）军队空余房产租赁收入。

（5）为安置随军家属就业而新开办的企业、从事个体经营的随军家属提供的服务，自办理税务登记事项之日起，3年内免征增值税。

5. 金融保险担保类

（1）以下利息收入：

①国家助学贷款。

②国债、地方政府债。

③人民银行对金融机构的贷款。

④住房公积金管理中心用住房公积金在指定的委托银行发放的个人住房贷款。

⑤外汇管理部门在从事国家外汇储备经营过程中，委托金融机构发放的外汇贷款。

⑥统借统还业务中，企业集团或企业集团中的核心企业以及集团所属财务公司按不高于支付给金融机构的借款利率水平或者支付的债券票面利率水平，向企业集团或者集团内下属单位收取的利息。高于上述利率水平的，应全额缴纳增值税。

⑦对企业集团内单位（含企业集团）之间的资金无偿借贷行为，免征增值税。

⑧对境外机构投资境内债券市场取得的债券利息收入，暂免征收增值税。

（2）以下保险服务相关收入：

①保险公司开办的一年期以上人身保险产品取得的保费收入。

②部分再保险服务：

a. 境内保险公司向境外保险公司提供的完全在境外消费的再保险服务免税。

b. 原有保险合同免征增值税的再保险服务。

（3）下列金融商品转让收入：

①合格境外投资者（QFII）委托境内公司在我国从事证券买卖业务。

②香港市场投资者通过沪港通和深港通买卖上海证券交易所和深圳证券交易所上市A股。内地投资者通过沪港通买卖香港联交所上市股票。

③对香港市场投资者通过基金互认买卖内地基金份额。

④证券投资基金管理人运用基金买卖股票、债券。

（4）金融同业往来利息收入。

6. 个人家庭类和住房土地类免税项目

（1）个人转让著作权，免征增值税。

（2）个人销售自建自用住房，免征增值税。

（3）个人将购买2年以上（含2年）的普通住房对外销售的，免征增值税。

（4）涉及家庭财产分割的个人无偿转让不动产、土地使用权，免征增值税。

（5）个人出租住房，应按照5%的征收率减按1.5%计算应纳增值税。

（6）个人从事金融商品转让业务，免征增值税。

7. 技术类

纳税人提供技术转让、技术开发和与之相关的技术咨询、技术服务，免征增值税。

提示：免征增值税时，须持技术转让、开发的书面合同，到纳税人所在地省级科技主管部门进行认定，并持有关的书面合同和科技主管部门审核意见证明文件报主管税务机关备查。

（二）扶贫货物捐赠

自2019年1月1日至2025年12月31日，对单位和个体工商户将自产、委托加工或购买的货物通过公益性社会组织、县级及以上人民政府及其组成部门和直属机构，或直接无偿捐赠给目标脱贫地区的单位和个人，免征增值税。

政策执行期间内，目标脱贫地区实现脱贫的，可继续适用此政策。

（三）增值税即征即退政策

1. 软件动漫、管道运输、融资租赁——实际税负超过3%部分即征即退

（1）软件动漫产品。

①一般纳税人销售其自行开发生产的软件产品，按13%税率征收增值税后，对其增值税实际税负超过3%的部分实行即征即退政策。

增值税一般纳税人将进口软件产品进行本地化改造后对外销售，也可享受上述即征即退的政策。

动漫企业增值税一般纳税人销售其自主开发生产的动漫软件，按照适用税率征收增值税后，对其增值税实际税负超过3%的部分，实行即征即退政策。

②即征即退税额＝当期软件产品增值税应纳税额－当期软件产品销售额×3%。

提示：对于嵌入式软件产品，当期嵌入式软件产品销售额＝软硬件合计销售额－硬件销售额。纳税人应分别核算嵌入式软件产品与计算机硬件、机器设备部分的成本。未分别核算或者核算不清的，不得享受即征即退政策。

（2）管道运输服务。

一般纳税人提供管道运输服务，对其增值税实际税负超过 3% 的部分实行增值税即征即退政策。

（3）有形动产融资租赁和融资性售后回租服务。

经批准从事融资租赁业务的一般纳税人，提供有形动产融资租赁服务和有形动产融资性售后回租服务，对其增值税实际税负超过 3% 的部分实行增值税即征即退政策。

2. 安置残疾人——按人数限额退增值税

对安置残疾人的单位和个体工商户，由税务机关按纳税人安置残疾人的人数，限额即征即退增值税。

本期应退增值税额 = 本期所含月份每月应退增值税额之和

每月应退增值税额 = 纳税人本月安置残疾人员人数 ×（纳税人所在地）本月月最低工资标准的 4 倍

3. 资源综合利用、风力发电——按比例退增值税

（1）纳税人销售自产的资源综合利用产品和提供资源综合利用劳务，可享受增值税即征即退政策，按一定比例（30%、70%、100%）退还增值税。

（2）自 2015 年 7 月 1 日起，对纳税人销售自产的利用风力生产的电力产品，实行增值税即征即退 50% 的政策。

4. 飞机维修劳务——实际税负超过 6% 部分即征即退

对飞机维修劳务增值税实际税负超过 6% 的部分即征即退。

精准答疑

问题： 增值税即征即退如何计算？（以软件企业即征即退为例）

解答： 首先计算出来按照 13% 缴纳了多少增值税，其次再看 3% 的实际税负是多少，差额部分为即征即退税额。

例如：

即征即退税额 = 当期软件产品增值税应纳税额 − 当期软件产品销售额 ×3%

当期软件产品增值税应纳税额 = 当期软件产品销项税额 − 当期软件产品可抵扣进项税额

当期软件产品销项税额 = 当期软件产品销售额 ×13%

（一般纳税人销售其自行开发生产的软件产品，按 13% 税率征收增值税后，对其增值税实际税负超过 3% 的部分实行即征即退政策。

增值税实际税负 = 当期实际缴纳的增值税税额 ÷ 当期发生应税行为收取的不含税的全部价款和价外费用）

> **| 典例研习·4-14**
>
> 　　某软件开发企业为增值税一般纳税人，2024 年 3 月销售自产软件产品取得不含税收入 300 万元，购进软件研发设备，取得增值税专用发票，注明税额 20 万元，本月领用其中 40%，计算该软件开发企业当月实际负担的增值税。
>
> 　　🔎**斯尔解析** 本题考查销售软件产品即征即退的计算。
>
> 　　一般纳税人销售其自行开发生产的软件产品，按 13% 税率征收增值税后，对其增值税实际税负超过 3% 的部分实行即征即退。
>
> 　　当期软件产品增值税应纳税额 =300×13%−20=19（万元）
>
> 　　即征即退税额 =19−300×3%=10（万元）
>
> 　　超过 9 万元的部分即征即退，实际负担的增值税为 9 万元。

（四）小规模纳税人的税收优惠政策

见"八、小规模纳税人的纳税审核"。

十、增值税的纳税申报（★）

（一）增值税纳税申报期限

纳税期限	纳税申报期限
1 日、3 日、5 日、10 日、15 日	期满之日起 5 日内预缴税款； 次月 1 日起 15 日内申报纳税并结清上月应纳税款
1 个月	期满之日起 15 日内申报纳税。
1 个季度	提示：1 个季度为纳税期限的规定适用于小规模纳税人、银行、财务公司、信托投资公司、信用社等

提示：

（1）具体纳税期限，由主管税务机关根据纳税人应纳税额的大小分别核定。

（2）按固定期限纳税的小规模纳税人可以选择以 1 个月或 1 个季度为纳税期限，一经选择，一个会计年度内不得变更。

不能按期纳税的，可以按次纳税（实务当中往往以是否办理税务登记或者临时税务登记作为判断依据）。

（二）增值税纳税申报资料

自 2021 年 8 月 1 日起，增值税与城市维护建设税、教育费附加和地方教育附加申报表整合。启用《增值税及附加税费申报表（一般纳税人适用）》《增值税及附加税费申报表（小规模纳税人适用）》。

1. 一般纳税人纳税申报表及其附列资料

（1）《增值税及附加税费申报表（一般纳税人适用）》（"主表"）。

（2）《增值税及附加税费申报表附列资料（一）》（本期销售情况明细）。

（3）《增值税及附加税费申报表附列资料（二）》（本期进项税额明细）。

（4）《增值税及附加税费申报表附列资料（三）》（服务、不动产和无形资产扣除项目明细）（适用于一般纳税人采用差额计税方式情形的一般纳税人，不适用的不填写）。

（5）《增值税及附加税费申报表附列资料（四）》（税额抵减情况表）。

提示：享受增值税进项税额加计抵减政策的，加计抵减金额的计算过程填入此表。

（6）《增值税及附加税费申报表附列资料（五）》（附加税费情况表）。

（7）《增值税减免税申报明细表》。

2. 小规模纳税人纳税申报表及其附列资料

（1）《增值税及附加税费申报表（小规模纳税人适用）》（"主表"）。

（2）《增值税及附加税费申报表（小规模纳税人适用）附列资料（一）》（服务、不动产和无形资产扣除项目明细）。

（3）《增值税及附加税费申报表（小规模纳税人适用）附列资料（二）》（附加税费情况表）。

（4）《增值税减免税申报明细表》（享受小规模纳税人免税政策的需填报此表）。

3. 预缴税款的情形

增值税纳税人（不含其他个人）跨县（市）提供建筑服务、出租（异地）不动产、转让（异地）不动产，以及房地产开发企业预售房地产项目等，按规定需要在项目所在地或不动产所在地预缴增值税时：

（1）需要填写《增值税及附加税费预缴表》《增值税及附加税费预缴表附列资料》（附加税费情况表）。

（2）在机构所在地申报缴纳增值税时，应抵减预缴税款。

（3）同时报送上述预缴税款申报表，并以完税凭证作为合法有效凭证。

（三）增值税发票的报税和抵扣凭证的确认用途

1. 报税——在纳税申报期内完成

报税指纳税人持 IC 卡或者 IC 卡和软盘向税务机关报送开票数据电文。

增值税发票管理新系统开具的增值税发票，应在纳税申报期内将上月开具发票汇总情况通过增值税发票管理新系统进行网络报税。

2. 确认用途——在当期纳税申报前完成

纳税人取得符合规定的增值税扣税凭证，如需用于申报抵扣增值税进项税额或申请出口退税、代办退税的，应当按照税务机关规定，通过增值税发票综合服务平台或者电子发票服务平台税务数字账户确认用途。

（1）应当按照发票用途确认结果申报抵扣增值税进项税额或申请出口退税、代办退税。

（2）已经申报抵扣的发票，如改用于出口退税或代办退税，应当向主管税务机关提出申请，由主管税务机关核实情况并调整用途。

（3）已经确认用途为申请出口退税或代办退税的发票，如改用于申报抵扣，应当提出申请，经主管税务机关核实该发票尚未申报出口退税，并将发票电子信息回退后，由纳税人调整用途。

提示：纳入全面数字化的电子发票试点的纳税人，审核增值税专用发票、增值税电子专用发票和带有"增值税专用发票"字样的数字化电子发票（包括符合规定的其他增值税抵扣凭证），应通过电子发票服务平台税务数字账户进行用途确认。对已确认用途的发票，改变用途时也需要向主管税务机关申请后按规定调整用途确认。

（四）代理填制增值税预缴申报表

｜典例研习·4-15 教材例题改编

某公司系增值税一般纳税人，将省外 2019 年度购置的办公用房出租，按出租协议约定于 2024 年 3 月 5 日预收 2024 年度 3—12 月的房屋租赁费价税合计 436 000 元，未开具发票。

要求：

请代涉税专业服务人员根据该公司的房屋租赁协议、预收的房屋租赁费，填报下列《增值税及附加税费预缴表》。

⑤ 斯尔解析 本题考查《增值税及附加税费预缴表》的填报。

出租 2019 年购入的房屋采用一般计税方法，预缴税额 =436 000÷（1+9%）×3%=12 000（元）。

增值税及附加税费预缴表				
预征项目和栏次	销售额	扣除金额	预征率	预征税额
	1	2	3	4
建筑服务　1				
销售不动产　2				
出租不动产　3	436 000		3%	12 000
4				
5				
合计　6	436 000			12 000
附加税费（略）				

（五）代理填制增值税纳税申报表及其附列资料

1. 一般纳税人增值税纳税申报表

填表原则：先附列资料（附表），后纳税申报表。

按以下基本顺序填制增值税及附加税费申报表及其附列资料：

（1）填写《增值税及附加税费申报表附列资料（一）》第1至11列。

一般计税方法、简易计税方法、免税等项目下，开具以及未开具发票（包括纳税检查调整）情形下的销售额和销项税额，以及价税合计金额。

（2）填写《增值税减免税申报明细表》。

（3）填写《增值税及附加税费申报表附列资料（三）》。

采用"差额征税"方法时，销售服务、不动产、无形资产的允许扣除项目的金额。

（4）填写《增值税及附加税费申报表附列资料（一）》第12列。

第12列：销售服务、不动产、无形资产的允许扣除项目本期实际扣除的金额。

（5）填写《增值税及附加税费申报表附列资料（二）》。

（6）填写《增值税及附加税费申报表（一般纳税人适用）》（以下简称"主表"）。

《增值税及附加税费申报表附列资料（一）》（以下简称"附表一"）

增值税及附加税费申报表附列资料（一）

（本期销售情况明细）

税款所属时间：　年　月　日至　年　月　日

纳税人名称：（公章）　　　　　　　　　　　　　　　　　　　　　　　　　　　　　金额单位：元（列至角分）

项目及栏次			开具增值税专用发票		开具其他发票		未开具发票		纳税检查调整		合计			服务、不动产和无形资产扣除项目本期实际扣除金额	扣除后	
			销售额	销项（应纳）税额	销售额	销项（应纳）税额	销售额	销项（应纳）税额	销售额	销项（应纳）税额	销售额	销项（应纳）税额	价税合计		含税（免税）销售额	销项（应纳）税额
			1	2	3	4	5	6	7	8	9=1+3+5+7	10=2+4+6+8	11=9+10	12	13=11-12	14=13÷(100%+税率或征收率)×税率或征收率
一、一般计税方法计税	全部征税项目	13%税率的货物及加工修理修配劳务	1											——	——	——
		13%税率的服务、不动产和无形资产	2													
		9%税率的货物及加工修理修配劳务	3											——	——	——
		9%税率的服务、不动产和无形资产	4													
		6%税率	5													
	其中：即征即退项目	即征即退货物及加工修理修配劳务	6	——	——									——	——	——
		即征即退服务、不动产和无形资产	7	——	——											
二、简易计税方法计税	全部征税项目	6%征收率	8											——		
		5%征收率的货物及加工修理修配劳务	9a											——		
		5%征收率的服务、不动产和无形资产	9b													
		4%征收率	10											——		
		3%征收率的货物及加工修理修配劳务	11											——		
		3%征收率的服务、不动产和无形资产	12													
		预征率　　%	13a													
		预征率　　%	13b													
		预征率　　%	13c													
	其中：即征即退项目	即征即退货物及加工修理修配劳务	14	——	——									——		
		即征即退服务、不动产和无形资产	15	——	——											
三、免抵退税		货物及加工修理修配劳务	16											——		
		服务、不动产和无形资产	17													
四、免税		货物及加工修理修配劳务	18											——		
		服务、不动产和无形资产	19													

《增值税及附加税费申报表附列资料（二）》（以下简称为"附表二"）

增值税及附加税费申报表附列资料（二）

（本期进项税额明细）

税款所属时间：　年　月　日至　年　月　日

纳税人名称：（公章）　　　　　　　　　　　　　　　　　　　　　　　　　　　金额单位：元（列至角分）

一、申报抵扣的进项税额				
项目	栏次	份数	金额	税额
（一）认证相符的增值税专用发票	1=2+3			
其中：本期认证相符且本期申报抵扣	2			
前期认证相符且本期申报抵扣	3			
（二）其他扣税凭证	4=5+6+7+8a+8b			
其中：海关进口增值税专用缴款书	5			
农产品收购发票或者销售发票	6			
代扣代缴税收缴款凭证	7	——	——	
加计扣除农产品进项税额	8a	——	——	
其他	8b			
（三）本期用于购建不动产的扣税凭证	9			
（四）本期用于抵扣的旅客运输服务扣税凭证	10			
（五）外贸企业进项税额抵扣证明	11	——	——	
当期申报抵扣进项税额合计	12=1+4+11			
二、进项税额转出额				
项目	栏次	税额		
本期进项税额转出额	13=14至23之和			
其中：免税项目用	14			
集体福利、个人消费	15			
非正常损失	16			
简易计税方法征税项目用	17			
免抵退税办法不得抵扣的进项税额	18			
纳税检查调减进项税额	19			
红字专用发票信息表注明的进项税额	20			
上期留抵税额抵减欠税	21			
上期留抵税额退税	22			
异常凭证转出进项税额	23a			
其他应作进项税额转出的情形	23b			
三、待抵扣进项税额				
项目	栏次	份数	金额	税额
（一）认证相符的增值税专用发票	24	——	——	——
期初已认证相符但未申报抵扣	25			
本期认证相符且本期未申报抵扣	26			
期末已认证相符但未申报抵扣	27			
其中：按照税法规定不允许抵扣	28			
（二）其他扣税凭证	29=30至33之和			
其中：海关进口增值税专用缴款书	30			
农产品收购发票或者销售发票	31			
代扣代缴税收缴款凭证	32		——	
其他	33			
	34			
四、其他				
项目	栏次	份数	金额	税额
本期认证相符的增值税专用发票	35			
代扣代缴税额	36	——	——	

2. 关注部分特殊项目的填写方法

（1）销售自己使用过的固定资产按简易办法依 3% 征收率减按 2% 征收的填写方法：

①销售额（换算为不含税销售额）填写在附表一中的"简易计税方法计税"中"3% 征收率的货物及加工修理修配劳务"相应栏次。

②对应减征的增值税应纳税额，按销售额的 1% 计算出来后，填写在主表第 23 栏"应纳税额减征额"栏次，并填写《增值税减免税申报明细表》减税项目相应栏次。

典例研习·4-16

某增值税一般纳税人 2024 年 3 月销售自己使用过的属于不得抵扣且未抵扣过进项税的固定资产，取得价税合计金额 1545 元。该纳税人未开具发票，并采用简易计税方法。

请填列《增值税及附加税费申报表附列资料（一）》和《增值税及附加税费申报表（一般纳税人适用）》

斯尔解析 本题考查增值税及附加税费申报表和附表一的填列。

不含税销售额 =1 545 ÷（1+3%）=1 500（元）

先填列附表一（节选）：

项目及栏次		开具增值税专用发票		开具其他发票		未开具发票		合计		
		销售额	销项（应纳）税额	销售额	销项（应纳）税额	销售额	销项（应纳）税额	销售额	销项（应纳）税额	价税合计
		1	2	3	4	5	6	9=1+3+5+7	10=2+4+6+8	11=9+10
二、简易计税方法计税	全部征税项目 3% 征收率的货物					1 500	45	1 500	45	1 545

再填列主表（节选）

	一般项目	栏次	本期金额
销售额	（一）按适用税率计税销售额	1	
	其中：应税货物销售额	2	
	应税劳务销售额	3	
	纳税检查调整的销售额	4	

续表

一般项目		栏次	本期金额
销售额	（二）按简易办法计税销售额	5	1 500
	其中：纳税检查调整的销售额	6	
	（三）免、抵、退办法出口销售额	7	
	（四）免税销售额	8	
	其中：免税货物销售额	9	
	免税劳务销售额	10	
税款计算	销项税额	11	
	进项税额	12	
	上期留抵税额	13	
	进项税额转出	14	
	免、抵、退应退税额	15	
	按适用税率计算的纳税检查应补缴税额	16	
	应抵扣税额合计	17=12+13-14-15+16	
	实际抵扣税额	18（如 17＜11，则为 17，否则为 11）	
	应纳税额	19=11-18	
	期末留抵税额	20=17-18	
	简易计税办法计算的应纳税额	21	45
	按简易计税办法计算的纳税检查应补缴税额	22	
	应纳税额减征额	23	15
	应纳税额合计	24=19+21-23	30

（2）从事二手车经销的纳税人销售其收购的二手车减按 0.5% 征收增值税的填写方法（以一般纳税人为例）：

①销售额［换算为不含税销售额，含税销售额 ÷（1+0.5%）］填写附表一的"简易计税方法计税"中"3% 征收率的货物及加工修理修配劳务"相应栏次。

②对应减征的增值税应纳税额，按销售额的 2.5% 计算出来后，填写在主表第 23 栏"应纳税额减征额"栏次，并填写《增值税减免税申报明细表》减税项目相应栏次。

3. 小规模纳税人的纳税申报表

（1）小规模纳税人经销二手车减按 0.5% 征收率的填列方式，基本原则与一般纳税人主表的填列方法一致。

（2）小规模纳税人适用 3% 征收率减按 1% 征收政策的填列方式，与上面填列方式基本一致。［不含税销售额按照含税销售额 ÷（1+1%）换算后填列］，对应减征的增值税按销售额的 2% 填入"本期应纳税额减征额"栏次。

（3）小规模纳税人月销售额未超过 10 万元（或季度销售额未超过 30 万元）时，按规定可以享受免税的，仅需将免税销售额填列在第 10/11 行"小微企业免税销售额"或"未达起征点销售额"。

｜典例研习·4-17 教材例题改编

某建筑服务企业系小规模纳税人，按季度申报增值税。2024 年 1—3 月取得建筑服务款 50.5 万元，开具增值税普通发票，该项目对应发生分包支出 20.2 万元。取得建筑服务款 15.15 万元，开具增值税专用发票，该项目发生分包支出 5.05 万元。所有分包支出取得规定的扣税凭证。

要求：

计算该建筑服务企业的应纳增值税额及填列增值税纳税申报表。

斯尔解析 本题考查小规模纳税人应纳税额的计算以及纳税申报表的填列。

（1）应缴纳增值税 =（50.5-20.2）÷（1+1%）×1%+（15.15-5.05）÷（1+1%）×1%=0.4（万元）。

（2）未扣除扣除项目金额前的不含税销售额分别为 50 万元和 15 万元。

（3）扣除允许扣除金额后的不含税销售额分别为 30 万元和 10 万元，填入销售额部分。

（4）按照 300 000×3%=9 000（元）和 100 000×3%=3 000（元），合计 12 000 元，填入"本期应纳税额"，将减免的 2% 部分填入"本期应纳税额减征额"。

增值税及附加税费申报表（小规模纳税人适用）（节选）填写如下：

项目		栏次	本期数	
			货物及劳务	服务、不动产和无形资产
一、计税依据	（一）应征增值税不含税销售额（3% 征收率）	1		400 000
	增值税专用发票不含税销售额	2		100 000
	其他增值税发票不含税销售额	3		300 000

续表

项目		栏次	本期数	
			货物及劳务	服务、不动产和无形资产
一、计税依据	（二）应征增值税不含税销售额（5%征收率）	4		
	增值税专用发票不含税销售额	5		
	其他增值税发票不含税销售额	6		
	（三）销售使用过的固定资产不含税销售额	7（7≥8）		—
	其中：其他增值税发票不含税销售额	8		—
	（四）免税销售额	9=10+11+12		
	其中：小微企业免税销售额	10		
	未达起征点销售额	11		
	其他免税销售额	12		
	（五）出口免税销售额	13（13≥14）		
	其中：其他增值税发票不含税销售额	14		
二、税款计算	本期应纳税额	15		12 000
	本期应纳税额减征额	16		8 000
	本期免税额	17		
	其中：小微企业免税额	18		
	未达起征点免税额	19		
	应纳税额合计	20=15-16		4 000
	本期预缴税额	21		
	本期应补（退）税额	22=20-21		

第二节　消费税的纳税审核和纳税申报

一、消费税征税范围、征税环节、计征方式的审核（★）

（一）征税范围的审核

1. 烟

（1）包括：卷烟、雪茄烟、烟丝、电子烟。其中：

①卷烟包括进口卷烟、白包卷烟、手工卷烟和未经国务院批准纳入计划的企业和个人生产的卷烟。又根据调拨价格不同分为"甲类卷烟"和"乙类卷烟"。

调拨价（不含增值税）	卷烟类别
≥ 70 元 / 条	甲类卷烟
< 70 元 / 条	乙类卷烟

②电子烟是指用于产生气溶胶供人抽吸等的电子传输系统，包括烟弹、烟具以及烟弹与烟具组合销售的电子烟产品。

（2）不包括：烟叶。

2. 酒

（1）包括：白酒、黄酒、啤酒和其他酒。果啤属于啤酒，葡萄酒属于其他酒。饮食业、商业、娱乐业举办的啤酒屋（啤酒坊）利用啤酒设备生产的啤酒，按照啤酒征税。啤酒分为甲类啤酒和乙类啤酒。

出厂价（含包装物及包装物押金）	啤酒类别
≥ 3 000 元 / 吨	甲类啤酒
< 3 000 元 / 吨	乙类啤酒

提示：啤酒出厂价的计算不包含增值税和重复使用的塑料周转箱押金。

（2）不包括：调味料酒、酒精。

3. 高档化妆品

（1）包括高档美容、修饰类化妆品、高档护肤类化妆品和成套化妆品。

提示：高档化妆品是指生产（进口）环节销售（完税）价格（不含增值税）在 10 元 / 毫升（克）或 15 元 / 片（张）及以上的美容、修饰类化妆品和护肤类化妆品。

（2）舞台、戏剧、影视化妆用的上妆油、卸妆油、油彩，不属于消费税征收范围。

4. 贵重首饰及珠宝玉石

包括以金、银、白金、宝石、珍珠、钻石、翡翠、珊瑚、玛瑙等高贵稀有物质以及其他金属、人造宝石等制作的各种：

（1）纯金银首饰及镶嵌首饰。

（2）经采掘、打磨、加工的各种珠宝玉石。

提示：对出国人员免税商店销售的金银首饰征收消费税。

5. 鞭炮、焰火

（1）包括各种鞭炮、焰火。

（2）不包括：体育上用的发令纸、鞭炮药引线。

6. 成品油

（1）包括：汽油、柴油、石脑油、溶剂油、航空煤油、润滑油、燃料油7个子目。

提示：变压器油、导热类油等绝缘油类产品不属于润滑油，不征收消费税。

（2）免税项目：航空煤油暂缓征收消费税。同时符合一定条件的纯生物柴油免征消费税。符合规定范围和条件的利用废矿物油为原料生产的润滑油基础油、汽油、柴油等工业油料免征消费税。

7. 小汽车

（1）包括：乘用车、中轻型商用客车，超豪华小汽车。

（2）对于购进乘用车或中轻型商用客车整车改装生产的汽车，应按规定征收消费税：

用排气量小于1.5升（含）的乘用车底盘（车架）改装、改制的车辆属于乘用车征收范围。用排气量大于1.5升的乘用车底盘（车架）或用中轻型商用客车底盘（车架）改装、改制的车辆属于中轻型商用客车征收范围。

提示：

（1）电动汽车、车身长度大于7米（含）且座位在10～23座（含）以下的商用客车不征收消费税。

（2）沙滩车、雪地车、卡丁车、高尔夫车等均不属于消费税征税范围。

8. 摩托车

包括：排气量250毫升（含）以上的摩托车。

提示：气缸容量250毫升（不含）以下的小排量摩托车不征收消费税。

9. 高尔夫球及球具

包括：高尔夫球、高尔夫球杆、高尔夫球包（袋），高尔夫球杆又包括球杆的杆头、杆身和握把。

10. 高档手表

包括：不含增值税销售价格每只在10 000元（含）以上的各类手表。

11. 游艇

本税目只包括符合长度要求、内置发动机，可以在水上移动，主要用于水上运动和休闲娱乐等非牟利活动的各类机动艇。

提示：无动力艇和帆艇不属于消费税征税范围。

12. 木制一次性筷子

包括：各种规格的木制一次性筷子。未经打磨、倒角的木制一次性筷子属于本税目征税范围。

13. 实木地板

包括：各类规格的实木地板、实木指接地板、实木复合地板，以及用于装饰墙壁、天棚的侧端面为榫、槽的实木装饰板和未经涂饰的素板。

14. 电池

（1）包括原电池、蓄电池、燃料电池、太阳能电池和其他电池。

（2）免税项目：对无汞原电池、金属氢化物镍蓄电池（又称"氢镍蓄电池"或"镍氢蓄电池"）、锂原电池、锂离子蓄电池、太阳能电池、燃料电池和全钒液流电池免征消费税。

提示：对铅蓄电池正常征税。

15. 涂料

施工状态下挥发性有机物（VOC）含量低于 420 克/升（含）的涂料免征消费税。

（二）征税环节

1. 生产、进口、委托加工环节

（1）适用于绝大部分应税消费品。

提示：电子烟纳税人比较特殊，为生产（进口）、批发电子烟的单位和个人。通过代加工方式生产电子烟的，应由持有商标的企业缴纳消费税。只从事代加工电子烟产品业务的企业不属于纳税人。

（2）纳税人自产的应税消费品自产自用的情形。包括：

①用于连续生产非应税消费品。

②用于在建工程、管理部门、非生产机构、提供劳务，以及用于馈赠、赞助、集资、广告、样品、职工福利、奖励等方面。

原理详解 💡

自产的应税消费品如果用于连续生产非应税消费品，仍属于企业内部连续生产的过程，货物没有对外移送，所以不需要计算缴纳增值税，但由于生产出来的产品属于非应税消费品，已经脱离了消费税的征税范围，为了确保应征的消费税正常足额征收，所以从消费税角度要进行视同销售，正常缴纳消费税。

---

2. 批发环节

（1）卷烟在批发环节加征一道从价从量复合消费税。

（2）电子烟在批发环节加征一道从价消费税。

3. 零售环节

（1）金银首饰、铂金首饰、钻石及钻石饰品：仅在零售环节征税。

（2）超豪华小汽车：在零售环节加征一道 10% 的从价消费税。

解题高手👍

命题角度：不同类型应税消费品征税环节的判断。

征税环节总结如下：

（1）卷烟和电子烟：

双环节征收：

①生产、委托加工和进口环节（电子烟不含委托加工环节）。

②批发环节。

（2）超豪华小汽车：

双环节征收：

①生产、委托加工和进口环节。

②零售环节。

（3）金、银、铂金、钻石首饰：零售环节征收。

除上述以外的其他应税消费品均在生产、委托加工和进口环节征收。

| 典例研习·4-18 （模拟多项选择题）

下列消费品，属于消费税征收范围的有（　　）。

A. 酒精　　　　　　　　　　　B. 护发液

C. 合成宝石　　　　　　　　　D. 果木酒

E. 卡丁车

🔍**斯尔解析** 本题考查消费税征税范围的辨析。

选项 C 当选，珠宝玉石征税范围包括合成宝石。

选项 D 当选，果木酒属于"其他酒"，属于消费税的征税范围。

选项 A 不当选，酒精不属于消费税征税范围。

选项 B 不当选，高档化妆品征税范围包括高档美容、修饰类化妆品、高档护肤类化妆品和成套化妆品，护发液不属于高档化妆品，不征收消费税。

选项 E 不当选，电动汽车、沙滩车、雪地车、卡丁车、高尔夫车不属于消费税征税范围。

🔺**本题答案** CD

（三）计征方式

1. 从价税

从价定率：适用于绝大多数应税消费品。

提示：新增的"电子烟"子税目在生产、进口环节以及批发环节均采用"从价"方式征收消费税。

2. 从量税

从量定额：适用于啤酒、黄酒、成品油。

3. 从价从量复合税

从价定率加从量定额复合计征：适用于白酒、卷烟。

二、消费税计税依据和应纳税额的审核（★★）

（一）计税依据的一般规定

1. 销售额的一般规定

销售额是纳税人销售应税消费品向购买方收取的全部价款和价外费用。

（1）销售额中包括消费税，但不包括增值税。

提示：如果题目已知条件给了含增值税的销售额或"价税合计金额"，则需要进行价税分离换算。销售额＝含增值税的销售额或价税合计金额÷（1+增值税税率或征收率）。

（2）销售额中包括价外费用（价外费用的概念同增值税）。

提示：白酒生产企业向商业销售单位收取的"品牌使用费"，属于应税白酒销售价款的组成部分，应并入白酒的销售额中缴纳消费税。

（3）销售额中不包括：

①符合条件的代垫运费：承运部门将运费发票开具给购货方的，且纳税人将该项发票转交给购货方的运费。

②符合条件的代为收取的政府性基金或行政事业性收费。

2. 包装物押金（仅适用于从价定率的计税方法下）

情形		处理方式
应税消费品连同包装物销售的		无论包装物是否单独计价，也不论在会计上如何核算，均应并入应税消费品的销售额中征收消费税
单独收取的包装物押金	酒类的包装物押金（除啤酒、黄酒之外）	无论包装物押金是否返还，也不论在会计上如何核算，均应并入酒类产品的销售额中征收消费税。 提示：啤酒、黄酒从量计征，所以包装物押金不作为计税依据
	一般包装物押金	同增值税中一般货物包装物押金的规定

解题高手👍

命题角度：包装物押金消费税的计算。

在计算消费税时，判断除酒类以外的一般包装物押金是否逾期的原则与增值税中的处理基本相同：

（1）比较两个期限孰先：①12个月；②包装物押金的约定期限。

（2）哪个期限先到达，就在期限到达时计入销售额计算消费税。

注意对包装物押金同样也需要进行价税分离，换算为不含税销售额。

啤酒、黄酒从量征收消费税，包装物押金实际上不作为啤酒、黄酒消费税的计税依据，但是会影响到啤酒类别的判定及适用税率（250元每吨或220元每吨）。所以啤酒、黄酒的包装物押金在逾期的时候只计算增值税，而无须计算消费税。

｜典例研习·4-19　模拟单项选择题

关于企业单独收取的包装物押金，下列消费税税务处理正确的是（　　）。

A. 销售葡萄酒收取的包装物押金不并入当期销售额计征消费税

B. 销售黄酒收取的包装物押金应并入当期销售额计征消费税

C. 销售白酒收取的包装物押金应并入当期销售额计征消费税

D. 销售啤酒收取的包装物押金应并入当期销售额计征消费税

⑨斯尔解析　本题考查消费税包装物押金的处理。

选项 ABD 不当选，销售除啤酒、黄酒以外的其他酒类产品的包装物押金，应在收到的当期并入销售额计算消费税。

▲本题答案　C

3. 从量计征的计税依据

消费税应纳税额 = 销售数量 × 适用税率（单位税额）

情形	数量的规定
销售	应税消费品的销售数量
自产自用	应税消费品的移送使用数量
委托加工	纳税人收回的应税消费品数量
进口	海关核定的应税消费品进口数量

4. 复合计征的计税依据

应纳税额 = 应税销售额 × 比例税率 + 应税销售数量 × 定额税率

（二）计税依据的特殊规定

情形	计税依据
通过自设非独立核算门市部对外销售	按门市部对外销售额或者销售数量
自产的应税消费品用于连续生产非应税消费品。用于其他非应税方面	按照如下顺序确定销售额： （1）按照同类消费品的平均销售价格。 （2）没有同类消费品销售价格的，按照组成计税价格计算纳税

续表

情形	计税依据

自产的应税消费品用于连续生产非应税消费品。用于其他非应税方面	①从价定率：
	组成计税价格 =（成本 + 利润）÷（1- 消费税比例税率）
	         = 成本 ×（1+ 成本利润率）÷（1- 消费税比例税率）
	②复合计税：
	组成计税价格 =（成本 + 利润 + 自产自用数量 × 定额税率）÷（1- 消费税比例税率）
	         =［成本 ×（1+ 成本利润率）+ 自产自用数量 × 定额税率］÷（1- 消费税比例税率）
	提示：公式中的应税消费品的成本利润率由国家税务总局确定，考试时在题目中会作为已知条件给出。
	③从量定额：无须计算组成计税价格，直接按数量计算

自产应税消费品用于换取生产和消费资料、投资入股和抵偿债务	同类应税消费品的最高销售价格

典例研习·4-20 （模拟计算题）

某酒厂移送 50 吨 B 类白酒给自设非独立核算门市部，不含增值税售价为 1.5 万元 / 吨，门市部当月销售 40 吨，对外不含增值税售价为 3 万元 / 吨。

要求：

计算该笔业务当月应缴纳的消费税。

斯尔解析 本题考查消费税计税依据的确定。

应根据门市部对外销售的价格和数量计算应缴纳的消费税，对外销售价格为 3 万元 / 吨，销售数量 40 吨。

当月应缴纳的消费税 =40 × 2 000 × 0.5 ÷ 10 000+3 × 40 × 20%=28（万元）

解题高手

命题角度：自产应税消费品用于不同情形消费税计税依据的确定以及计算。

自产应税消费品特殊用途的消费税、增值税处理总结如下：

自产应税消费品的用途	消费税处理	增值税处理
用于连续生产应税消费品	不征	不征
用于连续生产非应税消费品	征收	不征

👍

续表

自产应税消费品的用途	消费税处理	增值税处理
用于管理部门、非生产机构、提供劳务、在建工程、无形资产、不动产	视同销售，征收	不征
用于馈赠、赞助、集资、广告、样品、奖励、集体福利、个人消费和业务招待	视同销售，征收	征收 （馈赠、集体福利、 个人消费属于视同销售）
用于换取生产资料、投资入股、抵偿债务	视同销售，征收 （按同类消费品最高售价）	征收 （按同类消费品平均售价）

（三）特殊征税环节应纳消费税的规定

1. 批发环节——卷烟

（1）纳税义务人：在我国境内从事卷烟批发业务的单位和个人。

（2）计税方式仍然为复合计征。税率：从价税率 11%，从量税率 0.005 元 / 支。

（3）兼营卷烟批发和零售业务的，应当分别核算，未分别核算批发和零售环节销售的，全额计征批发环节消费税。卷烟批发企业在计算消费税时，不得扣除已含的生产环节的消费税税款。

提示：批发商之间互相批发卷烟不征收消费税。

2. 批发环节——电子烟

（1）纳税义务人：取得烟草专卖批发企业许可证并经营电子烟批发业务的企业。

（2）税率：11%。

（3）计税价格为：批发电子烟的销售额。

3. 零售环节——超豪华小汽车

（1）纳税义务人：将超豪华小汽车销售给消费者的单位和个人，即零售超豪华小汽车的单位和个人。

（2）征税范围和税率：每辆零售价格 130 万元（不含增值税）及以上的乘用车和中轻型商用客车，税率为 10%。

（3）生产企业直接零售时的特别规定：如果国内汽车生产企业直接将超豪华小汽车销售给消费者，消费税税率按照生产环节税率和零售环节税率加总计算（包括进口自用超豪华小汽车）。计算公式为：

应纳税额＝零售销售额（不含增值税）×（生产环节消费税税率＋零售环节消费税税率）

4.零售环节——金、银、铂、钻首饰

金、银、铂、钻首饰仅在零售环节征收消费税。

（1）金银首饰（含铂金首饰、钻石及钻石饰品，下同）与其他产品组成成套消费品销售的，应按销售额全额征收消费税。

（2）金银首饰连同包装物销售的，无论包装物是否单独计价，也无论会计上如何核算，均应并入金银首饰的销售额，计征消费税。

（3）纳税人采用以旧换新（含翻新改制）方式销售的金银首饰，应按实际收取的不含增值税的全部价款确定计税依据征收消费税。

（四）委托加工环节应纳消费税的计算

1.委托加工应税消费品的概念

委托加工应税消费品指由委托方提供原料和主要材料，受托方只收取加工费和代垫部分辅助材料加工的应税消费品。

以下情形应按照销售自制（自产）应税消费品缴纳消费税：

（1）由受托方提供原材料生产的应税消费品。

（2）受托方先将原材料卖给委托方，然后再接受加工的应税消费品。

（3）受托方以委托方名义购进原材料生产的应税消费品。

2.应代收代缴消费税的扣缴义务人

（1）符合条件的委托加工的消费品，由受托方在向委托方交货时代收代缴消费税。

（2）受托方为个人的（含个体工商户），由委托方收回后缴纳。

解题高手

命题角度：委托加工中委托方和受托方的角色和义务。

维度	委托方	受托方
身份	纳税义务人	代收代缴义务人
承担义务	负有实际上的纳税义务。受托方没有履行代收代缴义务的，委托方有补缴税款的责任，税务机关应向委托方补征税款	负有法定代收代缴义务，在向委托方交货时应代收代缴消费税。没有履行代收代缴义务的，对受托方处应收未收税款50%以上3倍以下的罚款

3.代收代缴消费税的计税依据

委托加工的应税消费品的计税依据按照如下顺序确定：

（1）受托方的同类消费品的销售价格。

（2）没有受托方同类消费品销售价格的，按照组成计税价格计算纳税。

组成计税价格的公式为：

计征方式	组成计税价格公式
从价计税	组成计税价格＝（材料成本＋加工费）÷（1−消费税比例税率）
复合计税	组成计税价格＝（材料成本＋加工费＋委托加工数量×定额税率）÷（1−消费税比例税率）

提示：加工费指受托方加工应税消费品向委托方所收取的全部费用（包括代垫辅助材料的实际成本）。材料成本和加工费均不含增值税。

4. 委托加工收回的后续处理

（1）委托加工收回后对外出售。

委托加工的应税消费品，受托方在交货时已代收代缴消费税：

委托方收回的后续处理	消费税的处理
以不高于受托方的计税价格出售的（"平价出售"）	出售时不需缴纳消费税
以高于受托方的计税价格出售的（"加价出售"）	出售时按规定正常申报缴纳消费税。受托方已代收代缴的消费税在计算时准予扣除

（2）委托加工收回后用于连续生产应税消费品。

符合扣除范围的，准予扣除已纳消费税。不符合扣除范围的，不允许扣除。

| 典例研习·4-21 （模拟计算题）

甲涂料生产企业 2024 年 3 月发生如下经营业务：

（1）在境内生产并销售油脂类涂料（施工状态下挥发性有机物含量高于 420 克/升）1 吨，取得不含增值税销售额 200 万元。

（2）委托境内乙企业加工橡胶类涂料（施工状态下挥发性有机物含量高于 420 克/升）1 吨，收回后再销售的不含税销售额 100 万元，乙企业同类消费品的销售价格（不含税）为 80 万元/吨，涂料成本 30 万元，加工费 20 万元。涂料消费税税率为 4%。

要求：

根据上述资料回答下列问题：

（1）请计算甲企业生产销售自产涂料应缴纳的消费税额。

（2）请计算乙企业受托加工涂料应代收代缴的消费税。

（3）请计算甲企业销售委托加工收回的涂料应缴纳的消费税。

（4）请计算甲企业本月应申报缴纳的消费税。

🔍斯尔解析 本题考查生产、委托加工环节应纳消费税的计算。

(1) 甲企业生产销售自产涂料应缴纳的消费税 =200×4%=8（万元）。

(2) 乙企业受托加工涂料应代收代缴的消费税 =80×4%=3.2（万元）。

(3) 甲企业销售委托加工收回的涂料应缴纳的消费税 =100×4%-80×4%=0.8（万元）。

(4) 甲企业本月应申报缴纳的消费税 =8+0.8=8.8（万元）。

（五）进口环节应纳消费税的计算

进口环节消费税的计算直接用"组价"。

1. 从价计税

组成计税价格 =（关税完税价格 + 关税）÷（1- 消费税比例税率）

2. 复合计税

组成计税价格 =（关税完税价格 + 关税 + 进口数量 × 消费税定额税率）÷（1- 消费税比例税率）

3. 从量计税

无须组价，直接按照进口数量计税。

提示：生产、委托加工、进口三种情形下"组成计税价格"的辨析和对应消费税的计算，总结如下。

情形	具体范围和规定	组成计税价格公式
自产的应税消费品	（1）用于连续生产非应税消费品。 （2）用于馈赠、赞助、集资、广告、样品、奖励、管理部门和非生产机构使用、提供劳务、集体福利、个人消费、在建工程、无形资产、不动产	无同类消费品销售价格时用组价： （1）从价定率计税的： 组成计税价格 =（成本 + 利润）÷（1- 消费税比例税率） （2）复合计税的： 组成计税价格 =（成本 + 利润 + 自产自用数量 × 定额税率）÷（1- 消费税比例税率） （3）从量定额计税的： 无须组价，直接按照移送的应税消费品数量计税
委托加工的应税消费品	一般由受托方在向委托方交货时代收代缴消费税。 （1）委托方收回后，以不高于受托方计税价格出售的，不再缴纳消费税。 （2）委托方以高于受托方的计税价格出售的，按照规定申报缴纳消费税，准予扣除已代收代缴的消费税	无受托方同类消费品销售价格的，用组价： （1）从价定率计税的： 组成计税价格 =（材料成本 + 加工费）÷（1- 消费税比例税率） （2）复合计税的： 组成计税价格 =（材料成本 + 加工费 + 委托加工数量 × 定额税率）÷（1- 消费税比例税率） （3）从量定额计税的： 无须组价，直接按照收回的应税消费品数量计税

续表

情形	具体范围和规定	组成计税价格公式
进口的应税消费品	无适用情形，直接按照组成计税价格计算进口环节消费税	直接用"组价"： （1）从价定率计税的： 组成计税价格＝（关税完税价格＋关税）÷（1－消费税比例税率） （2）复合计税的： 组成计税价格＝（关税完税价格＋关税＋进口数量×消费税定额税率）÷（1－消费税比例税率） （3）从量定额计税的： 无须组价，直接按照进口数量计税

（六）已纳消费税的扣除

外购和委托加工收回的以下范围内的应税消费品用于连续生产应税消费品的，允许按当期生产领用数量计算准予扣除外购的、委托加工收回的应税消费品已纳的消费税税款。

（1）以外购、委托加工收回的已税烟丝生产的卷烟。

（2）以外购、委托加工收回的已税高档化妆品生产的高档化妆品。

（3）以外购、委托加工收回的已税珠宝、玉石生产的贵重首饰及珠宝、玉石。

提示：仅限于外购、委托加工收回的珠宝、玉石生产的其他贵重首饰及珠宝、玉石。不包含"金、银、铂、钻"首饰。以外购、委托加工收回的珠宝、玉石生产在零售环节征收消费税的"金、银、铂、钻"首饰，不得扣除珠宝、玉石已纳消费税。

（4）以外购、委托加工收回的已税鞭炮、焰火生产的鞭炮、焰火。

（5）以外购、委托加工收回的已税杆头、杆身和握把生产的高尔夫球杆。

（6）以外购、委托加工收回的已税木制一次性筷子生产的木制一次性筷子。

（7）以外购、委托加工收回的已税实木地板生产的实木地板。

（8）以外购、委托加工收回的已税汽油、柴油、石脑油、燃料油、润滑油连续生产的应税成品油。

提示：不包含溶剂油、航空煤油（暂缓征收）。

（9）以外购葡萄酒连续生产的应税葡萄酒。

提示：葡萄酒仅限于外购收回允许扣除，不含委托加工收回。

（10）以外购已税啤酒液生产的啤酒。

解题高手

命题角度：购入应税消费品不允许抵扣的情形。

（1）购入应税消费品的抵扣制度仅限于生产环节，不可以跨环节抵扣，即批发、零售环节不可以抵扣生产环节的消费税。

（2）消费税的税目中，下列税目的应税消费品在连续生产时不允许扣除外购消费品已纳的消费税：

金银首饰、钻石和钻石饰品、铂金首饰（"跨环节"）、酒类（"外购葡萄酒和啤酒液"除外）、高档手表、涂料、电池、小汽车、摩托车、游艇。

精准答疑

问题： "委托加工收回后加价出售的，已纳消费税准予扣除"的范围和"委托加工收回后用于连续生产应税消费品，已纳消费税准予扣除"的范围一样吗？

解答： 两者范围不一样。后者的范围比前者要窄。

（1）委托加工收回后直接加价出售，已纳消费税准予扣除的规定适用于全部的应税消费品，没有范围限制。

（2）委托加工收回后用于连续生产应税消费品，已纳消费税准予扣除的规定仅适用于法规列举的"八大类"应税消费品，不在范围中的不允许扣除已纳的消费税。所以解题时应看清委托加工收回应税消费品后的处理，到底是"加价出售"还是"用于连续生产应税消费品"，如果用于后者，还需要判断是否在"八大类"范围内。

例如：委托加工收回的涂料，用于加价出售的，已代收代缴的消费税允许扣除。但如果用于连续生产应税涂料，已代收代缴的消费税则不允许扣除。

| 典例研习·4-22　模拟单项选择题

某首饰厂（增值税一般纳税人）2024年3月初库存外购已税珠宝玉石不含增值税买价30万元，当月从某珠宝玉石厂购进一批已税珠宝玉石，增值税发票注明价款40万元，增值税税款5.2万元，月末库存已税珠宝玉石金额20万元，其余生产领用并打磨加工成高档珠宝玉石首饰后，全部销售给某首饰商城，收到不含税价款90万元。已知珠宝玉石消费税税率10%，该首饰厂上述业务应缴纳的消费税税额为（　　）。

A.4万元

B.5万元

C.9万元

D.14万元

> 🔍 斯尔解析 本题考查已纳消费税的扣除计算。
>
> 　　外购已税珠宝玉石生产的贵重首饰及珠宝玉石允许按当期生产领用数量计算准予扣除已纳的消费税税款。
>
> 　　（1）当期准予扣除外购已税珠宝玉石的金额 =30+40-20=50（万元）。
>
> 　　（2）首饰厂应缴纳消费税 =（90-50）×10%=4（万元）。
>
> ▲ 本题答案　A

三、消费税的纳税申报

（一）消费税申报期限

纳税期限和申报缴纳期限同增值税的规定。

（二）消费税纳税申报资料

消费税纳税申报表及相关申报资料：

自 2021 年 8 月 1 日起，将消费税与城市维护建设税、教育费附加、地方教育附加申报表整合，启用《消费税及附加税费申报表》。

第三节　企业所得税的纳税审核和纳税申报

一、企业所得税的税率和征税对象（★）

类型	税率	适用范围
基本税率	25%	（1）居民企业。 （2）在中国境内设有机构、场所且取得的所得与机构、场所有实际联系的非居民企业
低税率	20% （实际按10%）	（1）在中国境内未设立机构、场所但有来源于境内所得的非居民企业。 （2）在中国境内虽设立机构、场所但取得的境内所得与其所设机构、场所无实际联系的非居民企业
优惠税率	20%、15%	符合条件的小型微利企业、高新技术企业、技术先进型服务企业，以及其他地域性税收优惠政策

25%的标准税率适用于居民企业，以及非居民企业在我国设立的机构、场所且取得的所得与其机构、场所有实际联系的情形。也可以理解为，只要在我国境内有固定经营场所的，都采用同样的征管方式并应按照25%税率计征企业所得税。

二、企业所得税基本计算方法（★★★）

（1）直接法：

应纳税所得额 = 收入总额 − 不征税收入 − 免税收入 − 各项扣除金额 − 允许弥补的以前年度亏损

（2）间接法：

应纳税所得额 = 会计利润总额 ± 纳税调整项目金额（− 允许弥补的以前年度亏损）

直接法公式中的各项目是按照税法口径计算得出的金额，与会计口径会存在差别。由于企业平时的会计核算，不会在做每一笔会计处理时都去比较会计准则和税法规定，而是按统一的会计准则进行账务处理，所以直接法的计算公式运用的机会相对较少。一般都采用间接法计算，即通过加减调整事项对会计利润总额进行调整，进而计算应纳税所得额。实际上企业所得税年度纳税申报表，也是按照间接法填报的。

三、收入总额的审核（★★★）

（一）收入的确认

1. 销售货物收入

（1）采用特殊销售方式销售货物收入确认的规定。

销售方式	收入确认时点
托收承付方式	办妥托收手续时
预收款方式	发出商品时
采用支付手续费方式委托代销	收到代销清单时
所售商品需要安装和检验	购买方接受商品以及安装和检验完毕时。如果安装程序比较简单，可在发出商品时确认收入
分期收款方式	合同约定的收款日期

续表

销售方式	收入确认时点
以旧换新方式 销售商品	销售商品应当按照销售商品收入确认条件确认收入，回收的商品作为购进商品处理。 提示：企业所得税以旧换新规定与增值税中基本一致。但增值税中对于"金银首饰以旧换新"有特殊的差额计税的规定，而企业所得税中则没有
产品分成方式	分得产品的日期（收入额按照产品的公允价值确定）

解题高手

命题角度：销售收入时间点的审核和销售收入金额的确认。

针对销售货物收入的审核，需要特别关注：

（1）企业所得税上收入确认时点与会计上收入确认时点的差异：是否存在纳税义务已经产生，会计上尚未确认收入的情形，例如：

①预收货款销售方式下，货物已发出但尚未确认签收，会计上虽未确认收入但纳税义务已经发生。

②分期收款销售货物，商品已发出并签收，会计上需要确认收入，但纳税义务尚未全部发生，应按合同约定的日期来分期确认收入。

按照税法口径确认的收入与会计收入有差异时，无须调账，只需要进行纳税调整即可。

（2）增值税和企业所得税在收入确认时点的差别：

①"采用支付手续费方式委托代销的"，增值税中纳税义务发生时间为"收到代销清单，或收到全部或部分货款时。若未收到代销清单及货款的，为发出代销货物满180天的当天"。但企业所得税则只看"收到代销清单"。

②"所售商品需要安装和检验的"，是企业所得税特有的规定，需要特别记忆。

（3）在解题中还需要关注企业是否存在冲减"销售费用""管理费用""原材料""产成品""其他应收款"等科目，而导致收入未入账、未确认收入的情形。

（2）各种形式的"折扣"销售。

折扣形式	概念	收入确认金额
商业折扣	为促进商品销售而在商品价格上给予的价格扣除	按照扣除商业折扣后的金额
现金折扣	为鼓励债务人在规定的期限内付款而向债务人提供的债务扣除	按扣除现金折扣前的金额确定销售商品收入金额，现金折扣在实际发生时作为财务费用扣除

续表

折扣形式	概念	收入确认金额
销售折让和销售退回	因售出商品的质量不合格等原因而在售价上给予的减让或发生的退货	在发生当期冲减当期销售商品收入
买一赠一	以"买一赠一"等方式组合销售本企业商品，不属于捐赠	将总的销售金额按各项商品的公允价值的比例来分摊确认各项的销售收入

2. 提供劳务收入

应采用完工进度（完工百分比）法确认提供劳务收入。

提示：受托加工制造大型机械设备、船舶、飞机，以及从事建筑、安装、装配工程业务或者提供其他劳务等，持续时间超过12个月的，按照纳税年度内完工进度或者完成的工作量确认收入的实现。

3. 转让财产收入

企业转让固定资产、生物资产、无形资产、股权、债权等财产取得的收入。以企业**转让股权收入**为例：

（1）收入确认时点：应于转让协议生效且完成股权变更手续时，确认收入的实现。

（2）股权转让所得的计算公式：

股权转让所得 = 股权转让收入 − 该项股权的成本（即"计税成本"或"计税基础"）

其中，股权成本的确认方式如下：

①通过支付现金方式取得的投资资产，以购买价款为成本。

②通过支付现金以外的方式取得的投资资产，以该资产的公允价值和支付的相关税费为成本。

（3）股权转让和撤资/减资时企业所得税的处理。

转让股权	撤资/减资
股权转让所得：转让收入 − 股权成本。 提示：未分配利润、累计盈余公积等股东留存收益中按照该项股权所可能分配的金额不得在计算时扣除	①投资收回：相当于初始投资的部分，不征税。 ②股息所得：相当于被投资企业累计未分配利润和累计盈余公积按减少实收资本比例计算的部分（符合条件的可以享受居民企业间股息红利免税政策）。 ③股权转让所得：减去上述投资收回和股息所得，剩余的部分

4. 股息、红利等权益性投资收益

（1）收入确认时点：按照被投资方作出利润分配决定的日期确认收入的实现。

（2）资本公积转增股本不得增加计税基础：被投资企业将股权（票）溢价所形成的资本公积转为股本的，不作为投资方企业的股息、红利收入，投资方企业也不得增加该项长期投资的计税基础。

原理详解 💡

按照税法规定，权益性投资资产的税务成本以历史成本计量，取得一项股权，在税法上只认"历史成本"即"历史计税基础"。

在持有这项股权期间的任何会计核算导致的调整、资本公积转增股本等情形，都不允许调整历史计税基础。股息、红利等权益性投资收益项目在会计准则中，如果作为长期股权投资核算，又分为成本法和权益法核算两种情形，不同情形的会计处理也不尽相同。企业所得税法中的规定，比较类似于成本法核算的投资收益，应该在被投资企业股东会或股东大会作出利润分配决定的日期确认收入。

对于会计上按照权益法核算所确认的投资收益，在企业所得税法的规定下，不应该确认为收益或损失，因此产生的"税会差异"，要进行纳税调整。

针对权益性投资持有期间和处置期间的收入，税法上只认两个时点：

(1) 持有期间——股息红利所得：在"作出利润分配的日期"确认，符合条件的居民企业之间的股息红利属于"免税收入"（详见免税收入部分）。

(2) 处置期间——股权转让所得：在转让协议生效并完成股权变更登记时确认。

5. 利息、租金、特许权使用费和接受捐赠收入

收入类型	收入确认的时点
利息收入	合同约定的债务人应付利息的日期
租金收入	合同约定的承租人应付租金的日期。 其中，如果交易合同或协议中规定租赁期限跨年度，且租金提前一次性支付的，根据配比原则，出租人可对上述已确认的收入，在租赁期内，分期均匀计入相关年度收入
特许权使用费收入	合同约定的特许权使用人应付特许权使用费的日期
接受捐赠收入	实际收到捐赠资产的日期。 捐赠资产的价值，按以下原则确认： (1) 接受捐赠的货币性资产，应当按照实际收到的金额计算。 (2) 接受捐赠的非货币性资产，应当以其公允价值计算

提示：根据《企业所得税法实施条例》中的收入与费用配比原则，租金收入的确认时点是按照权责发生制原则在租赁期间内分期确认的，与增值税中的规定不同。按照增值税的相关规定，纳税人提供租赁服务并采取预收款方式的，增值税的纳税义务发生时间为收到预收款的当天。

| 典例研习·4-23 2019年单项选择题

依据企业所得税的相关规定，下列关于收入确认的时间，正确的是（　　）。

A. 接受捐赠收入，按照合同约定的捐赠日期确认收入的实现

B. 特许权使用费收入，以实际取得收入的日期确认收入的实现

C. 采取产品分成方式取得收入的，按照企业分得产品的日期确认收入的实现

D. 股息、红利等权益性投资收益，以被投资方实际分红的日期确认收入的实现

🔍 **斯尔解析** 本题考查企业所得税收入确认时点。

选项A不当选，接受捐赠收入，按照实际收到捐赠资产的日期确认收入的实现。

选项B不当选，特许权使用费收入，按照合同约定的特许权使用人应付特许权使用费的日期确认收入的实现。

选项D不当选，股息、红利等权益性投资收益，除另有规定外，按照被投资企业股东会或股东大会作出利润分配决定的日期确认收入的实现。

▲ **本题答案** C

6. 其他收入

其他收入，包括企业资产溢余收入、逾期未退包装物押金收入、确实无法偿付的应付款项、已作坏账损失处理后又收回的应收款项、债务重组收入、补贴收入、违约金收入、汇兑收益等。

提示：企业取得政府财政资金的收入确认时点。

财政补贴的情形	收入确认的时点
按照企业销售货物、提供劳务服务的数量、金额的一定比例取得的（与销售数量、金额有关）	按照权责发生制确认收入（同会计上确认的收入）
除上述情形以外的各类财政补贴、补助、补偿、退税等（与销售数量、金额无关）	在实际取得收入时确认收入

7. 视同销售收入

（1）视同销售的范围：

处置类型	所得税处理	具体范围
内部处置（权属未发生改变）	不视同销售（将资产移至境外的除外）	①将资产用于生产、制造、加工另一产品。②改变资产形状、结构或性能。③改变资产用途（如自建商品房转为自用或经营）。④将资产在总机构及其分支机构之间转移。⑤上述两种或两种以上情形的混合

续表

处置类型	所得税处理	具体范围
外部处置 （权属发生改变）	视同销售	①用于市场推广或销售。 ②用于交际应酬。 ③用于职工奖励或福利。 ④用于股息分配。 ⑤用于对外捐赠。 提示：视同销售时，除另有规定外，应按照被移送资产的公允价值确定销售收入

（2）企业以所有非货币形式取得的收入，均应当按照公允价值确定收入额。公允价值，是指按照市场价格确定的价值。

提示：企业所得税上的视同销售收入，属于"销售（营业）收入"的一部分，需要作为基数计算业务招待费、广告费和业务宣传费扣除限额。

解题高手

命题角度：**判断各资产处置行为是否应视同销售，根据企业的会计处理进行识别、判断，并作出相应的调账处理或纳税调整处理。**

对于同时报考税法（Ⅰ）和税法（Ⅱ）科目的，注意增值税中的视同销售和企业所得税视同销售的差别：

(1) 增值税中，主要看是否将货物用于非应税项目（或达到增值税链条的最终环节，例如集体福利、个人消费），以及权属是否在增值税的不同纳税人中转移（例如，不在同一县市总分机构之间资产货物的移送，用于投资、分配、无偿赠送等）。

(2) 增值税中，将外购货物用于集体福利或个人消费，相当于增值税抵扣的链条结束，所以需要将对应的进项税额进行转出，无须视同销售。而企业所得税中，将货物（无论自产或外购）或其他资产用于职工福利的，需要视同销售。

（二）不征税收入

项目	具体规定
财政拨款	各级人民政府对纳入预算管理的事业单位、社会团体等组织拨付的财政资金
行政事业性收费和政府性基金	依法收取并上缴财政的政府性基金和行政事业性收费，准予作为不征税收入（未上缴财政的部分，应照常征税，不得作为不征税收入）

续表

项目	具体规定
符合条件的专项用途财政性资金	企业从县级以上各级人民政府财政部门及其他部门取得的应计入收入总额的财政性资金，同时符合以下条件的，可以作为不征税收入，从收入总额中减除： (1) 企业能够提供资金专项用途的资金拨付文件。 (2) 财政部门或其他拨付资金的政府部门对该资金有专门的资金管理办法或者具体管理要求。 (3) 企业对该资金以及以该资金发生的支出单独进行核算

提示：

（1）不征税收入用于支出所形成的费用，不得扣除；用于支出形成的资产计算的折旧摊销，也不得扣除。

（2）符合上述规定的财政性资金作为不征税收入处理后，在5年（60个月）内未发生支出且未缴回财政部门或其他拨付资金的政府部门的部分，应计入取得该资金第六年的应税收入总额，缴纳企业所得税。

解题高手 👍

命题角度：企业取得的财政性资金的性质判断以及对应企业所得税的处理。

（1）一般情况下，企业从政府取得的各类财政性资金，包括来源于政府及其有关部门的财政补助、补贴、贷款贴息，以及其他各类财政专项资金、直接减免的增值税和即征即退、先征后退、先征后返的各种税收，一般情况下均应计入企业当年收入总额，缴纳企业所得税。

（2）增值税小规模纳税人月销售额未达到规定标准享受免税政策的，减免的部分应按规定缴纳企业所得税（在后续"涉税会计核算"中会学习到对应的会计处理）。

（3）纳税人享受增值税进项税额加计抵减的部分，应按规定缴纳企业所得税。

（4）在审核时需要注意企业的会计处理是否合规，是否准确计入了"损益类科目"或"递延收益"。同时，注意是否存在税会差异。

（5）特例情形：符合条件的软件企业取得的专用于软件产品研发和扩大再生产的即征即退税额允许作为"不征税收入"，不缴纳企业所得税。

（三）免税收入

1. 国债利息收入

情形	收入类型	税务处理
国债持有至到期	国债利息收入	免税

续表

情形	收入类型	税务处理
到期前转让国债。从非发行者投资购买的国债	持有期间尚未兑付的国债利息收入	免税
	国债转让收益：转让国债取得的价款，减除其购买成本，扣除持有期间的国债利息收入及交易相关税费后的余额	正常计算纳税

提示：企业持有的 2019—2027 年发行的铁路债券取得的利息收入，减半征收企业所得税。

2. 符合条件的股息、红利

类型	税务处理	例外情形
符合条件的居民企业之间的股息、红利所得	免税	不包括连续持有居民企业公开发行并上市流通的股票不足 12 个月取得的投资收益
在中国境内设立机构场所的非居民企业从居民企业取得的与该机构、场所有实际联系的股息红利	免税	

3. 符合条件的非营利组织的非营利性活动收入

非营利组织从事下列非营利活动取得的收入免税：

（1）接受其他单位或者个人捐赠的收入。

（2）除财政拨款以外的其他政府补助收入，但不包括因政府购买服务取得的收入。

（3）按照省级以上民政、财政部门规定收取的会费。

（4）不征税收入和免税收入孳生的银行存款利息收入。

（5）财政部、国家税务总局规定的其他收入。

提示：非营利组织需要先进行申请免税资格，核准后其非营利性活动收入才能免征企业所得税。免税资格的有效期一般为 5 年。

（四）特殊项目收入类型的企业所得税处理

1. 接收政府和股东划入资产的处理

具体情形		企业所得税处理
企业接收政府划入资产	政府投资资产：县级以上人民政府（包括政府有关部门，下同）将国有资产明确以股权投资方式投入企业	作为国家资本金（包括资本公积）处理
	政府指定用途资产：县级以上人民政府将国有资产无偿划入企业，凡指定专门用途并按规定进行管理的	作为不征税收入
	其他情形	计入当期应税收入
企业接收股东划入资产	合同、协议约定作为资本金且会计上已作实际处理	作为资本金，不计入收入总额
	不同时满足上述条件的，或企业作为收入处理的	计入收入总额

提示：非货币性资产，指现金、银行存款、应收账款、应收票据以及准备持有至到期的债券投资等货币性资产以外的资产。若资产为非货币性资产，应按政府确定的接收价值确定计税基础，政府没有确定接收价值的按公允价值计算确定应税收入。

｜典例研习·4-24 2021年多项选择题

下列选项中，不计入企业的收入总额计算缴纳企业所得税的有（　　）。

A. 政策性搬迁收入

B. 国债利息收入

C. 已作坏账损失处理后又收回的应收款项

D. 股东划入资产，协议约定作为资本金的，且企业在会计已作实际处理

E. 县级以上人民政府将国有资产明确以股权投资方式投入企业，企业作为国家资本金计入实收资本

🔍**斯尔解析** 本题考查收入总额和不计入收入总额的项目。

选项 D 当选，企业接收股东划入资产，合同、协议约定作为资本金且会计上已作实际处理的，作为资本金，不计入收入总额。

选项 E 当选，县级以上人民政府将国有资产明确以股权投资方式投入企业，企业作为国家资本金计入实收资本，不计入收入总额。

选项 A 不当选，政策性搬迁收入企业应当在搬迁完成当年，将搬迁收入计入企业当年应纳税所得额计算纳税。

选项 B 不当选，国债利息收入应计入企业收入总额，但其为免税收入。

选项 C 不当选，应计入企业的收入总额计算缴纳企业所得税。

⛰**本题答案** DE

---

2. 非货币性资产对外投资的特殊规定

维度	具体规定
所得的确认	非货币性资产转让所得＝非货币性资产的公允价值（评估价）－计税基础
收入确认时点	投资协议生效并办理股权登记手续时
递延纳税政策	（1）确认的非货币性资产转让所得，可在不超过 5 年期限内，分期均匀计入相应年度的应纳税所得额，按规定计算缴纳企业所得税。 （2）企业在对外投资 5 年内转让上述股权或者投资收回的，应停止递延纳税政策，并就递延期内尚未确认的非货币性资产转让所得，在转让股权或者投资收回当年的企业所得税年度汇算清缴时，一次性计算缴纳企业所得税
投资方取得被投资企业的股权的计税基础	以非货币资产的原计税成本为计税基础，加上每年确认的非货币性资产转让所得，逐年进行调整

续表

维度	具体规定
被投资方取得的非货币性资产的计税基础	按非货币性资产的公允价值确定

3. 企业转让代个人持有的限售股

（1）适用于企业转让因股权分置改革造成原由个人出资而由企业代持有的限售股。

提示：依法院判决、裁定等原因，通过证券登记结算公司，企业将其代持的个人限售股直接变更到实际所有人名下的，不视同转让限售股。依照本条规定完成纳税义务后的限售股转让收入余额转付给实际所有人时不再纳税。

（2）企业转让限售股取得的收入，应作为企业应税收入。

限售股转让所得 = 收入 − 限售股原值 − 合理税费

提示：企业未能提供完整、真实的限售股原值凭证，不能准确计算该限售股原值的，主管税务机关一律按该限售股转让收入的15%，核定为该限售股原值和合理税费。

四、税前扣除项目的审核（★★★）

（一）扣除项目审核的基本原则

1. 基本扣除项目

企业实际发生的与取得收入有关的、合理的支出，包括成本、费用、税金、损失和其他支出，准予在计算应纳税所得额时扣除。

解题高手

命题角度：基本扣除项目中关于税金的扣除会涉及企业所得税与其他税种的结合，将相关内容汇总如下。

（1）企业所得税允许扣除的税金：

包括企业当期的消费税、资源税、城市维护建设税、土地增值税、房产税、城镇土地使用税、车船税和印花税（另外还有教育费附加等）。

（2）允许抵扣的增值税不得扣除：

增值税在允许抵扣的情况下不得扣除，这是因为允许抵扣的增值税会反映在资产负债表中的负债类科目，不会计入利润表，也不会对企业计算会计利润产生影响（出口货物增值税免抵退政策中构成出口货物成本的"出口不得免征和抵扣税额"除外）。

（3）企业所得税不得扣除：

企业所得税是根据企业的会计利润计算出来并缴纳的，处于企业利润表主体内容的倒数第二行的位置，不会对企业计算会计利润（税前利润）产生影响，实际上不会发生在税前将企业所得税进行扣除的情况（假如扣除了，那肯定就是做错账了）。

（4）构成资产成本或应资本化的税金不得在发生当期直接扣除：

例如进口关税、契税、耕地占用税、车辆购置税等。这部分税金需要随着资产的摊销和折旧，在未来期间逐渐扣除。

2. 扣除凭证的概念及基本要求

提示：企业应将与税前扣除凭证相关的资料，包括合同协议、支出依据、付款凭证等留存备查，以证实税前扣除凭证的真实性。

（1）税前扣除凭证按照来源分为内部凭证和外部凭证。

①内部凭证，指企业自制用于成本、费用、损失和其他支出核算的会计原始凭证。内部凭证的填制和使用应当符合国家会计法律、法规等相关规定。

②外部凭证，指企业发生经营活动和其他事项时，从其他单位、个人取得的用于证明其支出发生的凭证，包括但不限于发票（包括纸质发票和电子发票）、财政票据、完税凭证、收款凭证、分割单等。

（2）扣除凭证的基本规定。

支出类型		具体规定
境内发生的支出	属于增值税应税项目	①对方为已办理税务登记的增值税纳税人，以发票作为税前扣除凭证。②对方为依法无须办理税务登记的单位或者从事小额零星经营业务的个人，其支出以税务机关代开的发票或者收款凭证及内部凭证作为税前扣除凭证
	不属于应税项目	①国家税务总局规定可以开具发票的，可以发票作为税前扣除凭证。②对方为单位的，以对方开具的其他外部凭证作为税前扣除凭证。③对方为个人的，以内部凭证作为税前扣除凭证
从境外购进货物或者劳务发生的支出		以对方开具的发票或者具有发票性质的收款凭证、相关税费缴纳凭证作为税前扣除凭证

（3）其他合法的税前扣除凭证的具体范围：

①支付的行政事业性收费或者政府性基金，以开具的财政票据为合法有效凭证。

②借款利息，应分不同情况处理：

a. 向银行金融企业借款发生的利息支出，需要取得增值税发票才能作为合规票据在税前列支。

b. 向非银行金融企业、非金融企业或个人借款而发生的利息支出，须取得付款单据和发票，辅以借款合同（协议）。首次支付利息并进行税前扣除时，应提供金融企业的同期同类贷款利率情况说明。

③根据法院判决、调解、仲裁等发生的支出，以法院判决书、裁定书、调解书，以及仲裁裁决书、公证债权文书和付款单据作为税前扣除凭证。

④发生非价外费用的违约金、赔偿费，解除劳动合同（辞退）补偿金、拆迁补偿费等非应税项目支出，取得盖章的收据或收款个人签具的收据、收条或签收花名册等单据，并附合同和身份证照等凭据。

⑤企业自制的符合财务、会计处理规定的内部凭证也允许作为扣除凭证（例如，会计原始凭证、职工薪酬发放表、成本计算分摊表、资产损失税前扣除资料等）。

⑥企业在某些无法取得发票的情况下，只要纳税人能够提供支出的合法性其他凭据，例如合同协议、付款证明等，原则上也可作为扣除的依据。

（4）企业取得的不合规发票及不合规其他外部凭证，不得作为税前扣除凭证。

不合规发票，指私自印制、伪造、变造、作废、开票方非法取得、虚开、填写不规范等不符合规定的发票。

（5）扣除凭证提供的时间要求。

应在当年汇算清缴期结束前取得税前扣除凭证。汇算清缴期结束后，税务机关发现企业应当取得而未取得发票、其他外部凭证或者取得不合规发票、不合规其他外部凭证并且告知企业的，企业应当自被告知之日起60日内补开、换开符合规定的发票、其他外部凭证。

其中，企业在补开、换开过程中，因对方注销、撤销、依法被吊销营业执照、被税务机关认定为非正常户等特殊原因无法补开、换开发票、其他外部凭证的，可凭以下证明资料（以下简称"替代资料"）证实支出真实性后，其支出允许税前扣除：

①无法补开、换开发票、其他外部凭证原因的证明资料（包括工商注销、机构撤销、列入非正常经营户、破产公告等证明资料）。

②相关业务活动的合同或者协议。

③采用非现金方式支付的付款凭证。

④货物运输的证明资料。

⑤货物入库、出库内部凭证。

⑥企业会计核算记录以及其他资料。

提示：第①项至第③项为必备资料。

企业在规定的期限未能补开、换开符合规定的发票、其他外部凭证，并且未能提供替代资料的，相应支出不得在发生年度税前扣除，也不得在以后年度追补扣除。

（6）追补扣除。

企业以前年度应当取得而未取得扣除凭证，且相应支出在该年度没有税前扣除的，在以后年度取得符合规定的发票、其他外部凭证或者提供替代资料，相应支出可以追补至该支出发生年度税前扣除，但追补年限不得超过5年。

（7）分摊支出的扣除凭证要求。

企业与其他企业（包括关联企业）、个人在境内共同接受应税服务发生的支出，采取分摊方式的，应当按照独立交易原则进行分摊，企业以发票和分割单作为税前扣除凭证，共同接受服务的其他企业以企业开具的分割单作为税前扣除凭证。

解题高手 👍

命题角度：企业税前扣除凭证是否合规的纳税审核。

审核时应关注的税前扣除基本原则：

（1）真实合法原则：各项支出是否确属已经真实发生；各项成本费用支出内容是否合法，凭证是否合法。应取得而未取得发票而以"白条"等凭证入账的、非法渠道购买或取得的发票、伪造的发票、开票人与购票人不一致的发票等均不允许在税前扣除。

（2）相关性原则：与取得收入有关的支出，允许扣除。

具体体现为：

①应当判断支出是企业必须且应该发生的，还是企业员工个人发生，只是单位内部政策等规定转而由单位负担。若是纯粹个人消费性行为，通过报销等形式转由单位负担的，该项支出即便有合规票据，也实际支付，也不得在企业所得税税前扣除。

②应当区分收益性支出和资本性支出，收益性支出在发生当期直接扣除。资本性支出应当分期扣除或者计入有关资产成本，不得在发生当期直接扣除。同时，不征税收入用于支出所形成的费用或者财产，不得扣除或者计算对应的折旧、摊销扣除。

（3）合理性原则：可扣除的各项支出应当是必要和正常的，计算和分配方法应当符合生产经营常规和会计惯例。

（二）扣除项目及其标准

1. 工资、薪金支出

（1）企业发生的合理的工资、薪金支出准予据实扣除。

工资、薪金支出包括所有现金或非现金的劳动报酬，包括基本工资、奖金、津贴、补贴、年终加薪、加班工资，以及与任职或者受雇有关的其他支出。

（2）因雇用季节工、临时工、实习生、返聘离退休人员以及接受外部劳务派遣用工所实际发生的费用，应区分为工资薪金支出和职工福利费支出，按规定扣除。

其中属于工资薪金部分支出的，应计入企业工资薪金总额的基数。

（3）接受外部劳务派遣用工所实际发生的费用的扣除。

劳务派遣费用的类型	企业所得税处理
按照协议（合同）约定直接支付给劳务派遣公司的费用	属于劳务费支出，不得作为工资薪金支出计入三项经费的计算基数
直接支付给员工个人的费用	应作为工资薪金支出或职工福利费支出。属于工资薪金的费用，准予计入工资薪金总额的基数

（4）企业年度汇算清缴结束前，向员工实际支付的已预提的汇缴年度工资薪金，准予在汇缴年度按规定扣除。

（5）上市公司股权激励计划的税前扣除。

种类		会计处理	企业所得税处理	纳税调整
授予后立即可以行权的		作为成本费用扣除	实际行权当年准予扣除的工资薪金＝实际行权时的公允价格－员工支付的价格	无须调整
经等待期后才可以行权的	等待期	每年确认为成本费用	不得扣除	纳税调增
	实际行权时	无处理（等待期已经处理完）	实际行权当年准予扣除的工资薪金＝实际行权时的公允价格－员工支付的价格	纳税调减

解题高手

命题角度：计算允许扣除的工资、薪金的金额。

需要重点关注工资、薪金的范围及税会差异调整：

（1）包含实际支付给季节工、临时工、实习生、返聘离退休人员的工资、薪金。

（2）包含"直接"支付给劳务派遣员工个人的工资、薪金。

（3）上市公司股权激励等待期内不允许税前扣除，在实际行权的年度才可作为"工资、薪金"税前扣除。

"工资、薪金"金额的确定，会直接影响到职工福利费、工会经费、职工教育经费扣除标准的计算。在解题时需要重点审题，关注其是否可以全额扣除，避免影响其他相关调整项目的计算。

2."三项经费"支出

类型	扣除比例	超过标准部分的处理
职工福利费	不超过工资薪金总额 14% 的部分，准予扣除	不得扣除
工会经费	不超过工资薪金总额 2% 的部分，准予扣除	不得扣除
职工教育经费	不超过工资薪金总额 8% 的部分，准予扣除	准予在以后纳税年度结转扣除

提示：

特殊类型企业的职工教育经费的扣除：

（1）航空企业的飞行员养成费、飞行训练费、乘务训练费、空中保卫员训练费，作为航空运输成本全额扣除。

（2）集成电路设计企业和符合条件软件企业的职工培训费（单独核算的），全额扣除。

（3）核力发电企业核电厂操纵员的培养费用，作为发电成本全额扣除。

解题高手👍

命题角度：在综合分析题中考查"职工福利费"的范围、核算和税前扣除的金额。

（1）职工福利费包括发放给职工或为职工支付的以下各项现金补贴和非货币性福利：

①为职工卫生保健、生活、住房、交通等所发放的各项补贴和非货币性福利。

②企业尚未分离的内设集体福利部门所发生的设备、设施和人员费用。

③职工困难补助，或者企业统筹建立和管理的专门用于帮助、救济困难职工的基金支出。

④按规定发生的其他职工福利费，包括丧葬补助费、抚恤费、职工异地安家费、独生子女费、探亲假路费，以及符合企业职工福利费定义但没有包括在上述各条款项目中的其他支出。

（2）职工福利费一般应单独设置账册，准确核算。工会经费，凭工会组织开具的《工会经费收入专用收据》或代收凭据在税前扣除。

｜典例研习·4-25 　2021年多项选择题

企业发生的下列支出，无须并入职工教育经费，可以在企业所得税税前据实扣除的有（　　）。

A. 高新技术企业的职工培训费

B. 航空企业实际发生的乘务训练费

C. 集成电路设计企业的职工培训费

D. 技术先进型服务企业的职工培训费

E. 符合条件的软件企业的职工培训费

⑤斯尔解析 本题考查特殊类型企业的职工教育经费的扣除。

下列特殊企业的职工教育经费准予全额据实扣除：

（1）航空企业的飞行员养成费、飞行训练费、乘务训练费（选项B当选）、空中保卫员训练费，作为航空运输成本全额扣除。

（2）集成电路设计企业和符合条件软件企业的职工培训费（单独核算的）（选项CE当选），全额扣除。

（3）核力发电企业核电厂操纵员的培养费用，作为发电成本全额扣除。

选项AD不当选，高新技术企业和技术先进型服务企业的职工培训费，无特殊规定，适用一般规定，即不超过工资薪金总额8%的部分，准予扣除，超过标准部分准予在以后纳税年度结转扣除。

▲本题答案 BCE

3. 保险费

项目	扣除限额和要求
四险一金	依照有关部门规定的范围和标准缴纳的，准予扣除（包括基本养老保险费、基本医疗保险费、失业保险费、工伤保险费等基本社会保险费和住房公积金）
补充养老保险	在工资薪金总额 5% 以内的，准予扣除
补充医疗保险	在工资薪金总额 5% 以内的，准予扣除
人身安全保险费	按照国家有关规定为特殊工种职工支付的，准予扣除
职工因公出差乘坐交通工具发生的人身意外保险费支出	准予扣除
财产保险费、雇主责任险、公众责任险	准予扣除
为投资者和职工支付的商业保险费	不得扣除

4. 借款和利息支出

（1）资本化的借款费用和利息支出，例如，为购置、建造固定资产、无形资产和经过12 个月以上的建造才能达到预定可销售状态的存货发生借款的，在资产购建期间发生的借款费用，应予以资本化。

（2）不需要资本化的借款费用和利息支出，准予扣除。

利息支出的具体扣除规则如下：

项目		扣除规定
投资者在规定期限内未缴足应缴资本额时的借款利息支出		相当于投资者实缴资本额和应缴资本额差额部分（即投资者未缴足的部分）应计付的利息，不得扣除
金融企业存款利息支出和同业拆借利息支出、企业经批准发行债券的利息支出		据实扣除
非金融企业的借款利息支出	向金融企业借款	据实扣除
	向非金融企业借款	①不超过按照金融企业同期同类贷款利率计算的部分，据实扣除。②向关联企业借款的利息扣除还需要满足债资比规定：接受关联方债权性投资与权益性投资的比例不超过（金融企业）5：1、（其他企业）2：1的部分，准予扣除。超过的部分，不得扣除

续表

项目		扣除规定
向自然人借款的利息支出	向股东或者有关联关系的自然人借款	同上述②中关联方的规定
	向职工或者其他人员的借款	同上述①的规定

解题高手

命题角度：企业向非金融机构借款利息支出税前扣除的要求。

利息支出可以税前扣除的金额及纳税调整金额。需要同时遵循以下两个标准：

标准1：本金标准——关联方债资比。

此条件在题目中的考查方式往往是告知关联方股权投资的金额，以及关联方借款的本金，要求自行计算是否符合债资比的要求。

例外情形：超出债资比的，企业对其关联方利息支出能够提供相关转让定价资料并证明相关交易活动符合独立交易原则，或该企业的实际税负不高于其境内关联方的（即不受债资比限制）。

标准2：利率标准——不超过金融企业同期同类贷款利率。

金融机构同期同类贷款利率的具体处理方式：企业在首次支付利息并进行税前扣除时，应提供"金融企业的同期同类贷款利率情况说明"。"同期同类贷款利率"既可以是金融企业公布的同期同类平均利率，也可以是金融企业按照浮动利率规定提供的实际贷款利率。

5.业务招待费

（1）扣除方法：

以下两个标准取孰低作为扣除限额：

①实际发生额的60%。

②当年销售（营业）收入的5‰。

（2）筹建期间与筹办活动有关的业务招待费支出，按实际发生额的60%计入企业筹办费扣除。

提示：

①销售（营业）收入包括主营业务收入、其他业务收入，以及视同销售收入（除了视同销售收入之外，其他的诸如财产转让收入、利息收入、营业外收入等项目，不计入业务招待费扣除限额的计算基数中）。

②对从事股权投资业务的企业（包括集团公司总部、创业投资企业等），其从被投资企业所分得的股息、红利以及股权转让收入，可以按规定的比例计算业务招待费扣除限额。

6.广告费和业务宣传费

提示：企业在筹建期间，发生的广告费和业务宣传费支出，可按实际发生额计入企业筹办费，并按规定在税前扣除。

企业类型	扣除规定
一般企业	不超过当年销售（营业）收入15%的部分，准予扣除。超过部分，准予结转以后年度扣除
对化妆品制造或销售、医药制造和饮料制造（不含酒类制造）企业	不超过当年销售（营业）收入30%的部分，准予扣除。超过部分，准予在以后纳税年度结转扣除
烟草企业	不得扣除

| 典例研习·4-26 〔2022年单项选择题〕

下列企业中，不能按当年销售（营业）收入30%计算广告费和业务宣传费在企业所得税前扣除的是（ ）。

A. 医药制造企业

B. 化妆品制造与销售企业

C. 除酒类外的饮料制造企业

D. 烟草企业

🔍**斯尔解析** 本题考查特殊类型企业的广告费和业务宣传费扣除限额。

选项 D 当选，烟草企业的烟草广告费和业务宣传费支出，即使取得有效扣除凭证，也一律不得在计算应纳税所得额时扣除。

选项 ABC 不当选，化妆品制造与销售、医药制造和饮料制造（不含酒类制造）企业，不超过当年销售（营业）收入30%的部分，准予扣除；超过部分，准予结转以后纳税年度扣除。

▲**本题答案** D

7.公益性捐赠支出

（1）公益性捐赠，指企业通过公益性社会团体或者县级（含）以上人民政府及其部门，用于规定的公益事业的捐赠。不符合上述条件的捐赠和直接捐赠，不得扣除。

（2）符合条件的公益性捐赠，不超过年度利润总额12%的部分，准予扣除。超过部分，准予在3年内结转扣除。

提示：由于有3年的结转期限限制，所以企业在计算扣除时，应先扣除以前年度结转的，再扣除当年发生的，按前后顺序扣除。

（3）捐赠方在向公益性社会团体和县级以上人民政府及其组成部门和直属机构捐赠非货币性资产时，应当提供注明捐赠非货币性资产公允价值的证明。不能提供证明的，接受捐赠方不得向其开具捐赠票据。

8. 手续费及佣金支出

企业类型	扣除限额
一般企业	按与具有合法经营资格的中介服务机构和个人签订的服务协议或合同确认的收入金额的 5% 为限额
保险企业	以当年全部保费收入扣除退保金后的余额的 18% 为限额
电信企业	以企业当年收入总额的 5% 为限额
从事代理服务、主营业务收入为手续费、佣金的企业	为取得该收入而实际发生的营业成本（包括手续费及佣金支出），准予据实扣除

提示：

（1）企业应与具有合法经营资格的中介服务机构或个人签订代办协议或合同，并按规定支付手续费及佣金。

（2）除委托个人代理外，企业以现金等非转账方式支付的手续费及佣金不得在税前扣除。

（3）企业为发行权益性证券支付给有关证券承销机构的手续费及佣金不得在税前扣除。

9. 其他允许扣除项目

包括劳动保护费、汇兑损失、提取的环境保护专项资金、资产的折旧摊销、总机构分摊的费用和其他合理的支出。

（三）资产的折旧、摊销和损失的扣除

1. 固定资产折旧

（1）固定资产折旧的计提方法。

①按照直线法计算的折旧，准予扣除。

②自固定资产投入使用月份的次月起计算折旧。停止使用的固定资产，应当自停止使用月份的次月起停止计算折旧。

③应当合理确定固定资产的预计净残值。一经确定，不得变更。

（2）固定资产计算折旧的最低年限。

固定资产类型	最低折旧年限
房屋、建筑物	20 年
飞机、火车、轮船、机器、机械和其他生产设备	10 年
与生产经营活动有关的器具、工具、家具等	5 年
飞机、火车、轮船以外的运输工具	4 年
电子设备	3 年

（3）房屋、建筑物在未足额提取折旧前进行改扩建的处理。

情形	税务处理
推倒重置	原资产净值应并入重置后的固定资产计税成本，并在该固定资产投入使用后的次月起，按照税法规定的折旧年限，一并计提折旧
提升功能、增加面积	改扩建支出，并入该固定资产计税基础，并从改扩建完工投入使用后的次月起，重新按税法规定的折旧年限计提折旧，如改扩建后的固定资产尚可使用的年限低于税法规定的最低年限的，可以按尚可使用的年限计提折旧

（4）固定资产减值准备不得税前扣除，其折旧仍按税法确定的固定资产计税基础计算扣除。

2. 无形资产摊销

（1）按直线法计算的无形资产的摊销，准予扣除。

（2）无形资产的摊销年限不得低于 10 年。

作为投资或者受让的无形资产，有关法律规定或合同约定了使用年限的，可以按照规定或者约定的使用年限摊销。

提示：

①外购商誉的支出，不得计算摊销，只能在企业整体转让或清算时，准予扣除。

②企事业单位购进软件，凡符合条件的，其折旧或摊销年限可以适当缩短，最短可为 2 年。

③当月增加的无形资产，当月开始摊销；当月减少的无形资产，当月不再摊销。

（3）下列无形资产不得计算摊销费用扣除：

①自行开发的支出已在计算应纳税所得额时扣除的无形资产。

②自创商誉。

③与经营活动无关的无形资产。

④其他不得计算摊销费用扣除的无形资产。

（4）无形资产减值准备不得税前扣除。

3. 长期待摊费用

企业发生的下列支出作为长期待摊费用，按照规定摊销的，准予扣除。

（1）已足额提取折旧的固定资产的改建支出。

（2）租入固定资产的改建支出。

（3）固定资产的大修理支出。

提示：

大修理支出，指同时符合下列条件的支出：

①修理支出达到取得固定资产时的计税基础 50% 以上。

②修理后固定资产的使用年限延长 2 年以上。

（4）开办费等其他作为长期待摊费用的支出。

长期待摊费用自支出发生月份的"次月"起，分期摊销，摊销年限不得低于 3 年。

4. 投资资产的扣除

投资资产，指企业对外进行权益性投资和债权性投资而形成的资产。

（1）投资资产的成本。

取得方式	投资资产成本
支付现金方式	购买价款
支付现金以外的方式	资产的公允价值和支付的相关税费

提示：被投资企业发生的经营亏损，由被投资企业按规定结转弥补，投资企业不得调整减低其投资成本，也不得将其确认为投资损失。

（2）投资资产成本的扣除方法。

企业对外投资期间，投资资产的成本不得扣除。

企业在转让或者处置投资资产时，投资资产的成本准予扣除。

提示：投资企业撤回或减少投资的税务处理见股权转让收入部分。

5. 资产损失的扣除

（1）基本原则：企业当期发生的固定资产和流动资产盘亏、毁损净损失，准予扣除。

（2）资产损失的类型：

名称	内容
实际资产损失	实际处置、转让过程中发生的损失
法定资产损失	未实际处置、转让资产，但符合法规规定条件计算的损失

（3）扣除的方式：

目前申报扣除资产损失，仅需填报企业所得税年度纳税申报表《资产损失税前扣除及纳税调整明细表》，不再报送资产损失相关资料，相关资料由企业留存备查。

（4）损失金额的确认：

①基本原则——以"净额"确定损失的金额。

各类资产损失应以账面净值扣除残值、可收回部分、责任人赔偿、保险公司赔款后的净额作为损失金额扣除。

②"非正常损失"涉及的进项税转出，允许作为损失在所得税前扣除。

（5）已经扣除的资产损失，在以后年度全部或部分收回时，收回的部分作为收回当期的收入，计入应纳税所得额。

| 典例研习·4-27 　2021年单项选择题改编

2023年度将以前年度无法收回的应收账款作为坏账损失核销，该损失在企业所得税前扣除时，下列处理符合现行政策规定的是（　　）。

A. 应向税务机关逐笔报送申请报告，经税务机关批准后扣除

B. 应向税务机关逐笔报送，相关资料报税务机关备案后扣除

C. 不用向税务机关逐笔报送资料，相关资料企业留存备查就可以扣除

D. 不用向税务机关逐笔报送资料，也不需要将相关资料留存，申报后就可以扣除

斯尔解析 本题考查坏账损失的税前扣除方式。

选项 C 当选，按照现行规定，企业在向税务机关申报扣除资产损失时，仅需填报企业所得税年度纳税申报表中的《资产损失税前扣除及纳税调整明细表》，不需再报送资产损失相关资料，相关证据材料由企业留存备查。

本题答案 C

（四）不得扣除的项目

（1）向投资者支付的股息、红利等权益性投资收益款项。

（2）企业所得税税款。

（3）税收滞纳金。

（4）罚金、罚款和被没收财物的损失。

提示：平等主体之间因合同契约关系而支付的罚息、违约金、赔偿金等可以扣除。

（5）赞助支出。

提示：审核时需要注意是否将各种性质的非广告类的赞助支出错误地计入销售费用中的广告费或业务宣传费。非广告性质的赞助支出不得在税前扣除。

（6）未经核定的准备金支出。

提示：针对保险行业、金融行业有特殊的允许扣除准备金的规定。

（7）企业之间支付的管理费、企业内营业机构之间支付的租金和特许权使用费，以及非银行企业内营业机构之间支付的利息。

（8）其他没有取得合法凭证和与收入无关的支出。

解题高手

命题角度：判断企业的各项支出是否可以税前扣除。

对于上述不可扣除的项目，可大致分为三类进行记忆：

（1）会计"利润总额"之后计算的项目，不可税前扣除。

无论是企业所得税税款，还是向投资者支付股息、红利，都不会影响到会计"利润总额"的计算（因为企业所得税在会计利润之后，股息、红利是对税后利润的分配），也不会影响到"应纳税所得额"的计算，自然也不可以在企业所得税前作为扣除项目列支。

（2）行政、司法机关做出的带有惩罚性质的处罚。

由于企业违反了相关法律、法规，支付的罚金、罚款、税收滞纳金及没收财物损失，不得税前扣除。

需要注意的是，支付给银行的加息、罚息，以及平等主体之间因为契约关系而产生的违约金、赔偿金，都可以税前扣除。

（3）与生产经营无关的支出，不可税前扣除。

非广告性质的赞助费用支出及其他与生产经营无关的各类支出（如企业替个人承担的相关支出等）。

此外，每一家公司、企业实际上是一个独立的法人，企业应该有独立的管理职能机构，独立承担自己企业的管理职能。企业之间的管理费支出，在税法角度认为这种管理费的存在并不合理，所以以不允许扣除。

| 典例研习·4-28 2017年单项选择题

下列各项支出，可在企业所得税税前扣除的是（　　）。

A. 企业之间支付的管理费用

B. 非银行企业内营业机构之间支付的利息

C. 企业依据法律规定提取的环境保护专项资金

D. 烟草企业的烟草广告费和业务宣传费

斯尔解析 本题考查扣除项目的范围和不可税前扣除的情形。

选项 AB 不当选，企业之间支付的管理费、企业内营业机构之间支付的租金和特许权使用费，以及非银行企业内营业机构之间支付的利息，不得扣除。银行企业内营业机构之间支付的利息，可以税前扣除。选项 D 不当选，烟草企业的烟草广告费和业务宣传费，不得税前扣除。

本题答案 C

（五）亏损弥补

项目	具体规定
亏损的定义和计算	亏损指企业按照税法规定计算出的应纳税所得额小于零的数额。 提示：可弥补的亏损，不是按照会计准则计算出来的会计上的亏损，而是按照税法的规定计算出来的应纳税所得额小于零时的情形，也称为"税务亏损"
一般企业弥补的年限	亏损可以逐年延续弥补，但最长不得超过 5 年
特殊企业的特殊规定	（1）当年具备高新技术企业或科技型中小企业资格的企业，其具备资格年度之前 5 个年度发生的尚未弥补完的亏损，准予结转以后年度弥补，最长结转期限由 5 年延长至 10 年。 （2）国家鼓励的线宽小于 130 纳米的集成电路生产企业，属于国家鼓励的集成电路生产企业清单年度之前 5 个纳税年度发生的尚未弥补完的亏损，准予最长结转 10 年弥补

提示:

(1)企业在汇总计算缴纳企业所得税时,其境外营业机构的亏损不得抵减境内营业机构的盈利。

(2)筹办期间不计算为亏损年度。

企业自开始生产经营的年度,开始计算企业损益的年度。企业在生产经营之前的筹办期发生的筹办费用支出,不得计算为当期的亏损,企业可以在开始经营之日的当年一次性扣除,也可以按照税法有关长期待摊费用的处理规定处理,一经选定,不得改变。

| 典例研习·4-29 模拟计算题

某办公用具生产企业 A,2016 年至 2023 年弥补亏损前应纳税所得额如下表,请计算 2023 年弥补亏损后应纳税所得额。

年份	2016	2017	2018	2019	2020	2021	2022	2023
会计利润 (万元)	−2 500	−2 000	−1 000	400	2 000	−200	2 200	1 000
应纳税 所得额 (万元)	−3 000	−2 000	−500	600	2 000	−200	2 200	1 000

⑤斯尔解析 本题考查以前年度亏损弥补的计算。

(1)2016 年亏损可在 2017 年至 2021 年弥补,弥补完后,2019 年、2020 年应纳税所得额均为 0。

(2)2017 年亏损可在 2018 年至 2022 年弥补,弥补完后,2022 年应纳税所得额 = 2 200−2 000=200(万元)。

(3)2018 年亏损可在 2019 年至 2023 年弥补,弥补完后,2022 年应纳税所得额为 0,2023 年应纳税所得额 =1 000−(500−200)=700(万元)。

(4)2021 年亏损可在 2022 年至 2026 年弥补,弥补完后,2023 年应纳税所得额 = 700−200=500(万元)。

五、税收优惠的审核(★★)

(一)符合条件的技术转让所得减免税政策

1.技术转让所得减免税的适用范围

一个纳税年度内,居民企业转让技术所有权所得不超过 500 万元的部分,免征企业所得税。超过 500 万元的部分,减半征收。

技术转让的范围,包括居民企业转让专利技术、计算机软件著作权、集成电路布图设计权、植物新品种、生物医药新品种的所有权、5 年(含)以上的非独占许可使用权。

享受减免企业所得税优惠的技术转让还应满足以下条件：

（1）享受优惠的转让主体是《企业所得税法》规定的居民企业。

（2）境内技术转让须经省级以上（含省级）科技部门认定登记。

（3）向境外转让技术须经省级以上（含省级）商务部门认定登记。

（4）技术转让属于财政部、国家税务总局规定的范围。

提示：居民企业从直接或间接持有股权之和达到100%的关联方取得的技术转让所得，不享受技术转让减免企业所得税优惠政策。

2. 技术转让所得的计算公式

技术转让所得＝技术转让收入－技术转让成本－相关税费

或：

技术转让所得＝技术转让收入－无形资产摊销费用－相关税费－应分摊期间费用（适用于转让5年以上非独占许可使用权）

其中：

（1）技术转让收入，指当事人履行技术转让合同后获得的价款，不包括销售或转让设备、仪器、零部件、原材料等非技术性收入。

提示：与技术转让项目密不可分的技术咨询、技术服务、技术培训等收入允许计入技术转让收入。

（2）技术转让成本，指转让的无形资产的净值，即该无形资产的计税基础减除在资产使用期间按照规定计算的摊销扣除额后的余额。

（3）相关税费，指技术转让过程中实际发生的有关税费，包括除企业所得税和允许抵扣的增值税以外的各项税金及其附加、合同签订费用、律师费等相关费用及其他支出。

3. 征管要求

享受技术转让所得减免企业所得税优惠的企业，应单独计算技术转让所得，并合理分摊企业的期间费用。没有单独计算的，不得享受技术转让所得的企业所得税优惠。

提示：技术转让所得减半征收企业所得税与高新技术企业或技术先进型服务企业的低税率优惠不得同时享受。

（二）高新技术企业和技术先进型服务企业

1. 高新技术企业的认定条件

国家重点扶持的高新技术企业，指拥有核心自主知识产权，且同时符合以下要求的在中国境内注册的居民企业。

维度	具体条件
注册登记时间	申请认定时须注册成立一年以上
核心知识产权及核心技术	通过自主研发、受让、受赠、并购等方式获得对其主要产品（服务）在技术上发挥核心支持作用的知识产权的所有权。 提示：核心技术属于国家规定的范围
科研人员占比	从事研发和相关技术创新活动的科技人员占企业当年职工总数的比例不得低于10%

维度	具体条件
研发费用占收入比	企业近三个会计年度（实际经营期不满三年的按实际经营时间计算，下同）的研究开发费用总额占同期销售收入总额的比例符合如下要求： （1）近一年销售收入 ≤ 5 000 万元，比例 ≥ 5%。 （2）5 000 万元＜近一年销售收入 ≤ 2 亿元，比例 ≥ 4%。 （3）近一年销售收入＞2 亿元，比例 ≥ 3%。 其中，企业在中国境内发生的研究开发费用总额占全部开发费用总额的比例不低于 60%
高新产品收入占比	近一年高新技术产品（服务）收入占企业同期总收入的比例不低于 60%
其他	创新能力评价达到相应要求。 申请前一年内无重大安全、质量事故或严重环境违法行为

2. 高新技术资格的后续管理

（1）高新技术企业资质有效期一般为 3 年。企业的高新技术企业资格期满当年，在通过重新认定前，其当年企业所得税暂按 15% 的税率预缴。在年底前仍未取得高新技术企业资格的，应按规定补缴税款。

（2）企业获得高新技术企业资格后，应于每年 5 月底前在"高新技术企业认定管理工作网"填报上一年度知识产权、科技人员、研发费用、经营收入等年度发展情况报表。

（三）技术先进型服务企业

1. 税率优惠

对经认定的技术先进型服务企业，减按 15% 的税率征收企业所得税。

2. 享受优惠政策的技术先进型服务企业必须同时符合的条件

维度	具体条件
注册地	在中国境内（不包括港、澳、台地区）注册的法人企业
服务范围	从事认定范围中的一种或多种技术先进型服务业务，采用先进技术或具备较强的研发能力
高学历员工占比	具有大专以上学历的员工占企业职工总数的 50% 以上
技术先进型服务业务收入占比	从事认定范围中的技术先进型服务业务取得的收入占企业当年总收入的 50% 以上。 从事离岸服务外包业务取得的收入不低于企业当年总收入的 35%

（四）小型微利企业的优惠政策

小型微利企业减按 20% 的税率征收企业所得税。

1.认定条件

从事行业类型	年应纳税所得额	从业人数	资产总额
从事国家非限制或禁止的行业	不超过 300 万元	不超过 300 人	不超过 5 000 万元

提示：

（1）从业人数，包括与企业建立劳动关系的职工人数和企业接受的劳务派遣用工人数。

（2）资产总额即企业拥有或控制的全部资产（资产负债表的资产总计项）。

（3）从业人数及资产总额均应当按照企业全年的季度平均额确定。

季度平均值＝（季初值＋季末值）÷2

全年季度平均值＝全年各季度平均值之和 ÷4

（4）汇总纳税企业的从业人数、资产总额应包括分支机构。

2.具体优惠内容

年应纳税所得额不超过 300 万元的部分，减按 25% 计入应纳税所得额，同时适用 20% 的税率。

3.征收管理

（1）无论是按查账征收方式还是核定征收方式纳税，均可享受小型微利企业优惠政策。

（2）小型微利企业企业所得税统一实行按季度预缴。

（3）在预缴和汇算清缴企业所得税时，均可享受小型微利企业所得税优惠政策。

其中，在预缴时，资产总额、从业人数、年度应纳税所得额指标，暂按当年度截至本期预缴申报所属期末的情况进行判断。

（五）研发费用加计扣除

1.研发活动的范围

研发活动，指企业为获得科学与技术新知识，创造性运用科学技术新知识，或实质性改进技术、产品（服务）、工艺而持续进行的具有明确目标的系统性活动。

2.扣除金额的基本规定

适用行业	计入当期损益的	形成无形资产的
一般企业	按照实际发生额的 100% 在税前加计扣除	按照无形资产成本的 200% 在税前摊销扣除
集成电路企业、工业母机企业 ！新	按照实际发生额的 120% 在税前加计扣除	按照无形资产成本的 220% 在税前摊销扣除

提示：

（1）不适用税前加计扣除政策的行业：烟草制造业、住宿和餐饮业、批发和零售业、房地产业、租赁和商务服务业、娱乐业。

（2）企业取得作为不征税收入处理的财政性资金用于研发活动所形成的费用或无形资产，不得计算加计扣除或摊销。

3. 研发费用税前加计扣除归集范围

包括人员人工费用、直接投入费用、折旧摊销费用、新产品设计及其他相关费用。具体规定如下：

（1）人员人工费用。

包括直接从事研发活动人员的工资薪金、社保、住房公积金以及外聘研发人员的劳务费用，可在税前扣除的对研发人员的股权激励支出。

（2）直接投入费用。

包括研发活动直接消耗的材料、燃料和动力费用。用于中间试验和产品试制的模具、工艺装备开发及制造费，不构成固定资产的样品、样机及一般测试手段购置费，试制产品的检验费。用于研发活动的仪器、设备的运行维护、调整、检验、维修等费用，以及通过经营租赁方式租入的用于研发活动的仪器、设备租赁费。

提示：企业研发活动直接形成产品或部分形成产品对外销售的，研发费用中对应的材料费用不得加计扣除。

（3）折旧、摊销费用。

提示：房屋、建筑物的折旧不得享受加计扣除。

在上述（1）、（2）、（3）中，若研发人员同时从事非研发活动，或研发仪器、设备和无形资产同时用于非研发活动的，人员人工费用、租赁费或折旧摊销等费用，应按实际工时占比等合理方法在研发费用和生产经营费用间进行分配。

（4）新产品设计费、新工艺规程制定费、新药研制的临床试验费、勘探开发技术的现场试验费。

（5）其他相关费用，指与研发活动直接相关的其他费用，如技术图书资料费、资料翻译费、专家咨询费、高新科技研发保险费，研发成果的检索、分析、评议、论证、鉴定、评审、评估、验收费用，知识产权的申请费、注册费、代理费，差旅费、会议费、职工福利费、补充养老保险、补充医疗保险。

提示：其他相关费用总额不得超过可加计扣除研发费用总额的10%。

4. 委托外部机构研发的特别处理

受托方	研发费用加计扣除规定
境内外部机构/个人	(1) 委托机构或个人均可。 (2) 委托方按照费用实际发生额的80%计入委托方研发费用并计算加计扣除。 (3) 不论委托方是否享受加计扣除政策，受托方均不得加计扣除
委托境外机构	(1) 仅指委托境外机构发生的研发费用，不包括委托境外个人进行的研发活动。 (2) 按照费用实际发生额的80%计入委托方的委托境外研发费用，不超过境内符合条件的研发费用2/3的部分，可按规定加计扣除

提示：费用实际发生额应按照独立交易原则确定。如委托方与受托方存在关联关系，受托方应向委托方提供研发项目费用支出明细情况。

解题高手 👍

命题角度：计算委托境外的研发费用可以加计扣除的金额。

首先，按照以下两个限额取较低者作为计算加计扣除金额的基数：

限额1：委托境外研发费用实际发生额的80%。

限额2：境内符合条件的研发费用的2/3。

其次，按照对应的加计扣除比例计算出加计扣除金额。

提示：企业实际发生的研发费用仍可据实扣除，上述为计算加计扣除金额的过程。

5. 征管要求

（1）研发费用加计扣除适用于会计核算健全、实行查账征收并能够准确归集研发费用的居民企业。

（2）企业7月份预缴申报第2季度（按季预缴）或6月份的（按月预缴）企业所得税时，可以自主选择就当年前半年研发费用享受加计扣除优惠政策。企业10月份预缴申报第3季度（按季预缴）或9月份的（按月预缴）企业所得税时，可以自主选择就当年前三季度研发费用享受加计扣除优惠政策。采取"自行判别、申报享受、相关资料留存备查"办理方式。预缴时未选择享受的，可以在办理当年度企业所得税汇算清缴时统一享受。

（六）企业基础研究支出加计扣除

自2022年1月1日起，企业出资给非营利性科研机构、高等学校和政府自然科学基金，用于基础研究的支出，可按100%加计扣除。

提示：非营利性科研机构、高等学校接收基础研究资金投入，免征企业所得税。

具体征管规定如下：

（1）"非营利性科研机构、高等学校"包括国家设立的科研机构和高等学校、民办非营利性科研机构和高等学校。

（2）"基础研究"是指通过对事物的特性、结构和相互关系进行分析，从而阐述和检验各种假设、原理和定律的活动。

提示：此规定中所述基础研究不包括在境外开展的研究，也不包括社会科学、艺术或人文学方面的研究。

（3）企业出资基础研究应签订相关协议或合同，协议或合同中需明确资金用于基础研究领域，同时各方应将相关资料留存备查，包括企业出资协议、出资合同、相关票据等。

（七）安置残疾人工资加计扣除

（1）企业安置残疾人员所支付的工资费用，在按照支付给残疾职工工资据实扣除的基础上，按照支付给残疾职工工资的100%加计扣除。

（2）安置残疾人员的加计扣除应满足的条件。

①依法与安置的每位残疾人签订了1年以上（含1年）的劳动合同或服务协议，并且安置的每位残疾人在企业实际上岗工作。

②为安置的每位残疾人按月足额缴纳了符合规定的基本养老、基本医疗、失业和工伤等社会保险。

③支付省级人民政府批准的最低工资标准的工资。

④具备安置残疾人上岗工作的基本设施。

（八）固定资产加速折扣和固定资产一次性扣除

1. 固定资产一次性扣除政策

提示：新购置的设备、器具，指除房屋、建筑物以外的固定资产。

单位价值	具体规定
单位价值不超过500万元的	一次性扣除
单位价值在500万元以上的	按规定适用加速折旧政策，或正常计算折旧扣除

提示："购置"包括以货币形式购进或自行建造。企业根据自身生产经营核算需要，可自行选择享受一次性税前扣除政策。选择享受一次性税前扣除政策的，其资产的税务处理可与会计处理不一致。

精准答疑

问题： 新购置的固定资产，单位价值不超过500万元的，允许一次性计入当期成本费用税前扣除。这里的500万元是含增值税价格还是不含增值税价格？

解答： 单位价值的计算方法为：以货币形式购进的固定资产，以购买价款和支付的相关税费以及直接归属于使该资产达到预定可使用状态发生的其他支出确定单位价值。自行建造的固定资产，以竣工结算前发生的支出确定单位价值。所以不能简单地理解购进的固定资产是否含增值税，要看企业的实际情况。如果企业取得了可以抵扣进项税额的发票且实际进行了抵扣，则单位价值不含增值税。反之则含增值税。

2. 固定资产加速折旧政策

行业	具体规定
全部制造业企业	新购进的固定资产，可以采用加速折旧政策
信息传输、软件和信息技术服务业企业	
所有行业企业	新购进的专门用于研发的仪器、设备，可以采用加速折旧政策

提示：适用加速折旧政策的企业可以采取缩短折旧年限或者采取加速折旧的方法。

（1）采取缩短折旧年限方法的，最低折旧年限不得低于税法规定的最低折旧年限的60%。

（2）采取加速折旧方法的，可以采取双倍余额递减法或者年数总和法。

（九）专用设备投资额税额抵免

企业购置并实际使用符合规定的环境保护、节能节水、安全生产等专用设备的，该专用设备的投资额的 10% 可以从企业当年的应纳税额中抵免，当年不足抵免的，可以在以后 5 个纳税年度结转抵免。

提示：

（1）享受上述规定优惠的企业，应当实际购置并自身实际投入使用该专用设备。

（2）企业购置该专用设备在 5 年内转让、出租的，应停止享受企业所得税优惠，并补缴已经抵免的企业所得税税款。转让的受让方可以重新享受上述税额抵免优惠。

精准答疑

问题： 如果企业购置单位价值不超过 500 万元专用于环境保护、节能节水、安全生产的设备，税前一次性扣除优惠政策和设备投资额的 10% 抵减应纳税额的优惠政策可以同时使用吗？

解答： 只要所购买的设备符合此两项税收优惠所要求的条件，一次性税前扣除和税额抵免两项税收优惠可以同时享受。一个政策是对应纳税所得额计算的影响（一次性税前扣除），一个政策是对于计算出的应纳所得税额进行抵减。

例如，某企业购买一台价值 400 万元的专用于安全生产的设备，该企业可以选择将 400 万元一次性在税前扣除，同时该设备投资额的 10%，即 40 万元，允许抵减计算出的应纳税额。

（十）综合利用资源减计收入

企业以规定目录范围中的资源作为主要原材料，生产国家非限制和禁止并符合国家和行业相关标准的产品取得的收入，减按 90% 计入收入总额。

六、企业重组业务（★）

（一）基本规则

企业重组，指企业在日常经营活动以外发生的法律结构或经济结构重大改变的交易，包括企业法律形式的改变、债务重组、股权收购、资产收购、合并、分立等。

两种处理方式：一般性税务处理和特殊性税务处理。

（二）特殊性税务处理需满足的条件

企业重组同时符合以下条件的，适用特殊性税务处理规定：

（1）具有合理的商业目的，且不以减少、免除或者推迟缴纳税款为主要目的。

（2）被收购、合并或分立部分的资产或股权比例不低于 50% 的。

（3）股权、资产收购、合并、分立的重组交易对价中涉及股权支付金额不低于其交易支付总额的 85%。

（4）企业重组后的连续 12 个月内不改变重组资产原来的实质性经营活动。

（5）企业重组中取得股权支付的原主要股东，在重组后连续 12 个月内，不得转让所取得的股权。

（三）具体处理方式对比

情形	一般性税务处理	特殊性税务处理
法人形式改变	企业由法人转变为个人独资企业、合伙企业等非法人组织，或将登记注册地转移至中华人民共和国境外（包括港澳台地区），应视同企业进行清算、分配，股东重新投资成立新企业。企业的全部资产以及股东投资的计税基础均应以公允价值为基础确定。 提示：其他法律形式简单改变的，可直接变更税务登记	不适用
债务重组	（1）以非货币性资产清偿债务，应当分解为转让相关非货币性资产、按非货币性资产公允价值清偿债务两项业务，确认相关资产的所得或损失。 （2）发生债权转股权的，应当分解为债务清偿和股权投资两项业务，确认有关债务清偿所得或损失。 （3）债务人应当按照支付的债务清偿额低于债务计税基础的差额，确认债务重组所得。债权人应当按照收到的债务清偿额低于债权计税基础的差额，确认债务重组损失	（1）企业债务重组符合特殊性税务处理条件，且债务重组确认的应纳税所得额占该企业当年应纳税所得额 50% 以上，可以在 5 个纳税年度内，均匀计入各年度的应纳税所得额。 （2）债转股业务，对债务清偿和股权投资两项业务暂不确认有关债务清偿所得或损失，股权投资的计税基础以原债权的计税基础确定。企业的其他相关所得税事项保持不变
股权收购、资产收购	（1）被收购方应确认股权、资产转让所得或损失。 （2）收购方取得股权或资产的计税基础应以公允价值为基础确定。 （3）被收购企业的相关所得税事项原则上保持不变	（1）转让企业暂不确认股权出让的所得或损失。 （2）转让企业取得收购企业 / 受让企业股权的计税基础，以被收购股权 / 被转让资产的原有计税基础确定。 （3）受让企业取得被收购企业股权 / 被转让资产的计税基础，以被收购股权 / 被转让资产的原有计税基础确定。 （4）收购企业、被收购企业的原有各项资产和负债的计税基础和其他相关所得税事项保持不变

续表

情形	一般性税务处理	特殊性税务处理
企业合并	(1) 合并企业应按公允价值确定接受被合并企业各项资产和负债的计税基础。 (2) 被合并企业及其股东都应按清算进行所得税处理。 (3) 被合并企业的亏损不得在合并企业结转弥补	(1) 合并企业接受被合并企业资产和负债的计税基础，以被合并企业的原有计税基础确定。 (2) 被合并企业股东取得合并企业股权的计税基础，以其原持有的被合并企业股权的计税基础确定。 (3) 被合并企业合并前的相关所得税事项由合并企业承继。 可由合并企业弥补的被合并企业亏损的限额 = 被合并企业净资产公允价值 × 截至合并业务发生当年年末国家发行的最长期限的国债利率
企业分立	(1) 被分立企业对分立出去资产应按公允价值确认资产转让所得或损失。 (2) 分立企业应按公允价值确认接受资产的计税基础。 (3) 被分立企业继续存在时，其股东取得的对价应视同被分立企业分配进行处理。 (4) 被分立企业不再继续存在时，被分立企业及其股东都应按清算进行所得税处理。 (5) 企业分立相关企业的亏损不得相互结转弥补	(1) 分立企业接受被分立企业资产和负债的计税基础，以被分立企业的原有计税基础确定。 (2) 被分立企业已分立出去资产相应的所得税事项由分立企业承继。 (3) 被分立企业未超过法定弥补期限的亏损额可按分立资产占全部资产的比例进行分配，由分立企业继续弥补

提示：重组交易各方按上述各项规定对重组交易中股权支付的部分，暂不确认有关资产的转让所得或损失。但非股权支付部分仍应在交易当期确认相应的资产转让所得或损失，并调整相应资产的计税基础。

解题高手

命题角度：一般性税务处理应遵循的原则。

一般性税务处理，要遵循"公允价值"这个基本指导原则。不论是股权收购、资产收购，还是合并分立，重组过程中涉及的各个交易行为，交易各方都应该遵循以下原则：

（1）一方按照公允价值确认重组中的涉及转让股权或资产的所得或损失。

（2）相对应的，另一方也要按公允价值确认取得的各项资产和股权的计税基础。

（3）合并、分立的过程中如果有企业不再存续的情况，还需要按清算进行所得税税务处理。

（4）合并、分立中相关企业的亏损均不能相互结转弥补。

掌握好了上面的基本指导原则之后，可以套用到具体的重组类型和交易中去。

七、特别纳税调整

（一）转让定价

1. 关联关系的定义

（1）股权关联：一方直接或者间接持有另一方的股份总和达到 25% 以上。双方直接或者间接同为第三方所持有的股份达到 25% 以上。

（2）其他关联关系：存在持股关系，且在资金借贷、特许权使用、购销经营等方面存在直接或间接的控制关系的，以及在董事高管任命、亲属关系等方面存在其他关联关系的。

2. 转让定价方法

具体包括：

（1）可比非受控价格法：以非关联方之间进行的与关联交易相同或者类似业务活动所收取的价格作为关联交易的公平成交价格。

（2）再销售价格法：以关联方购进商品再销售给非关联方的价格减去可比非关联交易毛利后的金额作为关联方购进商品的公平成交价格。

（3）成本加成法：以关联交易发生的合理成本加上可比非关联交易毛利后的金额作为关联交易的公平成交价格。

（4）交易净利润法：以可比非关联交易的利润指标确定关联交易的利润。

（5）利润分割法：包括一般利润分割法、剩余利润分割法。

（二）成本分摊

（1）企业与其关联方签署成本分摊协议，共同开发、受让无形资产，或者共同提供、接受劳务，应符合独立交易原则。成本分摊协议的参与方享有受益权，并承担相应的活动成本。关联方承担的成本应符合独立交易原则。

（2）参与方使用成本分摊协议所开发或受让的无形资产不需另支付特许权使用费。

（三）受控外国企业

（1）受控外国企业，指由居民企业，或者由居民企业和居民个人控制的设立在实际税负低于 25% 的企业所得税标准税率水平 50% 的国家（地区），并非出于合理经营需要对利润不作分配或减少分配的外国企业。

（2）受控外国企业的上述利润中应归属于该居民企业股东的部分，应当"视同分配"计入该居民企业的当期收入。计入当期所得已在境外缴纳的企业所得税税款，可按有关规定抵免。

（四）资本弱化

（1）企业从其关联方接受的债权性投资与权益性投资的比例（"债资比"）超过规定标准而发生的利息支出，不得在税前扣除。

（2）债资比的具体规定：

① "债资比"不得超过：金融企业为 5：1，其他企业为 2：1。

②债资比 = 年度各月平均关联债权投资之和 ÷ 年度各月平均权益投资之和。

其中：

各月平均关联债权投资 =（关联债权投资月初账面余额 + 月末账面余额）÷2

各月平均权益投资 =（权益投资月初账面余额 + 月末账面余额）÷2

（3）超过债资比的处理：

企业如果能够按照有关规定提供资料，并证明相关交易活动符合独立交易原则的，或者该企业的实际税负不高于境内关联方的，支付给境内关联方的利息支出，准予扣除。

提示：超过标准比例需要说明符合独立交易原则的，应当准备资本弱化特殊事项文档。

八、居民企业核定征收

（一）核定征收的范围

1.居民企业纳税人核定征收的情形

记忆提示	具体情形
无账或未申报	(1) 依照法律、行政法规的规定可以不设置账簿的。 (2) 依照法律、行政法规的规定应当设置但未设置账簿的。 (3) 擅自销毁账簿或者拒不提供纳税资料的。 (4) 发生纳税义务，未按照规定的期限办理纳税申报，经税务机关责令限期申报，逾期仍不申报的
账簿或计税依据不可靠	(1) 虽设置账簿，但账目混乱或者成本资料、收入凭证、费用凭证残缺不全、难以查账的。 (2) 申报的计税依据明显偏低，又无正当理由的

2.不适用核定征收办法的情形

特殊行业、特殊类型的纳税人和一定规模以上的纳税人不适用核定征收办法，上述特定纳税人包括：

（1）汇总纳税企业。

（2）上市公司。

（3）银行、信用社、小额贷款公司、保险公司、证券公司、期货公司、信托投资公司、金融资产管理公司、融资租赁公司、担保公司、财务公司、典当公司等金融企业。

（4）会计、审计、资产评估、税务、房地产估价、土地估价、工程造价、律师、价格鉴证、公证机构、基层法律服务机构、专利代理、商标代理以及其他经济鉴证类社会中介机构。

（5）享受企业所得税优惠政策的企业（不包括仅享受免税收入优惠政策的企业、符合条件的小型微利企业）。

（6）国家税务总局规定的其他企业，如专门从事股权（股票）投资业务的企业。

（二）核定征收的办法

1. 核定应税所得率或者核定应纳所得税的情形

类型	具体情形
核定应税所得率	（1）能正确核算（查实）收入总额，但不能正确核算（查实）成本费用总额。 （2）能正确核算（查实）成本费用总额，但不能正确核算（查实）收入总额。 （3）通过合理方法，能计算和推定纳税人收入总额或成本费用总额
核定应纳所得税额	不属于以上情形的其他情形

2. 核定征收方法

税务机关采用下列方法核定征收企业所得税：

（1）参照当地同类行业或者类似行业中经营规模和收入水平相近的纳税人的税负水平核定。

（2）按照应税收入额或成本费用支出额定率核定。

（3）按照耗用的原材料、燃料、动力等推算或测算核定。

（4）按照其他合理方法核定。

（三）核定征收的计算（★）

1. 应纳税所得额的计算公式

实行应税所得率方式核定征收企业所得税的纳税人，经营多业的，无论其经营项目是否单独核算，均由税务机关根据其主营项目确定适用的应税所得率。

适用情形	计算公式
收入可以正确核算或者推定， 但是成本费用无法确定	应纳税所得额 = 应税收入额 × 应税所得率
成本费用可以正确核算或者 可以推定，但是收入无法确定	应纳税所得额 = 成本（费用）支出额 ÷（1− 应税所得率）× 应税所得率

2. 应纳所得税额的计算公式

应纳所得税额 = 应纳税所得额 × 适用税率

九、企业所得税纳税申报（★★）

（一）申报期限和申报资料

1. 征收方式

（1）按年计征，分月或者分季预缴，年终汇算清缴，多退少补。

（2）在一个纳税年度中间开业，或者由于合并、关闭等原因终止经营活动，实际经营期不足 12 个月的，应当以其实际经营期为一个纳税年度。

（3）企业清算时，应当以清算期为一个纳税年度。

2. 纳税申报期限

维度	具体规定
年度纳税申报	年度终了之日起 5 个月内，汇算清缴。 提示：当年的企业所得税的汇算清缴的截止日期为次年的 5 月 31 日
按月或者按季预缴	月份或者季度终了之日起 15 日内，向税务机关报送预缴申报表，预缴税款
企业在年度中间终止经营活动的	自实际经营终止之日起 60 日内，办理当期汇算清缴

提示：企业在纳税年度内无论盈利或者亏损，都应向税务机关报送预缴企业所得税纳税申报表、年度企业所得税纳税申报表、财务会计报告和其他有关资料。

（二）企业所得税纳税申报表

1. 企业所得税纳税申报明细表一览

表单编号	表单名称
A000000	企业所得税年度纳税申报基础信息表
A100000	中华人民共和国企业所得税年度纳税申报表（A 类）
A101010	一般企业收入明细表
A101020	金融企业收入明细表
A102010	一般企业成本支出明细表
A102020	金融企业支出明细表
A103000	事业单位、民间非营利组织收入、支出明细表
A104000	期间费用明细表
A105000	纳税调整项目明细表
A105010	视同销售和房地产开发企业特定业务纳税调整明细表
A105020	未按权责发生制确认收入纳税调整明细表

表单编号	表单名称
A105030	投资收益纳税调整明细表
A105040	专项用途财政性资金纳税调整明细表
A105050	职工薪酬支出及纳税调整明细表
A105060	广告费和业务宣传费等跨年度纳税调整明细表
A105070	捐赠支出及纳税调整明细表
A105080	资产折旧、摊销及纳税调整明细表
A105090	资产损失税前扣除及纳税调整明细表
A105100	企业重组及递延纳税事项纳税调整明细表
A105110	政策性搬迁纳税调整明细表
A105120	特殊行业准备金及纳税调整明细表
A106000	企业所得税弥补亏损明细表
A107010	免税、减计收入及加计扣除优惠明细表
A107011	符合条件的居民企业之间的股息、红利等权益性投资收益优惠明细表
A107012	研发费用加计扣除优惠明细表
A107020	所得减免优惠明细表
A107030	抵扣应纳税所得额明细表
A107040	减免所得税优惠明细表
A107041	高新技术企业优惠情况及明细表
A107042	软件、集成电路企业优惠情况及明细表
A107050	税额抵免优惠明细表
A108000	境外所得税收抵免明细表
A108010	境外所得纳税调整后所得明细表
A108020	境外分支机构弥补亏损明细表
A108030	跨年度结转抵免境外所得税明细表
A109000	跨地区经营汇总纳税企业年度分摊企业所得税明细表
A109010	企业所得税汇总纳税分支机构所得税分配表

2. 中华人民共和国企业所得税年度纳税申报表（以下简称为"主表"）和纳税调整明细表

（1）A100000 中华人民共和国企业所得税年度纳税申报表（A类）。

行次	类别	项目	本年金额
1	利润总额计算	一、营业收入（填写 A101010\101020\103000）	
2		减：营业成本（填写 A102010\102020\103000）	
3		减：税金及附加	
4		减：销售费用（填写 A104000）	
5		减：管理费用（填写 A104000）	
6		减：财务费用（填写 A104000）	
7		减：资产减值损失	
8		加：公允价值变动收益	
9		加：投资收益	
10		二、营业利润（1−2−3−4−5−6−7+8+9）	
11		加：营业外收入（填写 A101010\101020\103000）	
12		减：营业外支出（填写 A102010\102020\103000）	
13		三、利润总额（10+11−12）	
14	应纳税所得额计算	减：境外所得（填写 A108010）	
15		加：纳税调整增加额（填写 A105000）	
16		减：纳税调整减少额（填写 A105000）	
17		减：免税、减计收入及加计扣除（填写 A107010）	
18		加：境外应税所得抵减境内亏损（填写 A108000）	
19		四、纳税调整后所得（13−14+15−16−17+18）	
20		减：所得减免（填写 A107020）	
21		减：弥补以前年度亏损（填写 A106000）	
22		减：抵扣应纳税所得额（填写 A107030）	
23		五、应纳税所得额（19−20−21−22）	
24	应纳税额计算	税率（25%）	
25		六、应纳所得税额（23×24）	
26		减：减免所得税额（填写 A107040）	
27		减：抵免所得税额（填写 A107050）	
28		七、应纳税额（25−26−27）	

续表

行次	类别	项目	本年金额
29		加：境外所得应纳所得税额（填写 A108000）	
30		减：境外所得抵免所得税额（填写 A108000）	
31		八、实际应纳所得税额（28+29-30）	
32	应纳	减：本年累计实际已缴纳的所得税额	
33	税额	九、本年应补（退）所得税额（31-32）	
34	计算	其中：总机构分摊本年应补（退）所得税额（填写 A109000）	
35		财政集中分配本年应补（退）所得税额（填写 A109000）	
36		总机构主体生产经营部门分摊本年应补（退）所得税额（填写 A109000）	

（2）**A105000 纳税调整项目明细表。**

行次	项目	账载金额	税收金额	调增金额	调减金额
1	一、收入类调整项目（2+3+…+8+10+11）	*	*		
2	（一）视同销售收入（填写 A105010）	*			*
3	（二）未按权责发生制原则确认的收入（填写 A105020）				
4	（三）投资收益（填写 A105030）				
5	（四）按权益法核算长期股权投资对初始投资成本调整确认收益	*	*	*	
6	（五）交易性金融资产初始投资调整	*	*		*
7	（六）公允价值变动净损益		*		
8	（七）不征税收入	*	*		
9	其中：专项用途财政性资金（填写 A105040）	*	*		
10	（八）销售折扣、折让和退回				
11	（九）其他				
12	二、扣除类调整项目（13+14+…+24+26+27+28+29+30）	*	*		
13	（一）视同销售成本（填写 A105010）	*		*	
14	（二）职工薪酬（填写 A105050）				

续表

行次	项目	账载金额	税收金额	调增金额	调减金额
15	（三）业务招待费支出				*
16	（四）广告费和业务宣传费支出（填写 A105060）	*	*		
17	（五）捐赠支出（填写 A105070）				
18	（六）利息支出				
19	（七）罚金、罚款和被没收财物的损失		*		*
20	（八）税收滞纳金、加收利息		*		*
21	（九）赞助支出		*		*
22	（十）与未实现融资收益相关在当期确认的财务费用				
23	（十一）佣金和手续费支出 （保险企业填写 A105060）				
24	（十二）不征税收入用于支出所形成的费用	*	*		*
25	其中：专项用途财政性资金用于支出所形成的费用（填写 A105040）	*	*		*
26	（十三）跨期扣除项目				
27	（十四）与取得收入无关的支出		*		*
28	（十五）境外所得分摊的共同支出	*	*		*
29	（十六）党组织工作经费				
30	（十七）其他				
31	三、资产类调整项目（32+33+34+35）	*	*		
32	（一）资产折旧、摊销（填写 A105080）				
33	（二）资产减值准备金		*		
34	（三）资产损失（填写 A105090）				
35	（四）其他				
36	四、特殊事项调整项目（37+38+…+43）	*	*		
37	（一）企业重组及递延纳税事项（填写 A105100）				
38	（二）政策性搬迁（填写 A105110）	*	*		
39	（三）特殊行业准备金（填写 A105120）				

续表

行次	项目	账载金额	税收金额	调增金额	调减金额
40	（四）房地产开发企业特定业务计算的纳税调整额（填写A105010）	*			
41	（五）合伙企业法人合伙人应分得的应纳税所得额				
42	（六）发行永续债利息支出				
43	（七）其他	*	*		
44	五、特别纳税调整应税所得	*	*		
45	六、其他	*	*		
46	合计（1+12+31+36+44+45）	*	*		

（3）A105060 广告费和业务宣传费等跨年度纳税调整明细表。

行次	项目	广告和业务宣传费 1	保险企业手续费及佣金支出 2
1	一、本年支出		
2	减：不允许扣除的支出		
3	二、本年符合条件的支出（1-2）		
4	三、本年计算扣除限额的基数		
5	乘：税收规定扣除率		
6	四、本企业计算的扣除限额（4×5）		
7	五、本年结转以后年度扣除额（3＞6，本行=3-6。3≤6，本行=0）		
8	加：以前年度累计结转扣除额		
9	减：本年扣除的以前年度结转额 [3＞6，本行=0。3≤6，本行=8或（6-3）孰小值]		
10	六、按照分摊协议归集至其他关联方的金额（10≤3或6孰小值）		
11	按照分摊协议从其他关联方归集至本企业的金额		

续表

行次	项目	广告和业务宣传费	保险企业手续费及佣金支出
		1	2
12	七、本年支出纳税调整金额 （3＞6，本行＝2+3-6+10-11。3≤6，本行＝2+10-11-9）		
13	八、累计结转以后年度扣除额 （7+8-9）		

（4）A105070 捐赠支出及纳税调整明细表。

行次	项目	账载金额	以前年度结转可扣除的捐赠额	按税收规定计算的扣除限额	税收金额	纳税调增金额	纳税调减金额	可结转以后年度扣除的捐赠额
		1	2	3	4	5	6	7
1	一、非公益性捐赠		*	*	*		*	*
2	二、限额扣除的公益性捐赠（3+4+5+6）							
3	前三年度（2020年）	*		*		*		*
4	前二年度（2021年）	*		*	*	*		
5	前一年度（2022年）	*		*	*	*		
6	本年（2023年）		*				*	
7	三、全额扣除的公益性捐赠		*	*		*	*	*
8	1.		*	*		*	*	*
9	2.		*	*		*	*	*

行次	项目	账载金额	以前年度结转可扣除的捐赠额	按税收规定计算的扣除限额	税收金额	纳税调增金额	纳税调减金额	可结转以后年度扣除的捐赠额
		1	2	3	4	5	6	7
10	3.		*	*		*	*	*
11	合计(1+2+7)							
附列资料	2015年度至本年发生的公益性扶贫捐赠合计金额		*	*		*	*	*

典例研习·4-30 （模拟综合分析题）

某企业为增值税一般纳税人，适用 25% 的企业所得税税率。2023 年发生经营业务如下：

（1）取得产品销售收入 4 000 万元。

（2）发生产品销售成本 2 600 万元。

（3）发生销售费用 770 万元（其中广告费 650 万元），管理费用 480 万元（其中业务招待费 25 万元），财务费用 60 万元（其中包括向非金融机构借款 200 万元所支付的年利息费用 18 万元）。

（4）销售税金 40 万元。

（5）计入成本、费用中的实发工资总额 200 万元，拨缴职工工会经费 5 万元，发生职工福利费 31 万元，发生职工教育经费 7 万元。

（6）营业外收入 80 万元，营业外支出 50 万元（含通过公益性社会团体向贫困山区捐款 30 万元，支付税收滞纳金 6 万元）。

其他相关资料：金融机构同期同类贷款年利率为 6%，该企业无可弥补亏损。

要求：

计算该企业当年实际应缴纳的企业所得税，并填列企业所得税纳税申报表 A100000 和 A105000（节选）。

⑨斯尔解析 本题综合考查间接法下企业所得税的计算。

（1）首先计算公司会计利润。会计利润 =4 000−2 600−770−480−60−40+80−50=80（万元）。

（2）广告费和业务宣传费扣除限额 =4 000×15%=600（万元）<实际发生额 650 万元。

广告费和业务宣传费应调增应纳税所得额 =650-600=50（万元）

（3）业务招待费扣除限额① =4 000×5‰ =20（万元）。

扣除限额② = 实际发生额的 60%=25×60%=15（万元），两者取孰低，按照 15 万元进行扣除。

业务招待费应调增应纳税所得额 =25-15=10（万元）

（4）向非金融机构借款 200 万元，按照金融机构同期同类贷款利率 6% 计算的允许扣除的利息支出 =200×6%=12（万元），所以财务费用中向非金融机构借款的利息支出应调增应纳税所得额 =18-12=6（万元）。

（5）三项经费扣除标准限额分别为：

职工福利费扣除限额 =200×14%=28（万元）<实际发生额 31 万元，应调增应纳税所得额 =31-28=3（万元）。

工会经费扣除限额 =200×2%=4（万元）<实际发生额 5 万元，应调增应纳税所得额 =5-4=1（万元）。

职工教育经费扣除限额 =200×8%=16（万元），实际发生额小于扣除限额，不作纳税调整。

（6）捐赠支出扣除限额 =80×12%=9.6（万元）<实际发生额 30 万元。

捐赠支出应调增应纳税所得额 =30-9.6=20.4（万元）

（7）税收滞纳金不得在税前扣除，税收滞纳金应调增应纳税所得额 6 万元。

（8）根据会计利润和上述纳税调整项目，计算应纳税所得额。

应纳税所得额 =80+50+10+6+3+1+20.4+6=176.4（万元）

应纳所得税额 =176.4×25%=44.1（万元）

（9）申报表填列：

A100000 中华人民共和国企业所得税年度纳税申报表（节选）

行次	类别	项目	本年金额
1	利润总额计算	一、营业收入（填写 A101010\101020\103000）	40 000 000
2		减：营业成本（填写 A102010\102020\103000）	26 000 000
3		减：税金及附加	400 000
4		减：销售费用（填写 A104000）	7 700 000
5		减：管理费用（填写 A104000）	4 800 000
6		减：财务费用（填写 A104000）	600 000
7		减：资产减值损失	

续表

行次	类别	项目	本年金额
8		加：公允价值变动收益	
9	利润总额计算	加：投资收益	
10		二、营业利润（1-2-3-4-5-6-7+8+9）	500 000
11		加：营业外收入（填写 A101010\101020\103000）	800 000
12		减：营业外支出（填写 A102010\102020\103000）	500 000
13		三、利润总额（10+11-12）	800 000
14	应纳税所得额计算	减：境外所得（填写 A108010）	
15		加：纳税调整增加额（填写 A105000）	964 000
16		减：纳税调整减少额（填写 A105000）	
17		减：免税、减计收入及加计扣除（填写 A107010）	
18		加：境外应税所得抵减境内亏损（填写 A108000）	
19		四、纳税调整后所得（13-14+15-16-17+18）	1 764 000
20		减：所得减免（填写 A107020）	
21		减：弥补以前年度亏损（填写 A106000）	
22		减：抵扣应纳税所得额（填写 A107030）	
23		五、应纳税所得额（19-20-21-22）	1 764 000
24		税率（25%）	25%
25		六、应纳所得税额（23×24）	441 000

A105000 纳税调整项目明细表

行次	项目	账载金额	税收金额	调增金额	调减金额
12	二、扣除类调整项目 （13+14+…+24+26+27+28+29+30）	*	*	964 000	
13	（一）视同销售成本（填写 A105010）	*		*	
14	（二）职工薪酬（填写 A105050）	2 430 000	2 390 000	40 000	
15	（三）业务招待费支出	250 000	150 000	100 000	*
16	（四）广告费和业务宣传费支出 （填写 A105060）	*	*	500 000	

续表

行次	项目	账载金额	税收金额	调增金额	调减金额
17	（五）捐赠支出（填写 A105070）	300 000	96 000	204 000	
18	（六）利息支出	180 000	120 000	60 000	
19	（七）罚金、罚款和被没收财物的损失		*		*
20	（八）税收滞纳金、加收利息	60 000	*	60 000	*
21	（九）赞助支出		*		*
46	合计（1+12+31+36+44+45）	*	*	964 000	

解题高手 👍

命题角度：企业所得税综合分析题的解题思路。

学到这里，已经学习完了企业所得税的基本知识、计算思路、纳税审核注意事项。接下来就需要培养解决企业所得税综合分析类题目的解题思路和解题能力了。下面以企业所得税各主要项目分类，提示企业所得税的计算以及纳税审核中，需重点关注的内容。

第一部分：利润总额。

（1）采用间接法计算企业所得税时，出发点是企业的"利润总额"，所以首先应判断企业是否正确按照国家统一会计制度计算了会计利润。

（2）正确的会计利润才可以作为企业所得税纳税调整的出发点，错误的会计利润则需要进行账务调整。

（3）还需要关注资产负债表日后事项对利润表的调整情况、财务报表批准报出日后差错调整情况。

第二部分：收入类。

子类目	需关注的内容
现金折扣、销售折让和退回	（1）按税法规定，现金折扣按扣除现金折扣前的金额确定销售商品收入金额，现金折扣在实际发生时作为财务费用扣除，与最新的会计准则有差异。 （2）售出商品发生销售折让或退回的，税法上只允许在实际发生折让或退货时冲减当期销售收入，但会计上可能需要按照一定的方法在销售发生时即对退货进行估计

续表

子类目	需关注的内容
视同销售收入	（1）非货币性资产交换，或将货物、财产用于市场推广或销售、交际应酬、职工奖励或福利、股息分配、对外捐赠、对外投资项目或对外提供劳务和其他改变资产所有权属的用途的，如果会计上不作销售处理，税法上是否已进行视同销售。 （2）接受捐赠按照会计制度计入资本公积的，税法上需要计入应税收入
未按权责发生制确认的收入	（1）会计上按权责发生制确认的收入，但税法上应根据企业所得税收入确认时点的规定确认收入，形成暂时性差异。 （2）融资租赁等业务中，会计上按照应收合同或协议价款的公允价值（折现值）确认收入，但税法上按照合同约定的收款日期分期确认收入（不考虑折现）。 （3）增值税返还、补贴收入在会计上按权责发生制确认收入，税法上按收付实现制，实际收到即应计入应税收入
投资收益和长期股权投资	（1）了解对外投资的方式和核算方法（权益法或成本法），以及初始投资成本、投资收益的核算方式是否与税法规定相一致，不一致的需要进行纳税调整。 （2）有无利润分配分回实物直接计入存货等账户，未按同类商品市价计入投资收益的情形。 （3）以非货币性资产对外投资、发生收购或转让股权的投资收益计算是否正确，由于会计和税法规定的不同，在会计上的投资收益和税法上应确认的所得往往会有差异，而需要进行纳税调整。 （4）股息红利是否符合免税收入的条件
交易性金融资产和公允价值变动净损益	会计上确认的公允价值变动净损益，税法上不认可该收入，不作为应税收入
不征税收入	（1）取得的不征税收入是否符合税法规定的条件，符合条件的税法上允许作为不征税收入。 （2）符合条件的专项用途财政性资金在五年内的使用情况，满五年内未使用的资金需要进行调整。 （3）不征税收入用于支出形成的资产，不得扣除，需要进行调整。不征税收入用于支出所形成的费用，不得扣除，需要进行调整

第三部分：扣除项目类。

子类目	需关注的内容
视同销售成本	非货币性交换，或将货物、财产用于市场推广或销售、交际应酬、职工奖励或福利、股息分配、对外捐赠、对外投资项目或对外提供劳务和其他改变资产所有权属的用途的，如果会计上不作销售处理，税法上已进行视同销售，同时还需要确认对应的视同销售成本。 提示：同时还需要将"视同销售收入"与"视同销售成本"之间的差，计入"其他"纳税调整项目中
工资薪金和三项经费	（1）工资薪金是否合理有据、是否已经在汇算清缴结束前实际发放、是否已依法代扣代缴个人所得税。 （2）外部人员劳务费的处理，是否允许作为工资薪金支出。 （3）是否将属于福利费性质的补贴支出计入工资薪金申报扣除。 （4）职工福利费列支的项目是否属于全部职工的福利类支出。 （5）职工教育经费是否适用软件生产企业等特殊行业的特殊规定。 （6）工会经费在会计上计提但未实际拨缴的，不允许税前扣除
社保缴费和公积金	（1）是否取得社会保障部门缴款的有效凭证。 （2）是否符合国家规定的范围、标准。 （3）补充养老保险、补充医疗保险，是否有正式的企业文件，是否符合国家规定的范围、标准，且实际缴纳，是否为全体员工缴纳
业务招待费	（1）扣除限额的计算基数是否计算正确，销售（营业）收入应包括视同销售收入。 （2）从事股权投资业务的各类企业（包括集团公司总部、创业投资企业等），从被投企业分得的股息、红利以及股权转让收入，可以计入业务招待费扣除限额的计算基数中
广告费与业务宣传费	（1）扣除限额的计算基数是否计算正确，销售（营业）收入应包括视同销售收入。 （2）不同行业的税前扣除限额比例不同，烟草企业不得税前扣除。 （3）属于广告性质的赞助支出可作为业务宣传费税前扣除，但非广告性质的赞助支出不得税前扣除
捐赠支出	（1）公益性捐赠支出，需要判断是否符合公益性捐赠的条件，是否取得合法捐赠票据。 （2）需要根据税法规定计算扣除限额，以确认税法上允许扣除的公益性捐赠支出金额。 （3）可据实扣除的捐赠支出，捐赠渠道以及受赠范围是否符合要求

续表

子类目	需关注的内容
利息支出	（1）向非金融企业借款而发生的利息支出水平是否符合税法规定、是否取得金融机构借款利率说明。 （2）是否存在应资本化而未资本化的借款费用。 （3）因股东出资未到位，相当于股东未实际出资部分金额的借款金额的利息支出，不允许税前扣除。 （4）关联方借款而发生的利息支出，是否符合税法规定的扣除条件，是否准备资本弱化的转让定价特殊事项文档。 （5）企业向个人的借款是否符合税法规定，是否真实有效并签订借款协议
佣金和 手续费支出	（1）不同类型企业，佣金和手续费支出的税前扣除限额比例不同。 （2）是否存在非转账方式支付给企业单位的佣金支出，是否存在发行权益性证券支付给证券承销机构的手续费及佣金支出。 （3）是否将回扣、业务提成、返利、进场费等，直接计入手续费及佣金支出科目，或直接冲减服务收入金额的情况
其他扣除项目	（1）会计上按照权责发生制计提的跨期扣除项目，预提费用、预计负债等跨期扣除项目，除税法上明确规定允许扣除的情况之外，均不得税前扣除。 （2）境外所得分摊的共同支出是否符合税法规定。 （3）纳税人税前扣除项目取得的有关原始凭证是否符合税法规定，是否符合扣除项目合法性原则的要求
不得扣除 的项目	（1）罚金、罚款和被没收财物的损失，不得税前扣除。 （2）按照经济合同规定支付的违约金、银行罚息、罚款和诉讼费可以税前扣除。 （3）税收滞纳金、特别纳税调整加收的利息，不得税前扣除。 （4）赞助支出，注意与公益性捐赠、广告性质的赞助支出进行区分。非广告性质的赞助支出不得税前扣除。 （5）会计上采用实际利率法分期摊销未确认融资费用计入财务费用，税收上不允许税前扣除。 （6）不征税收入用于支出所形成的费用不得税前扣除。 （7）其他与取得收入无关的支出不得税前扣除，企业员工个人的花费或支出不得税前扣除

第四部分：资产和损失类。

子类目	需关注的内容
资产的折旧、摊销和减值准备	（1）资产的计税基础、折旧摊销方法、折旧摊销年限、本期折旧摊销额是否符合税收规定。 （2）资产减值准备金的扣除是否符合税法规定，税法仅允许特定行业的准备金进行扣除，其他行业的各类准备金一律不得税前扣除
资产损失	（1）资产损失的会计核算（账载）金额是否符合税法对资产损失的扣除规定。 （2）企业内部是否存在资产核销管理制度，自行出具或委托涉税专业服务机构出具的证明有关损失的书面申明或鉴证报告是否留存备查

第五部分：税收优惠、亏损弥补和企业重组类。

子类目	需关注的内容
税收优惠	享受优惠事项是否符合条件，优惠金额是否计算准确，优惠项目是否履行了必要的认定、申请、备案等手续，是否留存相关支持性资料备查
亏损弥补	（1）弥补亏损的纳税人企业类型是一般企业还是属于符合条件的高新技术企业或符合条件的科技型中小企业。 （2）合并分立企业采用的税务处理方法，以及可弥补亏损限制
企业重组	（1）债务重组的所得税处理方法是否正确，所得是否可以分期确认。 （2）特殊性税务处理是否符合条件，是否按规定进行备案
特别纳税调整	（1）企业是否存在特别纳税调整事项。 （2）关联交易信息是否需要进行申报，是否需要准备同期文档
其他	（1）境外所得税抵免是否符合规定。 （2）总分机构汇总纳税的汇总范围、分支机构的分配比例以及预缴税额是否计算正确。季度预缴的税额是否准确，当年度是否存在税务稽（检）查、纳税评估等事项。 （3）按规定需要源泉扣缴的，是否按照源泉扣缴的相关规定，按时足额代扣代缴税款

第四节 个人所得税的纳税审核和纳税申报

一、个人所得税纳税人和征税对象（★）

（一）纳税人

分类	判定标准	纳税义务
居民个人	（1）在中国境内有住所的个人。 （2）无住所而一个纳税年度在中国境内居住累计满183天的个人	对其全球应纳税所得负有无限纳税义务
非居民个人	（1）无住所且一个纳税年度内在境内居住累计不满183天的个人。 （2）在中国境内无住所又不居住的个人	仅就来源于中国境内的所得负有限纳税义务

提示：在中国境内有住所的个人，指因户籍、家庭、经济利益关系，而在中国境内习惯性居住的个人。住所通常指公民长期生活和活动的主要场所。习惯性居住是判定纳税义务人属于居民个人还是非居民个人的一个重要依据。

（二）扣缴义务人

我国个人所得税实行代扣代缴和个人申报纳税相结合的征收管理制度。

个人所得税以所得人为纳税人，以支付所得的单位或个人为扣缴义务人。

二、综合所得的纳税审核（★★）

（一）综合所得征税范围

项目	具体规定
工资、薪金所得	指个人因任职或者受雇而取得的工资、薪金、奖金、年终加薪、劳动分红、津贴、补贴以及与任职或者受雇有关的其他所得。 （1）个人取得的下列所得，按"工资、薪金所得"项目征税： ①公司职工取得的用于购买企业国有股权的劳动分红。 ②出租汽车经营单位对出租车驾驶员采取单车承包或承租方式运营，出租车驾驶员从事客货营运取得的收入。 ③个人因公务用车和通信制度改革而取得的公务用车、通信补贴收入，扣除一定标准的公务费用后的所得。 ④退休人员再任职取得的收入，在减除规定的费用扣除标准后的所得

续表

项目	具体规定
工资、薪金所得	（2）个人取得的下列补贴，不计入工资、薪金所得，不征税： ①独生子女补贴。 ②执行公务员工资制度未纳入基本工资总额的补贴、津贴差额和家属成员的副食品补贴。 ③托儿补助费。 ④差旅费津贴、误餐补助（单位以误餐补助名义发给职工的补助、津贴不能包括在内）
劳务报酬所得	指个人独立从事非雇佣的各种劳务所取得的所得。 （1）对商品营销活动中，企业和单位对其营销业绩突出的非雇员以培训班、研讨会、工作考察等名义组织旅游活动，通过免收差旅费、旅游费对个人实行的营销业绩奖励（包括实物、有价证券等），应根据所发生费用的全额作为该营销人员当期的劳务收入，按"劳务报酬所得"项目征收个人所得税。 （2）个人由于担任董事职务所取得的董事费收入，属于劳务报酬所得性质，按照"劳务报酬所得"项目征收个人所得税，但仅适用于个人担任公司董事、监事，且不在公司任职、受雇的情形。 提示：如果个人既任职、受雇，又兼任董事、监事的，应将董事费、监事费与工资收入合并，统一按"工资、薪金所得"项目计征个人所得税。 （3）保险营销员、证券经纪人取得的佣金收入，属于劳务报酬所得。在计算个人所得税应税收入额时，除从一般规定的费用减除方式之外（以不含增值税的收入先减去 20% 的费用后的余额作为收入额），收入额再减去 25% 的展业成本以及附加税费后，并入当年的综合所得
稿酬所得	指个人因其作品以图书、报刊形式出版、发表而取得的所得。 提示：任职、受雇于报纸、杂志等单位的人员因在本单位的报纸、杂志上发表作品取得的所得，如果属于任职、受雇于报纸、杂志的记者、编辑等专业人员，按照"工资、薪金所得"计税。如果属于其他任职人员的，按照"稿酬所得"计税
特许权使用费所得	指个人提供专利权、商标权、著作权、非专利技术以及其他特许权的使用权取得的所得。 （1）编剧从电视剧的制作单位取得的剧本使用费，一律按"特许权使用费所得"项目征税。 （2）作者将自己的文字作品手稿原件或复印件公开拍卖取得的所得，按"特许权使用费所得"征税。 （3）特许权的经济赔偿收入，按"特许权使用费所得"征税

（二）综合所得的年度汇算清缴

1. 税率

税率为七级超额累进税率，见下表。

综合所得税率表（年度）

级数	全年应纳税所得额	税率（%）	速算扣除数（元）
1	不超过 36 000 元的	3	0
2	超过 36 000 元至 144 000 元的部分	10	2 520
3	超过 144 000 元至 300 000 元的部分	20	16 920
4	超过 300 000 元至 420 000 元的部分	25	31 920
5	超过 420 000 元至 660 000 元的部分	30	52 920
6	超过 660 000 元至 960 000 元的部分	35	85 920
7	超过 960 000 元的部分	40	181 920

提示：七级超额累进税率表在考试中会作为已知条件给出。

2. 计算公式

应纳税所得额 = 全年收入额 −60 000 元 − 专项扣除 − 专项附加扣除 − 依法确定的其他扣除

应纳税额 = 应纳税所得额 × 适用税率 − 速算扣除数

3. 年收入额的确认

项目	计入收入额的规则
工资、薪金所得	全额计入年收入额
劳务报酬所得	收入减除 20% 的费用后的余额为收入额。 应税收入额 = 实际取得的收入 ×（1−20%）
特许权使用费所得	收入减除 20% 的费用后的余额为收入额。 应税收入额 = 实际取得的收入 ×（1−20%）
稿酬所得	收入减除 20% 的费用后再减按 70% 计算收入额。 应税收入额 = 实际取得的收入 ×（1−20%）×70%

4. 专项扣除

包括居民个人按照国家规定的范围和标准缴纳的基本养老保险、基本医疗保险、失业保险等社会保险费和住房公积金等。

提示：个人缴纳的超过国家规定的标准和范围的社保等不允许扣除。

5.专项附加扣除

（1）3岁以下婴幼儿照护： 变

项目	具体内容
享受的条件	照护3岁以下的婴幼儿子女
扣除标准和方式	每个婴幼儿每月2 000元定额扣除。 父母可以选择由其中一方按照扣除标准的100%扣除，也可以选择由双方分别按扣除标准的50%扣除，具体扣除方式在一个纳税年度内不能变更
享受的起止时间	婴幼儿出生的当月至年满3周岁的前一个月
留存备查资料	子女的出生医学证明等

（2）子女教育： 变

项目	具体内容
享受的条件	①子女年满3周岁至小学前（不论是否在幼儿园学习）。 ②子女正在接受小学、初中、高中阶段教育（包括普通高中、中等职业教育、技工教育）。 ③子女正在接受高等教育（大学专科、大学本科、硕士研究生、博士研究生教育）。 提示：上述受教育地点，包括在中国境内和境外
扣除标准和方式	每个子女每月2 000元的标准定额扣除。 父母可以选择由其中一方按扣除标准的100%扣除，也可以选择由双方分别按扣除标准的50%扣除，具体扣除方式在一个纳税年度内不能变更
享受的起止时间	①学前教育：子女年满3周岁当月至小学入学前一月。 ②全日制学历教育：子女接受义务教育、高中教育、高等教育的入学当月至教育结束的当月。 提示：享受的期限也包括非主观原因休学保留学籍、寒暑假等假期
留存备查资料	在境外接受教育，需留存境外学校录取通知书、留学签证等相关资料

（3）继续教育：

项目	具体内容
享受的条件	①纳税人在中国境内接受的学历（学位）继续教育。 ②纳税人在年度内取得了技能人员或专业技术人员的职业资格证书。 （以人力资源社会保障部公布的国家职业资格目录为准）
扣除标准和方式	①在学历（学位）教育期间按照每月400元定额扣除。同一学历（学位）继续教育的扣除期限不能超过48个月（4年）。

续表

项目	具体内容
扣除标准和方式	②专业技术或职业资格继续教育支出，在取得相关证书的当年，按照 3 600 元定额扣除。 提示：个人接受本科及以下学历（学位）继续教育，符合税法规定扣除条件的，可以选择由其父母扣除，也可以选择由本人扣除
享受的起止时间	①学历（学位）继续教育入学的当月至学历（学位）继续教育结束的当月。 ②职业资格继续教育相关证书上载明的发证（或批准）日期的所属年度
留存备查资料	留存职业资格证书等相关资料

（4）住房贷款利息：

项目	具体内容
享受的条件	纳税人及其配偶，单独或者共同使用个人住房贷款，为自己或配偶购买中国境内住房，发生的首套住房贷款利息支出允许扣除。 提示：首套住房贷款，即指享受首套贷款利率的住房贷款
扣除标准和方式	实际发生贷款利息支出的期间，按照每月 1 000 元标准扣除，扣除期限最长不超过 240 个月。 夫妻双方可以约定，选择由其中一方扣除。一经确定，一个纳税年度内不能变更
享受的起止时间	贷款合同约定开始还款的当月至贷款全部归还或贷款合同终止的当月
留存备查资料	住房贷款合同、贷款还款支出凭证

（5）住房租金：

项目	具体内容
享受的条件	纳税人及其配偶在主要工作城市无自有住房，租赁房屋居住。 提示：前提条件为纳税人及其配偶在同一纳税年度内，均没有享受住房贷款利息专项附加扣除政策，即住房贷款利息与住房租金两项扣除政策只能享受其一，不能同时享受
扣除标准和方式	①如果是直辖市、省会（首府）城市、计划单列市以及国务院确定的其他城市，每月扣除 1 500 元。 ②除①外的、市辖区户籍人口超过 100 万人的城市，则每月扣除 1 100 元。 ③除①外的、市辖区户籍人口不超过 100 万人（含）的城市，则每月扣除 800 元。

续表

项目	具体内容
扣除标准和方式	纳税人及其配偶主要工作城市相同的，只能由一方申请扣除，并且由签订租赁住房合同的承租人来扣除。纳税人及其配偶主要工作城市不相同的，且双方均在两地没有购买住房的，则可以按上述标准分别扣除
享受的起止时间	租赁合同（协议）约定的房屋租赁期开始的当月，至租赁期结束的当月。提前终止合同（协议）的，扣除停止时间为实际租赁行为终止的当月
留存备查资料	住房租赁合同或协议等资料

（6）赡养老人：[变]

项目	具体内容
享受的条件	纳税人赡养年满60周岁（含）的老人，包括生父母、继父母、养父母，以及子女均已去世的祖父母、外祖父母
扣除标准和方式	纳税人是独生子女，每月扣除3 000元。 如果纳税人不是独生子女，需要与兄弟姐妹分摊每月3 000元的扣除额度（每人每月最多扣除不能超过1 500元）。具体分摊时，可兄弟姐妹平均分摊，也可以约定分摊或由老人指定分摊。具体分摊方式和额度确定后，一个纳税年度内不能变更
享受的起止时间	被赡养人年满60周岁的当月至赡养义务终止的年末。 税务师要审核是否存在纳税人的被赡养人已经离世仍然据此申报专项附加扣除的问题
留存备查资料	约定或指定分摊的，需要保留分摊协议

（7）大病医疗：

项目	具体内容
享受的条件	一个纳税年度内，纳税人本人、配偶，或未成年子女，发生的与基本医保相关的医药费用支出，扣除医保报销后个人负担（指医保目录范围内的自付部分）累计超过15 000元的，可以享受
扣除标准和方式	个人自付超过15 000元的部分，限额据实扣除，最多可以扣除80 000元。 纳税人或配偶发生的大病医疗支出，既可以由纳税人本人扣除，也可以由配偶扣除。未成年子女的大病医疗支出，可以由父母双方选择其中一方扣除
享受的起止时间	医药费用实际支出的当年。 提示：大病医疗专项附加扣除只能在次年汇算清缴时办理扣除
留存备查资料	医药服务收费及医保报销相关票据原件或复印件等

典例研习·4-31 ⟨2021年单项选择题⟩

下列符合条件的专项附加扣除，既可以由纳税人一方扣除，也可以由纳税人及其配偶按规定同时分别扣除的是（　　）。

A. 赡养老人

B. 子女教育

C. 继续教育

D. 婚后购置的首套住房贷款利息

⑤斯尔解析 本题考查专项附加扣除的扣除方式。

选项 B 当选，父母双方可以选择由其中一方按扣除标准的 100% 扣除，也可以选择由双方分别按扣除标准的 50% 扣除，具体扣除方式在一个纳税年度内不能变更。

选项 A 不当选，纳税人是独生子女，每月扣除 3 000 元。如果纳税人为非独生子女的，由其与兄弟姐妹（而非配偶）分摊每月 3 000 元的扣除额度，每人分摊的额度不能超过每月 1 500 元。

选项 C 不当选，一般由本人扣除，个人接受本科及以下学历（学位）继续教育，符合税法规定扣除条件的，可以选择由其父母扣除，也可以选择由本人扣除。

选项 D 不当选，夫妻双方可以约定选择由其中一方扣除。一经确定，一个纳税年度内不能变更。

▲本题答案 B

6. 依法确定的其他扣除

（1）个人缴付符合国家规定的企业年金、职业年金个人缴费部分，不超过本人缴费工资基数 4% 的部分，准予扣除。

（2）个人购买符合国家规定的商业健康保险，准予扣除（扣除限额为 200 元/月）。

（3）个人向个人养老金资金账户的缴费，在 12 000 元/年的限额内，准予扣除。在投资环节，计入个人养老金资金账户的投资收益暂不征收个人所得税。在领取时，按照"工资、薪金所得"项目，单独计税，适用于 3% 的税率，由开立个人养老金资金账户所在市的商业银行机构代扣代缴其应缴的个人所得税。

典例研习·4-32

假定某居民个人纳税人为独生子女，2023 年交完社保和公积金后共取得税前工资收入 20 万元、劳务报酬 1 万元、稿酬 1 万元。该纳税人育有两个子女，一个 1 岁，另一个年满 3 周岁，专项附加扣除均由其扣除，该纳税人的父母健在且均已年满 60 岁。该纳税人 12 月 30 日向个人养老金账户缴存 12 000 元，并取得缴费凭证。计算其当年应纳个人所得税额。

🔍**斯尔解析** 本题考查居民个人综合所得应纳税额的计算。

（1）劳务报酬所得扣除 20% 费用后计入全年综合所得，稿酬所得扣除 20% 费用后再减按 70% 计入全年综合所得。

（2）1岁小孩享受3岁以下婴幼儿照护专项附加扣除、年满3周岁小孩享受子女教育专项附加扣除，全年共计 48 000 元（2 人 ×2 000 元 ×12 个月）。父母健在且均已年满 60 岁，且纳税人为独生子女，赡养老人专项附加扣除全年共计 36 000 元（3 000 元 ×12 个月）。

（3）全年应纳税所得额 =200 000+10 000×（1−20%）+10 000×（1−20%）×70%−60 000−48 000−36 000−12 000=57 600（元）。

（4）应纳个人所得税 =57 600×10%−2 520=3 240（元）。

（三）综合所得预扣预缴的审核

1.预扣预缴方式——按月（次）

综合所得计征个人所得税采取按年计征、按月（次）预扣预缴的方式。

劳务报酬、稿酬、特许权使用费所得按"次"。

提示：一次性劳务报酬分月支付取得的，或同一事项连续取得收入的，以1个月内取得的收入为一次。

2.工资、薪金的预扣预缴——"累计预扣法"

累计预扣预缴应纳税所得额 = 累计收入 − 累计免税收入 − 累计减除费用 − 累计专项扣除 − 累计专项附加扣除 − 累计依法确定的其他扣除

本期应预扣预缴税额 =（累计预扣预缴应纳税所得额 × 预扣率 − 速算扣除数）− 累计已预扣预缴税额

其中：

（1）累计减除费用：

情形	计算方法
一般情形	按照 5 000 元 / 月乘以纳税人当年截至本月在本单位的任职受雇月份数计算
一个纳税年度内首次取得工资薪金所得的居民个人	在预扣预缴其个人所得税时，可按照 5 000 元 / 月乘以纳税人当年截至本月的月份数计算累计减除费用。 提示：仅适用于当年首月（1月）至新入职时，未取得工资薪金或未按照累计预扣法预扣预缴过连续性劳务报酬所得个人所得税的居民个人。 例如，大学生小陈在校期间未取得收入。2023 年 7 月毕业后，9 月 1 日正式进入某公司工作，公司月底发放 9 月份工资并计算当期应预扣预缴的个人所得税时，可减除费用 45 000 元（5 000 元 / 月 ×9 个月）

续表

情形	计算方法
上一完整纳税年度内1—12月均在同一单位预扣预缴工资、薪金个人所得税且全年累计工资收入（含奖金、不扣减任何费用）不超过6万元的居民个人	扣缴义务人在预扣预缴工资、薪金所得个人所得税时，累计减除费用自1月份起直接按照全年6万元计算扣除。即在纳税人累计收入不超过6万元的月份，暂不预扣预缴个人所得税，在其累计收入超过6万元的当月及年内后续月份，再预扣预缴个人所得税。 例如，小陈2023年全年均在某公司任职，全年工资薪金收入共计5万元，且均由该公司为其办理个人所得税预扣预缴。2024年1月，该公司在办理小陈1月份个人所得税预扣预缴时，可直接减除费用6万元

（2）累计专项附加扣除：

①上述公式中累计可扣除的专项附加扣除金额，为该员工在本单位截至当前月份符合政策条件的扣除金额。

提示：纳税人在预扣预缴税款阶段享受专项附加扣除，以居民个人在取得"工资、薪金所得"时，向扣缴义务人提供的专项附加扣除信息为前提。

②除大病医疗之外，其他专项附加扣除可由纳税人选择在预扣预缴税款时进行扣除，也可以在次年3月1日至6月30日，向汇缴地主管税务机关办理汇算清缴申报时扣除。

精准答疑

问题： 对于一个纳税年度内首次取得工资薪金的居民个人，费用减除按照5 000元/月乘以当年截至本月的累计月份数计算，那专项附加扣除是否也要按照这个方法计算？

解答： 对于一个纳税年度内首次取得工资薪金的居民个人，在预扣预缴时，只有费用减除按照当年截至本月的月份数计算，专项附加扣除没有该规定，仍然按照在本单位工作的月份数计算。

需要注意的是，在年度汇算清缴时，判断可享受"专项附加扣除"的月份数，与实际工作月数没有关系，而要看符合专项附加扣除条件的月数。如果从1月开始就满足专项附加扣除的条件，不管本年实际工作几个月，在综合所得年度汇算清缴的时候，都按照12个月享受专项附加扣除。

3. 劳务报酬、稿酬、特许权使用费所得的预扣预缴方法

（1）一般情形下的计算公式：

劳务报酬所得应预扣预缴税额 = 预扣预缴应纳税所得额 × 预扣率 − 速算扣除数

稿酬所得、特许权使用费所得应预扣预缴税额 = 预扣预缴应纳税所得额 × 20%

所得项目	先扣"费用减除"	再用"预扣率"计算税额		
劳务报酬所得	①每次收入不超过4 000元的，减除费用按800元计算。②每次收入4 000元以上的，减除费用按收入的20%计算。	预扣预缴应纳税所得额	预扣率	速算扣除数（元）
		不超过20 000元的	20%	0
		超过20 000元至50 000元的部分	30%	2 000
		超过50 000元的部分	40%	7 000
特许权使用费所得	③稿酬所得的收入额再减按70%计算	20%		
稿酬所得				

（2）保险营销员、证券经纪人佣金收入的预扣预缴规定。

保险营销员、证券经纪人取得的佣金收入，属于劳务报酬所得。以不含增值税的收入减除20%的费用后的余额为收入额，收入额减去展业成本以及附加税费后，并入当年综合所得，计算缴纳个人所得税。保险营销员、证券经纪人展业成本按照收入额的25%计算。

提示：尽管保险营销员、证券经纪人取得的佣金收入的性质为劳务报酬所得，但是比照工资、薪金所得采用累计预扣法计算当期应预扣预缴税额。

（3）正在接受全日制学历教育的学生因实习取得劳务报酬所得的，在预扣预缴个人所得税时，按照工资、薪金所得的累计预扣法计算并预扣预缴税款。

精准答疑

问题： 对于保险营销员、证券经纪人取得的佣金收入，接受全日制学历教育的学生因实习取得的劳务报酬，可以采用累计预扣法计算预扣税款。在计算应纳税所得额时用累计预扣法，在确定税率时是用劳务报酬的预扣预缴率还是综合所得税率表（年度表）？

解答： 在确定税率时适用的是综合所得税率表（年度表）。

（四）综合所得中特殊项目的审核

1. 全年一次性奖金

（1）居民个人取得全年一次性奖金，在2027年12月31日前，可选择不并入当年综合所得，以全年一次性奖金收入除以12个月得到的数额，以其商数按月度进行换算后的综合所得适用税率表，确定适用税率和速算扣除数，单独计算纳税。

（2）在一个纳税年度内，该计税办法只允许采用一次。

（3）居民个人取得除全年一次性奖金以外的其他各种名目奖金，如半年奖、季度奖、加班奖、先进奖、考勤奖等，一律与当月工资、薪金收入合并，按税法规定缴纳个人所得税。

按月换算后的综合所得税率表（月度）

级数	全月应纳税所得额	税率 /%	速算扣除数 / 元
1	不超过 3 000 元的	3	0
2	超过 3 000 元至 12 000 元的部分	10	210
3	超过 12 000 元至 25 000 元的部分	20	1 410
4	超过 25 000 元至 35 000 元的部分	25	2 660
5	超过 35 000 元至 55 000 元的部分	30	4 410
6	超过 55 000 元至 80 000 元的部分	35	7 160
7	超过 80 000 元的部分	45	15 160

2. 上市公司股权激励

（1）股票期权。

在 2027 年 12 月 31 日前，对股票期权形式的工资、薪金所得不并入当年综合所得，全额单独适用综合所得税率表计算纳税：

应纳税额 = 股权激励收入 × 适用税率 − 速算扣除数

时间点 / 情形	个人所得税处理规定
授予时	接受实施股票期权计划企业授予的股票期权时，除另有规定外，一般不作为应税所得征税
行权时	行权时，其从企业取得股票的实际购买价（施权价）低于购买日公平市场价（指该股票当日的收盘价）的差额，是因员工在企业的表现和业绩情况而取得的与任职、受雇有关的所得，属于工资、薪金所得。 股票、期权的应纳税所得额 =（行权股票的每股市场价 − 员工取得该股票期权支付的每股施权价）× 行权股数
行权后的股票再转让时取得的差额收入	是因个人在证券二级市场上转让股票等有价证券而获得的所得，应按照"财产转让所得"适用股票转让收入的征免规定
在行权日之前将股票期权转让的	作为"工资、薪金"所得征收个人所得税

提示：居民个人一个纳税年度内取得两次以上（含两次）股权激励的，应合并按上述规定计算纳税。

（2）股票增值权。

上市公司应于向被授权人兑现股票增值权所得的日期，按上述股票期权的规定依法扣缴其个人所得税。

计算公式为：

股票增值权某次行权应纳税所得额 =（行权日股票价格 − 授权日股票价格）× 行权股票份数

（3）限制性股票。

原则上应在限制性股票所有权归属于被激励对象时确认其限制性股票所得的应纳税所得额。具体纳税义务发生时间为每一批次限制性股票解禁的日期。

计算公式为：

应纳税所得额＝（股票登记日市价＋本批次解禁日市价）÷2×本批次解禁股票份数－被激励对象实际支付的资金总额×（本批次解禁股票份数÷被激励对象获取的限制性股票总份数）

3. 股权激励的特殊个人所得税处理

公司类型	特殊处理内容
非上市公司	非上市公司授予本公司员工的股票期权、股权期权、限制性股票和股权奖励，满足规定条件的，经向主管税务机关备案，可实行递延纳税政策，即员工在取得股权激励时可暂不纳税，递延至转让该股权时按"财产转让所得"项目，按照20%的税率计算缴纳个人所得税。 股权转让所得额＝股权转让收入－股权取得成本－合理税费 其中，股权取得成本： （1）股票（权）期权按行权价确定。 （2）限制性股票按实际出资额确定。 （3）股权奖励为零
上市公司	上市公司授予个人的股票期权、限制性股票和股权奖励，经向主管税务机关备案，个人可自股票期权行权、限制性股票解禁或取得股权奖励之日起，在不超过12个月的期限内缴纳个人所得税

4. 企业年金、职业年金的个人所得税处理

环节	具体项目		详细规定
缴费	单位按规定为在本单位职工缴付的年金单位缴费部分		在计入个人账户时，个人暂不缴纳个人所得税
缴费	个人根据国家有关政策规定缴付的年金个人缴费部分		在不超过本人缴费工资计税基数的4%标准内的部分，暂从个人当期的应纳税所得额中扣除
	超过上述前两项规定的标准缴付的年金单位缴费和个人缴费部分		应并入个人当期的工资、薪金所得，依法计征个人所得税
收益	年金基金投资运营收益分配计入个人账户		个人暂不缴纳个人所得税
领取	个人达到国家规定的退休年龄，领取的企业年金、职业年金	按月领取	适用于月度税率表
		按季领取	平均分摊计入各月，适用月度税率表
		按年领取	适用于综合所得税率表（年度表）

续表

环节	具体项目		详细规定
领取	个人因出境定居而一次性领取的年金个人账户资金，或个人死亡后，其指定的受益人或法定继承人一次性领取的年金个人账户余额	一次性领取	适用综合所得税率表（年度表）
	其他情形		适用月度税率表

5. 解除劳动关系、提前退休的补偿收入的个人所得税处理

（1）解除劳动关系一次性补偿收入：

情形		具体规定
企业破产，职工从该破产企业取得的一次性安置费收入		免税
解除劳动关系一次性补偿收入	当地上年职工平均工资 3 倍数额以内的部分	免税
	超过上年职工平均工资 3 倍数额的部分	不并入当年综合所得，单独适用综合所得税率表计税

（2）提前退休一次性补贴收入：不并入综合所得，单独适用综合所得税率表计税。

（五）科技成果转化取得的股权奖励的所得税政策

1. 科研机构、高等学校科技成果转化取得股权奖励——递延至转让时纳税

（1）科研机构、高等学校转化职务科技成果以股份或出资比例等股权形式给予科技人员个人奖励，暂不征收个人所得税。

获奖人转让股权、出资比例，对其所得按"财产转让所得"应税项目征收个人所得税，财产原值为零。

（2）在获奖人按股份、出资比例获得分红时，对其所得按"利息、股息、红利所得"应税项目征收个人所得税。

提示：享受上述优惠政策的科技人员必须是科研机构和高等学校的在编正式职工。

2. 高新技术企业科技成果转化取得股权奖励——5 年内分期递延纳税

全国范围内的高新技术企业转化科技成果，给予本企业相关技术人员的股权奖励，个人一次性缴纳个人所得税确有困难的，可根据实际情况在不超过 5 个公历年度内（含）分期缴纳。

（1）获得股权奖励收入时按"工资、薪金所得"项目，参照个人股票期权所得征收个税的有关规定计算确定应纳税额，即应纳税额＝股权激励收入 × 适用税率 － 速算扣除数。

（2）转让奖励的股权（含奖励股权孳生的送、转股）并取得现金收入的，该现金收入应优先用于缴纳尚未缴清的税款。

（3）在转让奖励的股权之前企业依法宣告破产，技术人员进行相关权益处置后没有取得收益或资产，或取得的收益和资产不足以缴纳其取得股权尚未缴纳的应纳税款的部分，税务机关可不予追征。

提示：企业面向全体员工实施的股权奖励不适用上述规定。

解题高手

命题角度：不同单位科技成果转化取得股权奖励应适用的个税处理规定。

单位性质	税务处理
高新技术企业	（1）单独计算纳税，一次纳税确有困难的可在不超过 5 个公历年度内（含）分期缴纳。 （2）取得所得的计算，参照个人股票期权所得有关规定计算确定应纳税额
科研机构、高校	（1）取得时暂不征税，递延至转让时，按"财产转让所得"征税。 （2）因持有股权产生的分红，按"利息、股息、红利所得"征税

三、经营所得的纳税审核（★）

（一）经营所得的征税范围

（1）个体工商户从事生产、经营活动取得的所得。个人独资企业投资人、合伙企业的个人合伙人来源于境内注册的个人独资企业、合伙企业生产、经营的所得。

个体工商户以业主为个人所得税纳税义务人。

（2）个人依法从事办学、医疗、咨询以及其他有偿服务活动取得的所得。

（3）个人对企业、事业单位承包经营、承租经营以及转包、转租取得的所得。

（4）个人从事其他生产、经营活动取得的所得。包括：

①个人因从事彩票代销业务而取得的所得。

②个体出租车运营取得的所得。

提示：个体工商户和从事生产、经营的个人，取得与生产经营活动无关的其他各项应税所得，应分别按照其他应税项目的有关规定，计算征收个人所得税。

（二）经营所得应纳税额计算的审核

1. 税率

经营所得税率表（年度）

级数	全年应纳税所得额	税率 /%	速算扣除数 / 元
1	不超过 30 000 元的	5	0
2	超过 30 000 元至 90 000 元的部分	10	1 500
3	超过 90 000 元至 300 000 元的部分	20	10 500
4	超过 300 000 元至 500 000 元的部分	30	40 500
5	超过 500 000 元的部分	35	65 500

2.应纳税额的计算

应纳税额＝（全年收入总额－成本、费用、税金、损失及其他支出－允许弥补的以前年度亏损）×适用税率－速算扣除数

提示：自2023年1月1日起至2027年12月31日止，个体工商户经营所得年应纳税所得额不超过200万元的部分，在现行优惠政策基础上，再减半征收个人所得税。 变

（1）取得经营所得的个人，如果没有综合所得的，计算其每一纳税年度的应纳税所得额时，应当减除费用60 000元、专项扣除、专项附加扣除以及依法确定的其他扣除。

提示：同时取得综合所得和经营所得的纳税人，可以选择在综合所得或经营所得中申报减除上述项目，但不得重复减除。

（2）生产经营与个人家庭生活混用难以分清的费用的处理：

主体	具体规定
个体工商户	40%视为与生产经营有关费用，准予扣除
个人独资企业	全部视为投资者个人及其家庭发生的生活费用，不允许在税前扣除

（3）扣除项目及其标准：

扣除项目	具体规定
工资、薪金	①个体工商户实际支付给从业人员的、合理的工资薪金支出，准予扣除。 ②个体工商户业主个人的工资薪金支出不得税前扣除。 提示：个体工商户业主的费用减除60 000元/年，可以选择在综合所得或经营所得中扣除
社保、公积金和保险费	①业主本人和从业人员缴纳的在国家规定标准内的基本养老保险费、基本医疗保险费、失业保险费、工伤保险费和住房公积金，准予扣除。 ②从业人员缴纳的补充养老保险费、补充医疗保险费，分别在不超过从业人员工资总额5%标准内的部分据实扣除。超过部分，不得扣除。 ③业主本人缴纳的补充养老保险费、补充医疗保险费，以当地上年度社会平均工资的3倍为计算基数，分别在不超过该计算基数5%标准内的部分据实扣除。超过部分，不得扣除。 ④其他保险费用扣除规定，同企业所得税
借款费用和利息支出	同企业所得税规定
三项经费	实际发生的职工福利费支出、职工教育经费支出、工会经费支出分别在工资薪金总额的14%、2.5%、2%的标准内据实扣除。 业主本人的工会经费、职工福利费支出、职工教育经费支出，以当地上年度社会平均工资的3倍为计算基数

续表

扣除项目	具体规定
业务招待费	同企业所得税规定
广告费和业务宣传费	同企业所得税一般规定（15%）
公益性捐赠	捐赠额不超过其应纳税所得额 30% 的部分允许扣除（另有据实扣除规定的从其规定）。 个体工商户直接对受益人的捐赠不得扣除
摊位费、行政性收费、协会会费	按实际发生数额扣除

提示：

个体工商户不得扣除的支出项目：

①个人所得税税款。

②税收滞纳金。

③罚金、罚款和被没收财物的损失。

④不符合扣除规定的捐赠支出。

⑤赞助支出。

⑥用于个人和家庭的支出。

⑦与取得生产经营收入无关的其他支出。

3. 核定征收

（1）核定征收范围。

有下列情形之一的，主管税务机关应采取核定征收方式征收个人所得税：

①企业依照国家有关规定应当设置但未设置账簿的。

②企业虽设置账簿，但账目混乱或者成本资料、收入凭证、费用凭证残缺不全，难以查账的。

③纳税人发生纳税义务，未按照规定的期限办理纳税申报，经税务机关责令限期申报，逾期仍不申报的。

（2）核定征收方式。

包括定额征收、核定应税所得率征收以及其他合理的征收方式。

其中，实行核定应税所得率征收方式的，应纳所得税额的计算公式如下：

应纳所得税额 = 应纳税所得额 × 适用税率

应纳税所得额 = 收入总额 × 应税所得率

= 成本费用支出额 ÷（1- 应税所得率）× 应税所得率

提示：企业经营多业的，无论其经营项目是否单独核算，均应根据其主营项目确定其适用的应税所得率。

（3）实行核定征税的投资者，不能享受个人所得税的优惠政策。

四、财产租赁和财产转让所得的纳税审核（★）

（一）财产租赁所得

1. 计算公式

（1）每次（月）收入不超过 4 000 元的：

应纳税所得额 = 每次（月）收入额 − 准予扣除项目 − 修缮费用（800 元为限）−800 元

（2）每次（月）收入超过 4 000 元的：

应纳税所得额 =［每次（月）收入额 − 准予扣除项目 − 修缮费用（800 元为限）］×（1−20%）

2. 税率

一般情形：20%。

对个人按市场价出租的住房适用 10% 税率。

3. 扣除项目

（1）纳税人在出租财产过程中缴纳的房产税、印花税、附加税费，以及各项国家征收的基金等，可以扣除。

（2）能够提供有效、准确凭证的实际发生的修缮费用，以每次 800 元为限扣除。一次扣除不完的，准予在下一次继续扣除，直到扣完为止。

（3）税法规定的减除标准。每次（月）收入不超过 4 000 元的，为 800 元。每次（月）收入超过 4 000 元的，减除 20%。

（4）个人将承租房屋转租而向房屋出租方支付的租金，凭房屋租赁合同和合法支付凭据允许在计算个人所得税时，从该项转租收入中扣除。

（二）财产转让所得

应纳税额 = 应纳税所得额 × 适用税率

= （收入总额 − 财产原值 − 合理费用）×20%

1. 个人转让上市公司股票

个人转让上市公司股票免税（包括新三板挂牌公司非原始股）。

（1）对个人转让境内上市公司股票取得的所得，暂不征收个人所得税。

（2）对个人转让全国中小企业股份转让系统（以下简称"新三板"）挂牌公司非原始股取得的所得，暂不征收个人所得税。

非原始股，指个人在"新三板"挂牌公司挂牌后取得的股票，以及由上述股票孳生的送、转股。

提示：

（1）转让上市公司限售股、转让"新三板"挂牌公司原始股所得，不适用上述免税政策，见下面第 2 点内容。

（2）与企业所得税的辨析：如果是企业投资者转让境内上市公司股票，则需要缴纳企业所得税。

2. 个人转让上市公司限售股

应纳税所得额 = 限售股转让收入 − 限售股原值 − 合理税费

$$应纳税额 = 应纳税所得额 \times 20\%$$

其中：如果纳税人未能提供完整、真实的限售股原值凭证的，或部分限售股成本原值不明确的，导致不能准确计算限售股原值的，主管税务机关一律按限售股转让收入的15%核定限售股原值及合理税费。

提示：对个人转让"新三板"挂牌公司原始股取得的所得，按照"财产转让所得"，适用20%的比例税率征收个人所得税。

| 典例研习·4-33

钱某在某上市公司任职，任职期间该公司授予钱某限售股3万股，该批限售股已于2024年年初解禁，但限售股授予价格不明确。2024年3月钱某以8元/股的价格将该批限售股全部卖出。在不考虑股票买卖过程中其他相关税费的情况下，计算钱某转让3万股股票应缴纳的个人所得税。

🔍斯尔解析 本题考查个人转让原值不明确的限售股应纳税额的计算。

纳税人未能提供完整、真实的限售股原值凭证，不能准确计算该限售股原值的，主管税务机关一律按照限售股转让收入的15%，核定该限售股原值和合理税费。

应缴纳个人所得税 =30 000×8×（1–15%）×20%=40 800（元）

---

3. 个人转让股权

（1）股权转让所得，以股权转让方为纳税人，以受让方为扣缴义务人。扣缴义务人应于股权转让协议签订后5个工作日内，将股权转让的有关情况报告主管税务机关。

（2）股权转让所得的计算。

个人转让股权，以股权转让收入减除股权原值和合理费用后的余额为应纳税所得额。合理费用，指股权转让时按照规定支付的有关税费。公式为：

$$股权转让所得 = 股权转让收入 - 股权原值 - 合理费用$$

提示：个人因各种原因终止投资、联营、经营合作等行为，从被投资企业或合作项目、被投资企业的其他投资者以及合作项目的经营合作人取得股权转让收入、违约金、补偿金、赔偿金及以其他名目收回的款项等，均属于个人所得税应税收入，应按照"财产转让所得"项目适用的规定计算缴纳个人所得税。

（3）核定股权转让收入的情形及方法。

情形	具体规定
符合右侧情形之一的，税务机关可以核定股权转让收入	①申报的股权转让收入明显偏低且无正当理由的。 ②未按照规定期限办理纳税申报，经税务机关责令限期申报，逾期仍不申报的。 ③转让方无法提供或拒不提供股权转让收入的有关资料。 ④其他应核定股权转让收入的情形

情形	具体规定
符合右侧情形之一的,视为股权转让收入明显偏低	①申报的股权转让收入低于股权对应的净资产份额的。其中,被投资企业拥有土地使用权、房屋、房地产企业未销售房产、知识产权、探矿权、采矿权、股权等资产的,申报的股权转让收入低于股权对应的净资产公允价值份额的。 ②申报的股权转让收入低于初始投资成本或低于取得该股权所支付的价款及相关税费的。 ③申报的股权转让收入低于相同或类似条件下同一企业同一股东或其他股东股权转让收入的。 ④申报的股权转让收入低于相同或类似条件下同类行业的企业股权转让收入的。 ⑤不具合理性的无偿让渡股权或股份。 ⑥税务机关认定的其他情形
符合右侧条件之一的股权转让收入明显偏低,视为有正当理由	①能出具有效文件,证明被投资企业因国家政策调整,生产经营受到重大影响,导致低价转让股权。 ②继承或将股权转让给其能提供具有法律效力身份关系证明的配偶、父母、子女、祖父母、外祖父母、孙子女、外孙子女、兄弟姐妹以及对转让人承担直接抚养或者赡养义务的抚养人或者赡养人。 ③相关法律、政府文件或企业章程规定,并有相关资料充分证明转让价格合理且真实的本企业员工持有的不能对外转让股权的内部转让。 ④股权转让双方能够提供有效证据证明其合理性的其他合理情形

(4)收回转让股权的个人所得税规定。

股权转让合同履行完毕、股权已作变更登记且所得已经实现的,转让人取得的股权转让收入应当缴纳个人所得税。转让结束后,双方解除合同、退回股权的,是另一次股权转让行为,对前次转让已经征收的个人所得税税款不予退回。

提示:关键看股权转让合同是否履行完毕、股权是否已作变更登记,已完成则视为新的股权转让行为,未完成则无须缴纳个人所得税。

4.个人以非货币性资产对外投资——5年内分期递延纳税

原理详解 💡

非货币性资产,指现金、银行存款等货币性资产以外的资产,包括股权、不动产、技术发明成果以及其他形式的非货币性资产。非货币性资产投资,包括以非货币性资产出资设立新的企业,以及以非货币性资产出资参与企业增资扩股、定向增发股票、股权置换、重组改制等投资行为。

个人以非货币性资产投资,相当于个人转让非货币性资产和投资同时发生。

（1）对个人转让非货币性资产的所得，应按照"财产转让所得"项目，按评估后的公允价值确认非货币性资产转让收入。非货币性资产转让收入减除该资产原值及合理税费后的余额为应纳税所得额。

应纳税所得额 = 非货币性资产转让收入 − 资产原值 − 合理税费

个人以非货币性资产投资，应于非货币性资产转让、取得被投资企业股权时，确认非货币性资产转让收入的实现。

（2）纳税人一次性缴税有困难的，可合理确定分期缴纳计划并报主管税务机关备案后，自发生上述应税行为之日起不超过 5 个公历年度内（含 5 年）分期缴纳个人所得税。

5.技术成果投资入股——递延至转让时纳税

原理详解

技术成果，指专利技术（含国防专利）、计算机软件著作权、集成电路布图设计专有权、植物新品种权、生物医药新品种，以及科技部、财政部、国家税务总局确定的其他技术成果。

（1）企业或个人以技术成果投资入股到境内居民企业，被投资企业支付的对价全部为股票（权）的，企业或个人可选择继续按现行有关税收政策执行，也可选择适用递延纳税优惠政策。

（2）选择技术成果投资入股递延纳税政策的，经向主管税务机关备案，投资入股当期可暂不纳税，允许递延至转让股权时，按股权转让收入减去技术成果原值和合理税费后的差额计算缴纳所得税。

股权转让所得额 = 股权转让收入 − 股权取得成本 − 合理税费

提示：被投资企业按技术成果投资入股时的评估值入账并正常摊销进行税前扣除。

解题高手

命题角度：各种递延纳税情形的辨析。

情形		个人所得税处理
取得股权激励	非上市公司 递延至转让时纳税	取得时不纳税、递延至转让该股权按"财产转让所得"纳税
	上市公司 12个月内分期	（1）全额单独计税。 （2）经备案，可自股票期权行权、限制性股票解禁或取得股权奖励之日起在不超过12个月期限内缴纳个人所得税

续表

情形			个人所得税处理
技术成果转化取得股权激励	高新技术企业	5年内分期纳税	单独计算纳税，一次性缴税有困难的，经备案，可分期在5年内递延纳税
	科研机构、高校	递延至转让时纳税	取得时暂不征税，递延至转让时
技术入股取得股权	境内居民企业	递延至转让时纳税	符合规定的，可选择取得股权时不纳税、递延至转让该股权按"财产转让所得"纳税
非货币性资产出资		5年内分期纳税	一次性缴税有困难的，经备案，可分期在5年内递延纳税

提示：居民企业以非货币性资产对外投资确认的非货币性资产转让所得，可在不超过5年期限内，分期均匀计入相应年度的应纳税所得额，按规定计算缴纳企业所得税。

6. 个人换购住房的退税政策

维度	具体规定
适用期间	2022年10月1日至2025年12月31日
需满足条件	同时满足以下条件： （1）出售自有现住房并在出售后1年内在市场重新购买住房。 （2）出售和重新购买的住房应在同一城市范围内。 （3）出售自有住房的纳税人应为新购住房产权人或产权人之一
退税计算	（1）新购住房金额大于或等于现住房转让金额的，全部退还。 （2）新购住房金额小于现住房转让金额的，按新购住房金额占现住房转让金额的比例退还。 退税金额 = （新购住房金额 ÷ 现住房转让金额）× 现住房转让时缴纳的个人所得税 提示：上述金额均不含增值税。现住房转让金额为该房屋转让的市场成交价格；购买新房的为网签成交价，购买二手房的为二手房成交价
时间规定	（1）出售现住房的时间，以纳税人出售住房时个人所得税完税时间为准。 （2）新购住房为二手房的，购买住房时间以纳税人购房时契税的完税时间或不动产权证载明的登记时间为准。 （3）新购住房为新房的，购买住房时间以在住房城乡建设部门办理房屋交易合同备案的时间为准

五、利息、股息、红利和偶然所得的纳税审核（★）

（一）征税范围

1. 利息、股息、红利所得

（1）除个人独资企业、合伙企业以外的其他企业的个人投资者，以企业资金为本人、家庭成员及其相关人员支付与企业生产经营无关的消费性支出以及购买汽车、住房等财产性支出，视为企业对个人投资者的红利分配，依照"利息、股息、红利所得"征税。

提示：个人独资企业、合伙企业的个人合伙人的上述支出，按照"经营所得"项目征税。

（2）纳税年度内个人投资者从其投资的企业（个人独资企业、合伙企业除外）借款，在该纳税年度终了后既不归还又未用于企业生产经营的，其未归还的借款可视为企业对个人投资者的红利分配，依照"利息、股息、红利所得"项目征税。

2. 偶然所得

（1）资产购买方企业向资产出售方企业自然人股东支付的不竞争款项，按照"偶然所得"征税。

（2）个人为单位或他人提供担保获得收入，按照"偶然所得"征税。

（3）房屋产权所有人将房屋产权无偿赠与他人的，受赠人因无偿受赠房屋取得的受赠收入，按照"偶然所得"征税。符合下列情形的不征收个人所得税：

①房屋产权所有人将房屋产权无偿赠与配偶、父母、子女、祖父母、外祖父母、孙子女、外孙子女、兄弟姐妹。

②房屋产权所有人将房屋产权无偿赠与对其承担直接抚养或者赡养义务的抚养人或者赡养人。

③房屋产权所有人死亡，依法取得房屋产权的法定继承人、遗嘱继承人或者受遗赠人。

（4）企业在业务宣传、广告等活动中，随机向本单位以外的个人赠送礼品，以及企业在年会、座谈会、庆典以及其他活动中向本单位以外的个人赠送礼品，个人取得的礼品收入，按照"偶然所得"征税（取得代金券、抵用券、优惠券等除外）。

（二）计算公式

应纳税额 ＝ 应纳税所得额 × 适用税率

＝ 每次收入额 ×20%

提示：不扣除任何费用。

（三）利息、股息、红利所得的特殊优惠项目

1. 国债利息、金融债利息和铁路债券利息

（1）国债利息和国家发行的金融债券利息可享受免税优惠。

（2）个人投资者持有的 2019—2027 年发行的铁路债券取得的利息收入，减半征收个人所得税。税款由兑付机构在向个人投资者兑付利息时代扣代缴。

2. 上市公司股票股息、红利减免税政策

（1）个人从公开发行和转让市场取得的上市公司股票所取得股息、红利，实行差别化的个人所得税政策：

持股期限（N）	个人所得税处理
超过1年的（N > 1年）	暂免征收
1个月以上至1年（含1年，即1个月 < N ≤ 1年）	减按 50% 计入应纳税所得额
在1个月以内（含1个月）的（N ≤ 1个月）	全额计入应纳税所得额

（2）个人持有上市公司限售股取得的股息、红利的处理。

取得时点	个人所得税处理
解禁前取得	暂减按 50% 计入应纳税所得额
解禁后取得	同上述（1）中持有上市公司股票相关征免规定

提示：

（1）上述所得统一适用 20% 的税率计征个人所得税。

（2）与企业所得税的辨析：符合条件的居民企业之间的股息、红利等权益性投资收益免税，不包括连续持有居民企业公开发行并上市流通的股票不足 12 个月取得的投资收益。

3. 取得转增股本的个人所得税规定

企业向个人转赠股本，根据企业类型不同，征税规则不同。

（1）股份制企业。

股份制企业用资本公积金（股票溢价）转增股本不属于股息分配，个人取得的转增股本不征收个人所得税。

股份制企业用盈余公积派发红股，属于股息分配，应以派发红股的股票票面金额为收入额，按照"股息、红利所得"征税。

（2）上市公司及新三板挂牌企业。

上市公司、上市的中小高新技术企业或在新三板挂牌的中小高新技术企业向个人股东转增股本，个人股东应纳的个人所得税，按照从上市公司取得的"股息、红利所得"的差别化个人所得税政策执行。

（3）未上市及未在新三板挂牌的中小高新技术企业。

未上市及未在新三板挂牌的中小高新技术企业以未分配利润、盈余公积、资本公积向个人股东转增股本时，个人按"利息、股息、红利所得"项目征税，但个人股东一次性缴税有困难的，可根据实际情况自行制定分期缴税计划，在不超过 5 个年度内（含）分期缴纳，并报主管税务机关备案。

提示：

中小高新技术企业需要同时满足：

①在中国境内实行查账征收。

②经认定取得高新技术企业资格。

③年销售额和资产总额均不超过 2 亿元、从业人数不超过 500 人。

（4）未上市及未在新三板挂牌的其他公司。

个人从非上市或未在新三板挂牌的其他企业获得的转赠股本，应一次性按"利息、股息、红利所得"计缴税款，非上市公司或未在新三板挂牌的其他公司应及时代扣代缴个人所得税。

解题高手

命题角度：考查个人获得的各类企业转增股本个人所得税处理。

股本来源	企业类型		税务处理
资本公积（股份制企业的股票发行溢价）			不征收个税
其他情形	上市公司（含新三板挂牌公司）		股息红利差别化个税政策
	非上市公司（含未在新三板挂牌公司）	中小高新技术企业	5 年内递延纳税
		其他企业	一次性代扣代缴

（四）偶然所得的特殊优惠项目

	类型	税务处理
发票	单张有奖发票奖金所得 ≤ 800 元	免税
	单张有奖发票奖金所得 > 800 元	按照"偶然所得"全额征税
福彩、体彩	一次中奖收入 ≤ 10 000 元	免税
	一次中奖收入 > 10 000 元	按照"偶然所得"全额征税

六、捐赠支出的扣除规定

项目	具体规定
公益性捐赠的条件	只有通过社会团体、国家机关的捐赠才允许从应纳税所得额中扣除。未经过上述机关、团体的捐赠不得扣除
扣除标准——般项目	以应纳税所得额的 30% 为扣除限额。 提示：部分特殊项目的捐赠支出允许全额据实扣除
捐赠金额的确定	（1）捐赠货币性资产的，按照实际捐赠金额确定。 （2）捐赠股权、房产的，按照个人持有股权、房产的财产原值确定。 （3）捐赠除股权、房产以外的其他非货币性资产的，按照非货币性资产的市场价格确定

续表

项目	具体规定
扣除方法	可以在财产租赁所得、财产转让所得、利息股息红利所得、偶然所得、综合所得或者经营所得中扣除。在当期一个所得项目扣除不完的公益捐赠支出,可以按规定在其他所得项目中继续扣除
捐赠支出票据的要求	(1)应当按照规定取得捐赠票据。捐赠票据为财政部或省级政府财政部门统一印制、并套印全国统一式样的财政票据监制章的《公益事业捐赠统一票据》。 (2)个人不能及时取得捐赠票据的,暂凭银行支付凭证扣除,同时向扣缴义务人提供公益捐赠银行支付凭证复印件,并在捐赠之日起 90 日内补充提供捐赠票据。 (3)机关、企事业单位统一组织员工开展公益捐赠的,纳税人可以凭汇总开具的捐赠票据和员工明细单扣除

七、境外所得的个人所得税征管规定

项目	具体规定
基本规则	居民个人从中国境外取得的所得,可以从其应纳税额中抵免已在境外缴纳的个人所得税税额,但抵免额不得超过计算出的抵免限额
抵免方式	分国分项: 来源于某国所得的抵免限额 = 综合所得抵免限额 + 经营所得抵免限额 + 分类所得抵免限额
实际抵免处理	(1)境外实缴税额<该国家抵免限额的,应在中国缴纳差额部分的税款。 (2)境外实缴税额>该国家抵免限额的,超过部分不得在本年度抵免,但可以在以后年度该国家(地区)所得的抵免限额的余额中补扣,最长不超过 5 年

八、个人所得税的纳税申报(★)

(一)申报期限和申报方式

1.纳税申报代理事项和委托人

(1)纳税申报事项包括:税务登记、纳税事项审核、个人所得税计算、纳税申报和扣缴、减免退税申报、申报资料存档等事项。

(2)委托人包括:纳税人、扣缴义务人及第三方委托人。

2.纳税申报方式

远程办税端、邮寄、到主管税务机关现场申报。

（二）需要自行申报的情形

1. 综合所得的汇算清缴申报

（1）应办理汇算清缴的情形：

①已预缴税额大于汇算应纳税额且申请退税的。

②取得的综合所得收入超过 12 万元且汇算需要补税金额超过 400 元的。

③因适用所得项目错误或者扣缴义务人未依法履行扣缴义务，造成少申报或者未申报综合所得的，纳税人应当依法据实办理汇算。

提示：

下列未申报扣除或未足额扣除的扣除项目，可在年度汇算期间办理扣除或补充扣除：

①纳税人及其配偶、未成年子女发生的，符合条件的大病医疗支出。

②纳税人未申报享受或未足额享受的 3 岁以下婴幼儿照护、子女教育、继续教育、住房贷款利息或住房租金、赡养老人专项附加扣除，以及减除费用、专项扣除、依法确定的其他扣除。

③纳税人发生的符合条件的捐赠支出。

（2）无须办理综合所得年度汇算清缴的情形。

①年度汇算需补税但综合所得收入全年不超过 12 万元的。

②年度汇算需补税金额不超过 400 元的。

③已预缴税额与年度应纳税额一致的。

④符合汇算退税条件但不申请退税的。

（3）年度汇算办理时间及办理方式。

维度	具体规定
汇算清缴的时限	次年 3 月 1 日至 6 月 30 日。 无住所的纳税人在次年 3 月 1 日前离境的，可以在离境前办理年度汇算
汇算清缴的地点 （办理的税务机关）	①任职受雇单位所在地主管税务机关。 ②有两处以上任职受雇单位的，选择其中一处的主管税务机关。 ③没有任职、受雇单位的，户籍所在地或经常居住地主管税务机关。 ④扣缴义务人代为办理的，向扣缴义务人的主管税务机关申报
办理方式	纳税人可自主选择下列办理方式：自行办理（通过网上税务局、邮寄或者到办税服务厅办理）、通过支付工资薪金或连续性劳务报酬的扣缴义务人代为办理，或委托涉税专业服务机构或其他单位及个人（以下简称"受托人"）办理
资料提供	办理综合所得汇算清缴，应当准备与收入、专项扣除、专项附加扣除、依法确定的其他扣除、捐赠、享受税收优惠等相关的资料，并按规定留存备查或报送

2. 综合所得专项附加扣除的办理

（1）可以由单位按月发工资预扣税款时办理（大病医疗除外）。

纳税人首次享受时，需要填写《个人所得税专项附加扣除信息表》并报送给任职受雇单位。

（2）也可以自行在年度综合所得汇算清缴申报时办理。

有以下情形之一的，可以选择在次年3月1日至6月30日内，自行进行专项附加扣除，税款多退少补：

①不愿意通过单位办理扣除，未将相关专项附加扣除信息报送给任职受雇单位的。

②没有工资、薪金所得，但有劳务报酬所得、稿酬所得、特许权使用费所得的。

③有大病医疗支出项目的。

④纳税年度内未享受或未足额享受专项附加扣除等情形。

（3）其他特别提示：

①如果同时有两个以上发工资的单位，在一个纳税年度内，只能选择从其中的一个单位办理扣除。

②如果在单位办理专项附加扣除，扣除信息发生了变化，纳税人应及时将变化信息进行更新并提交单位，由单位按照新信息办理扣除。

③每年12月，纳税人需要对次年享受专项附加扣除的内容向单位进行确认。如未及时确认，单位将于次年1月起暂停办理扣除，待纳税人确认后再继续办理。

④专项附加扣除、税收优惠等汇算清缴相关佐证资料，纳税人需要在次年的汇算清缴期（6月30日）结束后5年内留存备查。存在股权激励、科技成果转化现金奖励递延纳税情况的单位应当按规定报告、备案。（见第八章　第二节　涉税信息报告事项代理服务）

3. 经营所得的纳税申报

取得经营所得的纳税人需要自行办理纳税申报。

（1）预缴时间：在月度或季度终了后15日内。

（2）预缴地点：向经营管理所在地主管税务机关办理预缴纳税申报。

（3）汇算清缴时间：取得所得的次年3月31日前。

（4）汇算清缴地点：向经营管理所在地主管税务机关办理汇算清缴，从两处以上取得经营所得的，选择向其中一处办理年度汇总申报。

4. 取得应税所得，扣缴义务人未扣缴税款

汇算清缴时间：取得所得的次年6月30日前。

5. 取得境外所得的纳税申报

（1）汇算清缴时间：取得所得的次年3月1日至6月30日。

（2）汇算清缴地点：中国境内任职、受雇单位所在地。没有任职、受雇单位的，向户籍所在地或经常居住地办理纳税申报。

6. 因移居境外注销中国户籍

汇算清缴时间：申请注销中国户籍前。

第五节　其他小税种的纳税审核和纳税申报

一、土地增值税的纳税审核（★★）

（一）征税范围

1. 基本征税范围

（1）转让国有土地使用权。

（2）地上的建筑物及其附着物连同国有土地使用权一并转让。

（3）存量房地产的买卖。

2. 特殊征税范围

行为	不征税或暂免征税的情形	征税的情形
房地产的抵押	抵押期间或抵押期满未发生权属转移的	抵押期满后，如果发生了房地产权属转移的。例如，以房地产抵债而发生权属转让
房地产的交换	个人之间互换自有居住用房产的，经税务机关核实，免税	企业或单位之间交换
合作建房	建成后按比例分房自用，暂免征收	建成后转让

3. 不属于土地增值税征税范围的情形

（1）房地产的继承。

（2）房地产的赠与。这里的赠与，仅指以下情况：

①房产所有人、土地使用权所有人将房屋产权、土地使用权赠与直系亲属或承担直接赡养义务的人。

②房产所有人、土地使用权所有人通过中国境内非营利的社会团体、国家机关将房屋产权、土地使用权赠与教育、民政和其他社会福利、公益事业。

（3）房地产的出租。

（4）房地产的代建房行为。

（5）房地产的重新评估。

（二）计算方法

土地增值税税额＝增值额 × 适用税率 － 扣除项目金额 × 速算扣除系数

增值率＝增值额 ÷ 扣除项目金额 ×100%

级数	增值额与扣除项目金额的比率（"增值率"）	税率	速算扣除系数
1	不超过 50% 的部分	30%	0
2	超过 50% ~ 100% 的部分	40%	5%
3	超过 100% ~ 200% 的部分	50%	15%
4	超过 200% 的部分	60%	35%

（三）收入的确认

1. 应税收入

纳税人转让房地产取得的应税收入，应包括转让房地产的全部价款及有关的经济收益。应税收入包括货币收入、实物收入、其他收入。

提示：土地增值税计算中的收入额为不含增值税的金额。

2. 视同销售的情形

房地产开发企业将自己开发的产品用于职工福利、奖励、对外投资、分配给股东或投资人、抵偿债务、换取其他单位和个人的非货币性资产等，发生所有权转移时应视同销售房地产。

视同销售收入按下列方法和顺序确认：

（1）按本企业在同一地区、同一年度销售的同类房地产的平均价格确定。

（2）由主管税务机关参照当地当年、同类房地产的市场价格或评估价值确定。

3. 根据评估价格计算征收的情形

纳税人有下列情形之一的，按照房地产评估价格计算征收：

（1）隐瞒、虚报房地产成交价格。

（2）提供扣除项目金额不实。

（3）转让房地产的成交价格低于房地产评估价格，又无正当理由。

（四）扣除项目的确认

项目	具体内容
取得土地使用权所支付的金额（"项目1"）	（1）纳税人为取得土地使用权所支付的地价款。 （2）纳税人在取得土地使用权时按国家统一规定缴纳的有关费用，指纳税人在取得土地使用权过程中为办理有关手续而缴纳的登记、过户等手续费。 （3）房地产开发企业的土地闲置费不得扣除。 提示：房地产开发企业为取得土地使用权所支付的契税，应视同"按国家统一规定缴纳的有关费用"，计入"取得土地使用权所支付的金额"中扣除
房地产开发成本（"项目2"）	（1）土地征用及拆迁补偿费，包括土地征用费、耕地占用税、劳动力安置费及有关地上、地下附着物拆迁补偿的净支出、安置动迁用房支出等。 （2）前期工程费。 （3）建筑安装工程费。其中： ①房地产开发企业销售已装修的房屋，其装修费用可以计入房地产开发成本。 ②房地产开发企业在工程竣工验收后，根据合同约定，扣留建筑安装施工企业一定比例的工程款，作为质量保证金，开具发票的，予以扣除；未开具发票的，不得扣除。 （4）基础设施费。 （5）公共配套设施费。

续表

项目	具体内容
房地产开发成本（"项目2"）	（6）开发间接费用。 （7）房地产开发企业开发建造的与清算项目配套公共设施，按以下原则处理： ①建成后产权属于全体业主所有的，其成本、费用可以扣除。 ②建成后无偿移交给政府、公用事业单位用于非营利性社会公共事业的，其成本、费用可以扣除。 ③建成后有偿转让的，应计算收入，并准予扣除成本、费用
房地产开发费用（"项目3"）	（1）纳税人能够按转让房地产项目计算分摊利息支出并能提供金融机构贷款证明： 允许扣除的房地产开发费用＝利息＋（取得土地使用权所支付的金额＋房地产开发成本）×5%以内 （2）纳税人不能按转让房地产项目计算分摊利息支出，或不能提供金融机构贷款证明： 允许扣除的房地产开发费用＝（取得土地使用权所支付的金额＋房地产开发成本）×10%以内 提示： ①利息的上浮幅度按国家的有关规定执行，超过上浮幅度的部分不允许扣除。 ②对于超过贷款期限的利息部分和加罚的利息不允许扣除（企业所得税前可以扣除）。 ③全部使用自有资金，没有利息支出的，按照第二个公式计算。 ④既向金融机构借款，又有其他借款的，两种计算方式只能二选一
与转让房地产有关的税金（"项目4"）	在转让房地产时缴纳的城市维护建设税、教育费附加、印花税。 提示：房地产开发企业在转让房地产时缴纳的印花税不允许在此项目中扣除
其他扣除项目（"项目5"）	房地产开发企业纳税人的其他扣除项目＝（取得土地使用权所支付的金额＋房地产开发成本）×20%
旧房及建筑物的评估价格（"项目6"）	（1）能取得评估价格： 评估价格＝重置成本价×成新度折扣率 （2）不能取得评估价格： 能提供购房发票的，可按发票所载金额并从购买年度起至转让年度止每年加计5%计算扣除（每满12个月计1年。超过1年，未满12个月但超过6个月的，视为1年）。

项目	具体内容
旧房及建筑物的评估价格（"项目6"）	提示： ①纳税人转让旧房的，允许扣除取得土地使用权所支付的金额（"项目1"）、与转让房地产有关的税金（"项目4"），以及旧房及建筑物的评估价格（"项目6"）。 ②纳税人转让旧房时，凡不能取得评估价格时，对购房时缴纳的契税，凡能提供契税完税凭证的，准予作为"与转让房地产有关的税金"予以扣除，但不作为加计5%的基数

（五）土地增值税的纳税申报

1. 土地增值税的清算

（1）清算单位以房地产开发项目为单位进行清算，对于分期开发的项目，以分期项目为单位清算。

（2）纳税人应进行土地增值税清算的情形：

①房地产开发项目全部竣工、完成销售的。

②整体转让未竣工决算房地产开发项目的。

③直接转让土地使用权的。

（3）主管税务机关可以要求纳税人进行土地增值税清算的情形：

①已竣工验收的房地产开发项目，已转让的房地产建筑面积占整个项目可售建筑面积的比例在85%以上，或该比例虽未超过85%，但剩余的可售建筑面积已经出租或自用的。

②取得销售（预售）许可证满3年仍未销售完毕的。

③纳税人申请注销税务登记但未办理土地增值税清算手续的。

2. 土地增值税的预征

根据不同类型房地产的实际情况，确定适当的预征率。除保障性住房外，东部省份预征率不得低于2%，中部和东北地区省份不得低于1.5%，西部地区不得低于1%。

3. 纳税地点

纳税地点为房地产所在地，即房地产的坐落地。

4. 纳税申报期限

转让房地产的合同签订后7日内。

5. 纳税申报需要的主要资料

（1）纳税人土地增值税清算书面申请（如清算，需提交）、土地增值税纳税申报表（及其附表）。

（2）项目竣工决算报表、取得土地使用权所支付的地价款凭证、国有土地使用权出让合同、银行贷款利息结算通知单、项目工程合同结算单、商品房购销合同统计表等与转让房地产的收入、成本和费用有关的证明资料。

（3）税务机关要求报送的其他有关的证明资料等。

│典例研习·4-34

某房地产开发公司出售其 2016 年 4 月 30 日前建造的一幢普通标准住宅，取得不含税销售收入 1 000 万元（适用简易计税方法，增值税征收率为 5%，城市维护建设税税率为 7%，教育费附加征收率为 3%）。该公司为建造普通标准住宅而支付的地价款为 100 万元，建造此楼投入了 300 万元的房地产开发成本（其中：土地征用及拆迁补偿费 40 万元，前期工程费 40 万元，建筑安装工程费 100 万元，基础设施费 80 万元，开发间接费用 40 万元），由于该房地产开发公司同时建造别墅等住宅，对该普通标准住宅所用的银行贷款利息支出无法分摊，该地规定房地产开发费用的计提比例为 10%，计算该项目土地增值税应纳税额。

（其他相关资料：不考虑地方教育附加和印花税）

🔍**斯尔解析** 本题考查土地增值税应纳税额的计算。

（1）确定转让房地产的收入为 1 000 万元。

（2）确定转让房地产的扣除项目金额：

①取得土地使用权所支付的地价款 100 万元。

②房地产开发成本 300 万元。

③房地产开发费用 =（100+300）×10%=40（万元）。

④转让房地产应纳增值税 =1 000×5%=50（万元）。

与转让房地产有关的税金为：

城市维护建设税 =50×7%=3.5（万元）

教育费附加 =50×3%=1.5（万元）

⑤从事房地产开发的加计扣除金额 =（100+300）×20%=80（万元）。

综上，转让房地产的扣除项目金额 =100+300+40+3.5+1.5+80=525（万元）。

（3）转让房地产的增值额 =1 000−525=475（万元）。

（4）增值率 = 增值额 ÷ 扣除项目金额 ×100%=475÷525×100%=90.48%。

适用税率为 40%、速算扣除系数为 5%。

应纳土地增值税 =475×40%−525×5%=163.75（万元）

二、印花税的纳税审核（★）

（一）纳税义务人

1. 境内应税凭证

中华人民共和国境内书立应税凭证、进行证券交易的单位和个人，为印花税的纳税人。其中：

（1）书立应税凭证的纳税人，为对应税凭证有直接权利义务关系的单位和个人。

（2）采用委托贷款方式书立的借款合同纳税人，为受托人和借款人，不包括委托人。

（3）按买卖合同或者产权转移书据税目缴纳印花税的拍卖成交确认书纳税人，为拍卖标的的产权人和买受人，不包括拍卖人。

2.境外应税凭证

在中华人民共和国境外书立在境内使用的应税凭证的单位和个人，应当按规定缴纳印花税。

（二）税目、税率和计税依据

1.合同类

税目	税率	计税依据	包括
借款合同	0.05‰	借款金额（不含利息）	（1）仅针对银行业金融机构、经批准设立的其他金融机构与借款人所签订的借款合同征税。 （2）不包括企业与非金融机构之间（企业与企业/个人之间）所签订的借款合同
融资租赁合同	0.05‰	租金	——
买卖合同	0.3‰	价款	包括： （1）企业之间书立的确定买卖关系明确买卖双方权利义务的订单、要货单等单据（未另外书立买卖合同的）。 （2）发电厂与电网之间、电网与电网之间书立的购售电合同。 不包括：电网与用户之间签订的供用电合同，个人书立的动产买卖合同
承揽合同	0.3‰	报酬	包括加工、定做、修缮、修理、印刷、广告、测绘、测试等合同
建设工程合同	0.3‰	价款	建设工程勘察、设计合同、承包合同
运输合同	0.3‰	运输费用	（1）指货运合同和多式联运合同。不包括管道运输合同。 （2）境内的货物多式联运，采用在起运地统一结算全程运费的，以全程运费作为计税依据，由起运地运费结算双方缴纳印花税。采用分程结算运费的，以分程运费作为计税依据，分别由办理运费结算的各方缴纳印花税
技术合同	0.3‰	价款、报酬或使用费	不包括专利权、专有技术使用权转让书据（属于产权转移书据），不包括一般的法律、会计、审计等方面的咨询合同

续表

税目	税率	计税依据	包括
租赁合同	1‰	租金	计税依据均不包含"标的物"价值
保管合同	1‰	保管费	
仓储合同	1‰	仓储费	
财产保险合同	1‰	保险费	不包括再保险合同、人身保险合同

提示：应税合同的计税依据，为合同所列的金额，不包括列明的增值税税款。

2. 产权转移书据类

提示："转让"书据包括买卖（出售）、继承、赠与、互换、分割所签订的书据。

应税产权转移书据的计税依据，为产权转移书据所列的金额，不包括列明的增值税税款。

税目	税率	计税依据	备注
土地使用权出让合同	0.5‰		—
土地使用权、房屋等建筑物和构筑物所有权转让书据	0.5‰		不包括土地承包经营权和土地经营权转移
股权转让书据（此税目不包括证券交易印花税）	0.5‰	价款	股权转让书据的计税依据，按照产权转移书据所列的金额确定，不包括列明的认缴后尚未实际出资权益部分。提示：假如 A 持有 B 公司 100% 股权，注册资本认缴 500 万元，实缴 100 万元。A 将 B 公司 100% 股权转让，实缴部分转让价 100 万元，约定由买方履行后续 400 万元的出资义务，则此股权转移书据印花税计税依据为 100 万元
商标专用权、著作权、专利权、专有技术使用权的转让书据	0.3‰	价款	—

3. 营业账簿和证券交易

税目	税率	计税依据	备注
营业账簿	0.25‰	实收资本（股本）、资本公积合计金额	已缴纳印花税的营业账簿，以后年度实收资本（股本）、资本公积合计金额增加的，按照增加部分纳税

续表

税目	税率	计税依据	备注
证券交易	1‰（目前减半征收）	成交金额	证券交易无转让价格的，按照办理过户登记时该证券前一个交易日收盘价确定。无收盘价的，按照证券面值确定。 提示：自2023年8月28日起，证券交易印花税减半征收

提示：印花税税率在考试中会作为已知条件给出。

（三）计税依据的特殊规定

（1）应税合同、产权转移书据未列明金额的，印花税的计税依据按照实际结算的金额确定（仍然不能确定的，按照市场价格确定）。

（2）应税合同、应税产权转移书据所列的金额与实际结算金额不一致，不变更应税凭证所列金额的，以所列金额为计税依据。变更应税凭证所列金额的，以变更后的所列金额为计税依据。

（3）未履行的应税合同、产权转移书据，已缴纳的印花税不予退还及抵缴税款。纳税人多贴的印花税票，不予退税及抵缴税款。

（四）印花税的纳税申报

印花税的纳税义务发生时间为书立应税凭证或者完成证券交易的当日。印花税可按次、按季度、按年度进行申报，也可以采用粘贴印花税票或者由税务机关依法开具其他完税凭证的方式缴纳。

印花税票粘贴在应税凭证上的，由纳税人在每枚税票的骑缝处盖戳注销或者画销。

三、契税的纳税审核（★）

（一）计算方式

应纳税额＝计税依据 × 税率

提示：

（1）契税税率由省、自治区、直辖市人民政府在3% ~ 5%的幅度内确定。

（2）契税的计税依据不包括增值税。

（二）计税依据

情形	纳税人	具体规定
国有土地使用权出让	受让方	为取得该土地使用权而支付的全部经济利益
土地使用权出售、房屋买卖	买方（承受方）	为权属转移合同确定的价格，包括应交付的货币、实物、无形资产或者其他经济利益

续表

情形	纳税人	具体规定
土地使用权赠与、房屋赠与	受赠方（承受方）	由征收机关参照市场价格核定
土地使用权交换、房屋交换	支付差价的一方	为互换的土地使用权、房屋的价格差额（等价互换，免征契税。非等价互换时，由支付差价的一方缴纳契税）。 提示：以实物交换土地、房产权属，以及土地房产权属之间的互相交换。前者视同房屋买卖或者土地使用权转让，需要按照交付的实物价值，由产权承受人全额计征契税；后者需要看是否有差价，无差价免征契税，有差价由支付差价一方缴纳契税
转让房屋附属设施	受让方	（1）与房屋为同一不动产单元的，计税依据为承受方应交付的总价款（与房屋统一计价），适用房屋的税率。 （2）与房屋为不同不动产单元的，计税依据为转移合同确定的成交价格（单独计税）

（三）契税的纳税申报

（1）纳税人应当在依法办理土地、房屋权属登记手续前申报缴纳契税。部分特殊情形下对于纳税义务发生时间的具体规定如下：

①因法院生效法律文书等发生土地、房屋权属转移的，纳税义务发生时间为法律文书等生效当日。

②因改变土地房屋用途等情形应当缴纳已经减征、免征契税的，纳税义务发生时间为改变有关土地房屋用途等情形的当日。

③因改变土地性质、容积率等使用条件需补缴土地出让价款，应当缴纳契税的，纳税义务发生时间为改变土地使用条件当日。

发生上述情形，按规定不需要办理权属登记的，应自纳税义务发生之日起 90 日内申报缴纳。

（2）纳税人办理纳税事宜后，税务机关应当开具契税完税凭证。

（3）纳税人办理土地、房屋权属登记，不动产登记机构应当查验契税完税、减免税凭证或者有关信息。未按照规定缴纳契税的，不动产登记机构不予办理土地、房屋权属登记。

四、房产税的纳税审核（★）

（一）自用房产——从价计征

1. 计算方式

应纳税额 = 应税房产原值 × （1 − 扣除比例）× 1.2%

扣除比例为 10% ~ 30%，由省级人民政府确定。

2. 计税依据

（1）房产的原值均应包含地价，包括为取得土地使用权支付的价款、开发土地发生的成本费用等。

（2）房产原值应包括与房屋不可分割的各种附属设备或一般不单独计算价值的配套设施。对于更换房屋附属设备和配套设施的，在将其价值计入房产原值时，可扣减原来相应设备和设施的价值。对附属设施中易损坏、需要经常更换的零配件，更新后不再计入房产原值。

（3）纳税人对原有房屋改、扩建的，要相应增加房产的原值。

（4）地下建筑的计税方式：

对于与地上房屋相连的地下建筑，例如地下室、地下停车场等，应与地上房屋视为一个整体，按照地上房屋规定计征房产税。

自用的独立地下建筑，按照以下方式计税：

①地下建筑属于工业用途的，以房屋原价的 50% ～ 60% 作为应税房产原值。

②地下建筑属于商业和其他用途的，以房屋原价的 70% ～ 80% 作为应税房产原值。

提示：

"从价计征"中的审核要点包括：

（1）房产的原值是否真实，有无少报、瞒报的现象。

（2）"固定资产"账簿中房屋的造价或原价是否真实、完整，有无分解记账的情况。

（3）纳税人对原有房屋进行改建、扩建的，是否按规定增加其房屋原值，有无将其改建、扩建支出列入大修理范围处理的情况。

（4）纳税人"在建工程"明细账，看有无已完工交付使用的房产继续挂账，未及时办理转账手续、少计房产原值的情况。

（二）出租房产——从租计征

1. 计算公式

应纳税额 = 不含增值税租金收入 ×12%（或 4%）

对个人出租住房，不区分用途，按 4% 的税率征收房产税。

对企事业单位、社会团体以及其他组织按市场价格向个人出租用于居住的住房，减按 4% 的税率征收房产税。

2. 计税依据

（1）房产租金收入，包括货币收入和实物收入。

（2）租赁双方签订的租赁合同约定有免收租金期限的，免收租金期间由产权所有人从价计征房产税。

| **典例研习·4-35** 2022 年单项选择题

下列房产中，需要缴纳房产税的是（　　）。

A. 某公司办公楼外用来养殖热带植物的玻璃暖房

B. 某公司名下星级酒店的室内游泳池

C. 某公司建设在农村的食品加工厂的厂房

D. 某公司新建造的水塔

🔍斯尔解析 本题考查房产税的征税范围。

选项 B 当选，"室内"游泳池在房屋之内，应缴纳房产税。

选项 AD 不当选，房产税以房产为征税对象，房产需有屋面和围护结构，在办公楼外的玻璃暖房、水塔不属于房产税征税范围，不缴纳房产税。

选项 C 不当选，农村的房产不缴纳房产税。

📖本题答案 B

（三）特殊用途房产的计税方式

（1）投资联营的房产：

参与投资利润分红，共担风险的，按照房产余值作为计税依据从价计征房产税。

对以房产投资、收取固定收入，不承担联营风险的，实为出租，由出租方从租计征房产税。

（2）融资租赁的房屋：

融资租赁的房产，由承租人自融资租赁合同约定开始日的次月起依照房产余值从价计征房产税。合同未约定开始日的，由承租人自合同签订的次月起依照房产余值缴纳房产税。

（四）纳税义务发生时间

见"城镇土地使用税"部分。

（五）税收优惠（节选）

（1）国家机关、人民团体、军队自用的房产免征房产税。

（2）由国家财政部门拨付事业经费的单位，例如学校、医疗卫生单位、托儿所、幼儿园、敬老院、文化、体育、艺术等实行全额或差额预算管理的事业单位，本身业务范围内自用的房产免征房产税。

（3）宗教寺庙、公园、名胜古迹自用的房产免征房产税。

（4）对非营利性医疗机构、疾病控制机构和妇幼保健机构等卫生机构自用房产，免征房产税。

（5）企业办的各类学校、医院、托儿所、幼儿园自用的房产，免征房产税。

（6）纳税单位与免税单位共同使用的房屋，按各自使用的部分分别征收或免征房产税。

（六）房产税的纳税申报

房产税、城镇土地使用税按年计算、分期缴纳，具体纳税期限由省、自治区、直辖市人民政府确定。

五、城镇土地使用税的纳税审核（★）

（一）计算公式

年应纳税额＝实际占用应税土地面积（平方米）× 适用税额

提示：具体单位税额由各省、自治区、直辖市人民政府确定。

（二）计税依据

城镇土地使用税以纳税义务人实际占用的土地面积为计税依据。

（1）纳税义务人实际占用土地面积按下列方法确定：

①由省、自治区、直辖市人民政府确定的单位组织测定土地面积的，以测定的面积为准。

②尚未组织测量，但纳税人持有政府部门核发的土地使用证书的，以证书确认的土地面积为准。

③尚未核发土地使用证书的，应由纳税人据实申报土地面积据以纳税，待核发土地使用证后再作调整。

（2）对单独建造的地下建筑用地，按下列规定确认计税依据：

①已取得地下土地使用权证的，按土地使用权证确认的土地面积计算应征税款。

②未取得地下土地使用权证或地下土地使用权证上未注明土地面积的，按地下建筑垂直投影面积计算应征税款。

对上述地下建筑用地暂按应征税款的 50% 征收城镇土地使用税。

（三）纳税义务发生时间（与房产税的纳税义务发生时间结合记忆）

情形	房产税	城镇土地使用税
购置新建商品房	自房屋交付使用之次月起纳税	
购置存量房	自房地产权属登记机关签发房屋权属证书之次月起纳税	
出租、出借房产	自交付出租、出借之次月起纳税	
房地产开发企业自用、出租、出借本企业建造的商品房	自房屋使用或交付之次月起纳税	—
将原有房产用于生产经营	从生产经营之月（当月）起纳税	—
自行新建房屋用于生产经营	从建成之次月起纳税	—
委托施工企业建设的房屋	从办理验收手续之次月起纳税	—
以出让或转让方式有偿取得土地使用权	—	（1）由受让方从合同约定交付土地的次月起纳税。（2）合同未约定交付时间的，从合同签订的次月起纳税
新征用的耕地	—	自批准征用之日起满1年时开始纳税
新征用的非耕地	—	自批准征用次月起纳税

（四）税收优惠（节选）

（1）国家机关、人民团体、军队自用的土地。

（2）由国家财政部门拨付事业经费的单位自用的土地。

（3）宗教寺庙、公园、名胜古迹自用的土地。

（4）市政街道、广场、绿化地带等公共用地。

（5）直接用于农、林、牧、渔业的生产用地。

（6）非营利性医疗机构、疾病控制机构和妇幼保健机构等卫生机构自用的土地。

（7）国家拨付事业经费和企业办的学校、托儿所、幼儿园自用的房产、土地。

（8）免税单位无偿使用纳税单位的土地，免税。纳税单位无偿使用免税单位的土地，纳税。纳税单位与免税单位共同使用，对纳税单位按所占建筑面积比例征税。

（五）纳税申报

同房产税。

六、资源税的纳税审核（★）

（一）纳税义务人和征税范围

1.纳税义务人

（1）资源税的纳税义务人，指在我国领域及管辖的其他海域开发应税资源的单位和个人。

（2）进口的矿产品和盐不征收资源税。相应的，对出口应税产品也不免征或退还已纳资源税。

（3）纳税人自用应税产品的下列情形，应当缴纳资源税（视同销售的情形）：

以应税产品用于非货币性资产交换、捐赠、偿债、赞助、集资、投资、广告、样品、职工福利、利润分配或者连续生产非应税产品（用于连续生产应税产品的，移送时暂不纳税）。

2.税目

（1）能源矿产：

原油、天然气、页岩气、天然气水合物、煤、煤成（层）气、铀、钍、油页岩、油砂、天然沥青、石煤、地热。

（2）金属矿产。

（3）非金属矿产。

（4）水气矿产。

（5）盐。

（二）计征方式和计税依据

1.从价计征

应纳税额 = 销售额 × 适用税率

（1）计税依据为销售额，按照纳税人销售应税产品向购买方收取的全部价款确定，不包括增值税。

（2）符合条件运杂费用的扣减。

相关运杂费用，指计入销售额中的应税产品从坑口或者洗选（加工）地到车站、码头或者购买方指定地点的运输费用、建设基金以及随运销产生的装卸、仓储、港杂费用、运杂费用，凡取得增值税发票或其他合法有效凭据的，准予从销售额中扣除。

（3）视同销售情形下的销售额。

按照下列顺序确定其应税产品计税价格：

①纳税人最近时期同类产品的平均销售价格。

②其他纳税人最近时期同类产品的平均销售价格。

③按后续加工非应税产品销售价格，减去后续加工环节的成本利润后确定。

④应税产品组成计税价格：

组成计税价格 = 成本 ×（1+ 成本利润率）÷（1- 资源税税率）

（4）外购应税产品购进金额、购进数量的扣减。

纳税人以自采应税产品和外购应税产品混合销售或者混合加工为应税产品销售的，准予扣减外购应税产品的购进金额或者购进数量。

情形	允许扣减的购进金额的规定
外购原矿与自采原矿混合为原矿销售	直接扣减外购原矿或者外购选矿产品的购进金额或者购进数量
外购选矿与自产选矿混合为选矿销售	
外购原矿与自采原矿混合洗选加工为选矿销售	按照下列公式计算扣减：准予扣减的外购应税产品购进金额（数量）= 外购原矿购进金额（数量）×（本地原矿适用税率 ÷ 本地选矿适用税率）

提示：应当单独核算外购产品的购进数量或购进金额，同时依据外购应税产品的增值税发票、海关进口增值税专用缴款书或者其他合法有效凭据进行扣除。

原理详解 💡

由于资源税的特点，在我国对应税的资源产品只征收一次资源税，不会出现重复征税的情形。

（1）外购已税产品直接用于应税产品的，不再征税。

（2）外购已税产品直接用于非应税产品的，也不再征税。

（3）自采的未税产品和外购已税产品混合（混合销售或者混合加工）用于应税产品的，在计算资源税时，外购已税产品购进金额可以按上述规定扣除。

2. 从量定额

销售数量，包括实际销售数量和自用需视同销售的自用数量。

应纳税额 = 课税数量 × 单位税额

（三）税收优惠

1. 免征资源税的情形

（1）开采原油以及在油田范围内运输原油过程中用于加热的原油、天然气。

（2）煤炭开采企业因安全生产需要抽采的煤成（层）气。

2. 减征资源税的情形

（1）从低丰度油气田开采的原油、天然气，减征 20% 资源税。

（2）高含硫天然气、三次采油和从深水油气田开采的原油、天然气，减征 30% 资源税。

（3）从衰竭期矿山开采的矿产品，减征 30% 资源税。

（4）稠油、高凝油减征 40% 资源税。

提示：纳税人的减免税项目需要单独核算，未单独核算或者不能准确核算的，不予减税或免税。

（四）资源税的纳税申报

（1）资源税按月或者按季申报缴纳。不能按固定期限计算缴纳的，可以按次申报缴纳。

（2）申报缴纳期限同增值税、消费税的规定。

七、环境保护税的纳税审核（★）

（一）税目和计税依据

税目	计税依据
大气污染物、水污染物	污染当量数 = 排放量 ÷ 污染当量值 应纳税额 = 污染当量数 × 适用税额
固体废物	应纳税额 = 固体废物排放量 × 具体适用税额 其中，固体废物排放量 = 当期固体废物的产生量 − 当期固体废物的综合利用量 − 当期固体废物的贮存量 − 当期固体废物的处置量
噪声	应纳税额 = 超过国家规定标准的分贝数对应的适用税额

（二）排放量的确定

应税大气污染物、水污染物、固体废物的排放量和噪声分贝数，按照下列方法和顺序计算：

（1）安装使用符合国家规定和监测规范的污染物自动检测设备的，按照污染物自动监测数据计算。

（2）未安装使用污染物自动监测设备的，按照检测机构出具的符合国家规定和规范的监测数据计算。

（3）因排放污染物种类多等原因不具备监测条件的，按照环境保护主管部门规定的排污系数、物料衡算方法计算。

（4）不能按照上述方法计算的，按照省级人民政府环保部门规定的抽样测算的方法核定计算。

（三）税收减免

1. 不属于直接向环境排污、不征收环境保护税的情形

（1）向依法设立的污水集中处理、生活垃圾集中处理场所排放应税污染物的。

（2）在符合国家和地方环境保护标准的设施、场所贮存或者处置固体废物的。

（3）达到省级人民政府确定的标准并且有污染物排放口的畜禽养殖场，依法对畜禽养殖废弃物进行综合利用和无害化处理的。

2. 减免税情形

（1）农业生产（不包括规模化养殖）排放应税污染物的，免税。

（2）机动车、铁路机车、非道路移动机械、船舶和航空器等流动污染源排放应税污染物的，免税。

（3）依法设立的城乡污水集中处理、生活垃圾集中处理场所排放相应应税污染物，不超过国家和地方规定的排放标准的，免税。

（4）纳税人综合利用的固体废物，符合国家和地方环境保护标准的，免税。

（四）环境保护税的纳税申报

（1）征管方式：企业申报、税务征收、环保协作、信息共享。

（2）纳税义务发生时间：排放应税污染物的当日。

（3）纳税期限：环境保护税按月计算，按季申报缴纳。不能按固定期限计算缴纳的，可以按次申报缴纳。

申报缴纳时，应当向税务机关报送所排放应税污染物的种类、数量，大气污染物、水污染物的浓度值，以及税务机关根据实际需要要求纳税人报送的其他纳税资料。

八、小型微利企业"六税两费"减免政策

2023年1月1日至2027年12月31日，对增值税小规模纳税人、小型微利企业、个体工商户减半征收"六税两费"。 ■要

1."六税两费"的范围

"六税两费"是指资源税、城市维护建设税、房产税、城镇土地使用税、印花税（不含证券交易印花税）、耕地占用税和教育费附加、地方教育附加。

2. 适用企业类型

增值税小规模纳税人、小型微利企业和个体工商户。

3. 小型微利企业的判定

（1）小型微利企业的判定以企业所得税年度汇算清缴结果为准。

（2）增值税一般纳税人企业，办理年度汇算清缴后确定属于小型微利企业的，可自办理汇算清缴当年的7月1日至次年的6月30日申报享受。

提示：在2022年1月1日至6月30日期间，纳税人依据2021年办理2020年度汇算清缴的结果判定是否为小型微利企业。

九、财产行为税合并申报规则（★）

维度	具体规定
合并申报政策开始执行时点	2021年6月1日起

续表

维度	具体规定
合并申报的范围	城镇土地使用税、房产税、车船税、印花税、耕地占用税、资源税、土地增值税、契税、环境保护税、烟叶税
申报表	《财产和行为税纳税申报表》。纳税人新增税源或税源变化时，需先填报《财产和行为税税源明细表》

原理详解

在我国目前提高办税效率、降低纳税人负担的大背景下，根据最新的规定，增值税及附加税费、财产行为税等均采用合并申报的方式，实际就是"简并申报表，一表报多税"，即将现行的 10 个税种的申报流程实行减并。新申报表充分利用部门共享数据和其他征管环节数据，可实现已有数据自动预填，切实减轻纳税人填报负担。

（1）申报表构成：《财产和行为税纳税申报表》由一张主表和一张减免税附表组成。

（2）信息采集：申报前，需要填报《财产和行为税税源明细表》维护纳税申报的基本信息。这是后续管理的基础数据来源，也是生成纳税申报表的主要依据。

（3）申报填列方式：征管系统将根据各税种《财产和行为税税源明细表》自动生成《财产和行为税纳税申报表》，纳税人审核确认后即可完成申报。

典例研习在线题库　→　

至此，涉税服务实务的学习已经进行了75%，继续加油呀！

75%

第五章 涉税会计核算

考点精讲

第一节　涉税会计核算概述

一、会计与税法的一般性差异

1. 基本前提不同

会计基本前提	税法基本前提
会计主体	纳税主体
持续经营	一般无持续经营假设（企业所得税除外）
会计分期	纳税期间（期限）
货币计量	货币（人民币）计量

2. 遵循的原则不同

（1）可靠性原则。

（2）相关性原则。

（3）实质重于形式原则。

（4）谨慎性原则（会计）和实际发生原则（税法）。

3. 常见的主要税会差异举例

（1）资产差异：

资产的初始计量与计税基础、资产减值准备等。

（2）收入差异：

收入确认时点、视同销售收入、非货币性资产交换收益、技术转让收入、折扣与折让、租赁收入、补贴收入等。

（3）成本费用与税前扣除的差异：

研究开发费用、业务招待费、广告费和业务宣传费、佣金支出、保险费用支出、职工薪酬、赞助支出、罚款罚金滞纳金、捐赠支出等。

（4）重组业务差异：

整体资产转让、企业重组等。

（5）其他项目的差异：

弥补亏损、关联方交易等。

二、涉税会计核算的基本科目设置

（一）"应交税费"（★）

1.核算的税种——需要"预计缴纳"的税种

核算的内容	明细（二级）科目名称	计提时的具体规定
增值税	共设置11个明细科目：应交增值税、未交增值税、预交增值税、待抵扣进项税额、待认证进项税额、待转销项税额、增值税留抵税额、简易计税、转让金融商品应交增值税、代扣代交增值税、增值税检查调整	贷方余额：反映尚未缴纳的税费。 借方余额：反映多缴或尚未抵扣的税金
消费税	应交消费税	（1）一般处理： 借：税金及附加 　贷：应交税费——应交消费税、应交资源税、应交城市维护建设税、应交房产税、应交城镇土地使用税、应交车船税 （2）企业转让作为固定资产核算的房地产时： 借：固定资产清理 　贷：应交税费——应交城市维护建设税
资源税	应交资源税	
城市维护建设税	应交城市维护建设税	
房产税	应交房产税	
城镇土地使用税	应交城镇土地使用税	
车船税	应交车船税	
土地增值税	应交土地增值税	（1）企业转让作为"固定资产"或"在建工程"科目核算的房地产时： 借：固定资产清理 　贷：应交税费——应交土地增值税 （2）房地产开发企业销售房地产时： 借：税金及附加 　贷：应交税费——应交土地增值税
企业所得税	应交所得税	借：所得税费用 　贷：应交税费——应交所得税
个人所得税	应交个人所得税	借：应付职工薪酬 　贷：应交税费——应交个人所得税
教育费附加、地方教育附加	应交教育费附加、应交地方教育附加	借：税金及附加等 　贷：应交税费——应交教育费附加、应交地方教育附加

2. 实际缴纳时的会计处理

上述应交税费科目中的税款实际缴纳时：

借：应交税费——应交 ×× 税

　贷：银行存款

（二）"税金及附加"（★）

1. 不通过税金及附加科目核算的税种

增值税、企业所得税、个人所得税虽然计入"应交税费"科目，但不计入"税金及附加"科目。

契税、耕地占用税、车辆购置税和进口关税等也不通过"税金及附加"科目核算。

2. 通过"税金及附加"科目核算的税种

除上述不通过"税金及附加"核算的税种之外，其他核算的税种基本与"应交税费"科目相同。

（1）计提时：

借：税金及附加

　贷：应交税费——应交 ×× 税

（2）返还的原计入本科目的各种税金：

借：银行存款

　贷：税金及附加（冲减本科目）、其他收益

（3）印花税借方在本科目核算。

提示：印花税需要预计缴纳时，贷方记入"应交税费——应交印花税"科目。无须预计缴纳时，贷方记入"银行存款"科目。

| 典例研习 · 5-1　2019 年单项选择题

2023 年某企业购进房产缴纳印花税，下列会计核算中正确的是（　　）。

A. 借：管理费用

　　贷：银行存款

B. 借：税金及附加

　　贷：银行存款

C. 借：固定资产

　　贷：银行存款

D. 借：固定资产

　　贷：应交税费——应交印花税

🔍**斯尔解析** 本题考查印花税的会计核算。

选项 B 当选，本题题目题干没有明确表明该企业的印花税的缴纳方式（是否需要预计缴纳）。但根据会计核算要求，印花税的借方只能计入"税金及附加"科目，故用排除法即可解答。

🔺**本题答案** B

（三）所得税相关科目

科目名称	具体核算内容和规定
"所得税费用" （利润表科目）	核算企业根据企业会计准则确认的应从当期利润总额中扣除的所得税费用。 本科目应当按照"当期所得税费用""递延所得税费用"进行明细核算
"递延所得税资产" （资产负债表科目）	核算可抵扣暂时性差异产生的所得税资产（包括可弥补亏损产生的所得税资产）。 借方余额，反映可抵扣暂时性差异确认的递延所得税资产余额
"递延所得税负债" （资产负债表科目）	核算应纳税暂时性差异产生的所得税负债。 贷方余额，反映应纳税暂时性差异确认的递延所得税负债余额

（四）其他涉税相关会计科目

1."以前年度损益调整"

核算本年度发生的调整以前年度损益的事项以及本年度发现的重要前期差错更正涉及调整以前年度损益的事项。

2."营业外收入"

核算企业实际收到即征即退、先征后退、先征税后返还的增值税等。

3."其他收益"

主要适用情形：

（1）核算纳税人享受的进项税额加计抵减。

（2）个人所得税代扣代缴手续费：

企业作为个人所得税的扣缴义务人，收到的扣缴税款手续费，应作为其他与日常活动相关的项目在利润表的"其他收益"项目中填列。

（3）小规模纳税人按规定享受的增值税减免税款。

4."应收出口退税款"

（1）借方反映：出口货物申报应退回的增值税、消费税等，还反映出口货物"免、抵、退"计算得出的应退税额。

（2）贷方反映：实际收到的出口货物应退回的增值税、消费税等。

第二节　货物与劳务税会计核算

一、增值税会计核算

（一）增值税相关科目及专栏（★★）

1.应交增值税

采用多栏式账户，在借方和贷方分别设立下列专栏。

（1）借方专栏：

栏目	核算内容
进项税额	记录一般纳税人购进货物、加工修理修配劳务、服务、无形资产或不动产而支付或负担的、准予从当期销项税额中抵扣的增值税额。 提示：退回所购货物应冲销的进项税额，用红字登记
销项税额抵减	记录一般纳税人适用"差额征税"规定因扣减销售额而减少的销项税额
已交税金	记录一般纳税人当月已缴纳的应缴增值税额。 提示： ①已缴纳的增值税用蓝字登记；退回多缴的增值税额用红字登记。 ②小规模纳税人无本专栏，直接借记"应交税费——应交增值税"科目核算
减免税款	记录一般纳税人按现行增值税制度规定准予减免的增值税额
出口抵减内销产品应纳税额	记录实行"免、抵、退"办法的一般纳税人按规定计算的出口货物的进项税抵减内销产品的应纳税额。出口企业当期按规定计算的应免抵的税额： 借：应交税费——应交增值税（出口抵减内销产品应纳税额） 　贷：应交税费——应交增值税（出口退税）
转出未交增值税	记录一般纳税人月度终了转出当月应缴未缴的增值税额。 提示：月末需通过本科目将"应交税费——应交增值税"科目的贷方余额转出至"应交税费——未交增值税"科目。 借：应交税费——应交增值税（转出未交增值税） 　贷：应交税费——未交增值税

（2）贷方专栏：

栏目	核算内容
销项税额	记录一般纳税人销售货物、加工修理修配劳务、服务、无形资产或不动产应收取的增值税额

续表

栏目	核算内容
出口退税	记录一般纳税人出口货物、加工修理修配劳务、服务、无形资产按规定退回的增值税额。 出口企业当期按规定计算应退税额、应免抵税额后： 借：应收出口退税款 　　应交税费——应交增值税（出口抵减内销产品应纳税额） 　　贷：应交税费——应交增值税（出口退税）
进项税额转出	记录一般纳税人购进货物、加工修理修配劳务、服务、无形资产或不动产等（已抵扣进项税额）发生非正常损失以及其他原因而不应从销项税额中抵扣、按规定转出的进项税额。 ①出口企业出口货物不得免征和抵扣税额的部分： 借：主营业务成本 　　贷：应交税费——应交增值税（进项税额转出） ②实行增值税留抵退税政策，按税务机关核准允许退还的留抵税额： 借：应交税费——增值税留抵税额 　　贷：应交税费——应交增值税（进项税额转出）
转出多交增值税	记录一般纳税人月度终了转出当月多缴的增值税额。 提示：月末需通过本科目将"应交税费——应交增值税"科目的借方余额转出至"应交税费——未交增值税"科目。 借：应交税费——未交增值税 　　贷：应交税费——应交增值税（转出多交增值税）

原理详解

"应交税费——应交增值税"各专栏明细科目的借贷对应关系如下：

借方专栏	贷方专栏
销项税额抵减	销项税额
进项税额	进项税额转出
出口抵减内销产品应纳税额	出口退税
转出未交增值税	转出多交增值税
减免税款	—
已交税金	—

| 典例研习·5-2 | 2021年多项选择题

下列专栏应在"应交税费——应交增值税"明细账借方反映的有（　　）。

A. 待抵扣进项税额　　　　　　　　B. 减免税款

C. 销项税额抵减　　　　　　　　　D. 转出多交增值税

E. 进项税额转出

🔍斯尔解析　本题考查"应交税费——应交增值税"科目的明细专栏。

选项 BC 当选，在借方专栏反映。

选项 A 不当选，不属于"应交税费——应交增值税"明细账所属科目。

选项 DE 不当选，转出多交增值税、进项税额转出均属于贷方专栏。

▲ 本题答案　BC

（3）小规模纳税人的处理。

不需要设置专栏科目，只需设置"应交税费——应交增值税"明细科目。

提示：小规模纳税人仍需要设置"转让金融商品应交增值税""代扣代交增值税"明细科目。

2. 预交增值税

核算一般纳税人转让不动产、提供不动产经营租赁服务、提供建筑服务、采用预收款方式销售自行开发的房地产项目等，以及其他按现行增值税制度规定应预缴的增值税额。

（1）预缴增值税时：

借：应交税费——预交增值税

　　贷：银行存款

（2）月末需将本科目的借方余额转入"未交增值税"科目。会计处理如下：

借：应交税费——未交增值税

　　贷：应交税费——预交增值税

提示：房地产开发企业在收到预售款时并不发生增值税的纳税义务，所以预缴的税款不能抵减其当期已产生纳税义务的应纳税额。需要待纳税义务实际发生时，再将本科目借方余额结转至"应交税费——未交增值税"科目，进行抵减。

3. 未交增值税

核算一般纳税人月度终了从"应交增值税"或"预交增值税"明细科目转入的，当月应缴未缴、多缴或预缴的增值税额，以及当月缴纳以前期间未缴的增值税额。

情形	会计处理
当月应缴未缴税额： 月份终了，将应缴未缴税额转入此科目	借：应交税费——应交增值税（转出未交增值税） 　　贷：应交税费——未交增值税
当月多缴税额： 月份终了，将多缴的增值税转入此科目	借：应交税费——未交增值税 　　贷：应交税费——应交增值税（转出多交增值税）

续表

情形	会计处理
当月预缴税额： 月份终了，将预缴的增值税转入此科目	借：应交税费——未交增值税 　　贷：应交税费——预交增值税
当月实缴税额： 当月缴纳以前期间未缴的增值税	借：应交税费——未交增值税 　　贷：银行存款

提示：

用本期的进项留抵税额抵减以前期间的增值税欠税时，按照期末留抵税额与欠税金额取孰低进行如下会计处理：

借：应交税费——应交增值税（进项税额）（红字）

　　贷：应交税费——未交增值税（红字）

原理详解

增值税月结的最终归宿："应交税费——未交增值税"科目。

一般纳税人采用一般计税方法下，增值税由于存在销项、进项、减免、出口退税以及预缴等各种复杂情形，所以设置的会计科目较多，但到了每月末，在会计核算上一定要从整体来看，是多缴还是欠缴的状况。"应交税费——未交增值税"科目就是起到这样一个作用，"应交税费——应交增值税"（包含其中各个明细专栏科目）、"应交税费——预交增值税"都需要转入此科目，同时还有当月实缴的以前期间的增值税额，均在此科目反映。

4. 待抵扣进项税额

核算实行纳税辅导期管理的一般纳税人取得的尚未交叉稽核比对的增值税扣税凭证上注明或计算的进项税额。

5. 待认证进项税额

根据最新政策规定，一般纳税人取得2017年1月1日及以后开具的增值税专用发票、海关进口增值税专用缴款书、机动车销售统一发票、收费公路通行费增值税电子普通发票，取消认证确认、稽核比对、申报抵扣的期限。纳税人在申报时直接通过增值税发票综合服务平台勾选确认即可。

提示："勾选确认"这个程序是必需的。

6. 待转销项税额

核算一般纳税人销售货物、加工修理修配劳务、服务、无形资产或不动产，已确认相关收入但尚未发生增值税纳税义务，而需于以后期间确认为销项税额的增值税额。

提示：此明细科目主要是为了解决会计上已达到收入确认时点，但增值税纳税义务尚未发生，在此种税会差异的情况下，先暂时将按照会计收入计算的增值税计入此科目过渡。

原理详解 💡

举例说明"待转销项税额"科目的账务处理：

按照增值税的规定，纳税人提供建筑服务，被工程发包方（甲方）从应付的工程款中扣押的质押金、质保金，尚未开具发票的，以纳税人实际收到质保金、质押金的当天为纳税义务发生时间。而根据建造合同会计准则，收入按照权责发生制确认的时间在实际收款（质保金）之前。鉴于增值税纳税义务发生时间和会计收入确认时点存在差异，提供建筑服务的纳税人在会计上对质保金、质押金确认收入时（但尚未实际收到）应进行会计处理为：

借：银行存款等

　　贷：主营业务收入

　　　　应交税费——待转销项税额

待实际收到质保金、质押金的当天，增值税纳税义务发生。会计处理为：

借：应交税费——待转销项税额

　　贷：应交税费——应交增值税（销项税额）

---

7. 增值税留抵税额

适用于采用增值税留抵退税政策的纳税人。经税务机关核准的允许退还的增值税期末留抵税额以及缴回的已退还的留抵退税款项，应当通过"应交税费——增值税留抵税额"明细科目进行核算。具体核算方法如下：

（1）税务机关准予留抵退税时，按税务机关核准允许退还的留抵税额：

借：应交税费——增值税留抵税额

　　贷：应交税费——应交增值税（进项税额转出）

（2）实际收到留抵退税款项时：

借：银行存款

　　贷：应交税费——增值税留抵税额

（3）将已退还的留抵退税款项缴回并继续按规定抵扣进项税额时：

借：应交税费——应交增值税（进项税额）

　　贷：应交税费——增值税留抵税额

同时：

借：应交税费——增值税留抵税额

　　贷：银行存款

典例研习·5-3 （2021年单项选择题）

纳税人在税务机关准予留抵退税时，税务机关核准允许退还的留抵税额应贷记（　　）科目。

A. 应交税费——应交增值税（进项税额）

B. 应交税费——应交增值税（进项税额转出）

C. 应交税费——未交增值税

D. 营业外收入

🔍**斯尔解析** 本题考查留抵退税的会计处理。

选项B当选，纳税人在税务机关准予留抵退税时，按税务机关核准允许退还的留抵税额，应借记"应交税费——增值税留抵税额"科目，贷记"应交税费——应交增值税（进项税额转出）"科目。

🔖**本题答案** B

8. 简易计税

核算一般纳税人采用简易计税方法发生的增值税计提、扣减、预缴、缴纳等业务。

解题高手👍

命题角度：小规模纳税人和一般纳税人采用简易计税方法会计核算的差异。

（1）"应交税费——简易计税"科目仅仅适用于增值税一般纳税人采用简易计税方法，不论是计提、预缴、扣减、实缴，均通过此科目核算。此科目较为独立，不需要结转或月结，"自成一体"，一般计税方法下若存在留抵税额，也不能用于抵减简易计税方法下的应纳税额。

（2）增值税小规模纳税人虽然也适用于简易计税方法，但不通过此科目核算。小规模纳税人发生采购、销售、退货等行为，通过"应交税费——应交增值税"核算。

典例研习·5-4 （模拟单项选择题）

增值税一般纳税人采用简易计税方法，计提应纳增值税时，应贷记（　　）科目。

A. 应交税费——应交增值税（销项税额）

B. 应交税费——简易计税

C. 应交税费——未交增值税

D. 应交税费——应交增值税（转出未交增值税）

9. 转让金融商品应交增值税

核算增值税纳税人转让金融商品发生的增值税额。

10. 代扣代交增值税

核算纳税人购进在境内未设经营机构的境外单位或个人在境内的应税行为代扣代缴的增值税。

（1）购进服务、无形资产等计提时：

借：生产成本、无形资产、固定资产、管理费用等

　　应交税费——应交增值税（进项税额）

　贷：应付账款

　　　应交税费——代扣代交增值税

（2）实际缴纳代扣代缴税款时：

借：应交税费——代扣代交增值税

　贷：银行存款

11. 增值税检查调整

在税务机关的纳税检查时，涉及增值税账务调整的应设立"应交税费——增值税检查调整"专账核算，待检查调整事项结束后，将本科目的余额转出至"应交税费——未交增值税"中。处理后，本科目无余额。

12. 进项税额加计抵减的会计核算

享受进项税额加计抵减的纳税人实际缴纳增值税时，按应纳税额借记"应交税费——未交增值税"等科目，按实际纳税金额贷记"银行存款"科目，按加计抵减的金额贷记"其他收益"科目。

借：应交税费——未交增值税（按照一般规定计算出的享受加计抵减之前的应纳税额）

　贷：银行存款（实缴的税额）

　　　其他收益（享受加计抵减的税额）

典例研习·5-5 模拟简答题

某增值税一般纳税人采用一般计税方法计算增值税应纳税额 100 元，按规定享受加计抵减 40 元。请做出该纳税人实际缴纳税款时的会计分录。

> 🔍 **斯尔解析** 本题考查进项税额加计抵减的会计处理。
>
> 实际缴纳税款时的会计分录为：
>
> 借：应交税费——未交增值税　　　　　　　　　　100
>
> 　　贷：银行存款　　　　　　　　　　　　　　　　　　60
>
> 　　　　其他收益　　　　　　　　　　　　　　　　　　40

13. 财务报表相关项目列示

明细科目	期末余额的方向	资产负债表中的列示项目
"应交增值税""未交增值税""待抵扣进项税额""待认证进项税额""增值税留抵税额"等明细科目	借方余额	"其他流动资产"或"其他非流动资产"
"应交税费——待转销项税额"等科目	贷方余额	"其他流动负债"或"其他非流动负债"
"应交税费"科目下"未交增值税""简易计税""转让金融商品应交增值税""代扣代交增值税"等科目	贷方余额	"应交税费"

提示：

（1）"应交税费——应交增值税"借方余额代表期末留抵。

（2）"应交税费——应交增值税"月末没有贷方余额（月税月结）。

（3）"应交税费——未交增值税"贷方余额代表未缴的（结转下期应缴的）增值税。

（4）"应交税费——未交增值税"借方余额代表多缴或待抵扣的增值税。

（二）取得资产、接受劳务的会计核算（★）

情形		账务处理
外购货物（含进口货物取得海关专用缴款书后）	按价税合计记账（进项税额不得抵扣）	借：原材料等（包括在途物资、库存商品、生产成本、无形资产、固定资产、管理费用等科目，下同） 　贷：银行存款、应付账款、应付票据、实收资本（接受投资）、营业外收入（接受捐赠）等 提示： 增值税不得抵扣进项税额知识点链接： （1）用于简易计税方法计税项目、免征增值税项目。 （2）用于集体福利或者个人消费的购进货物或者应税劳务。 （3）非正常损失的购进货物或在产品、产成品，以及相关的劳务和交通运输服务。非正常损失的建筑物、在建工程所耗用的购进货物、设计和建筑服务。 （4）小规模纳税人或者取得的扣税凭证不合规（例如取得普通发票的情形）

续表

情形		账务处理
外购货物（含进口货物取得海关专用缴款书后）	价税分别记账（进项税额准予抵扣）	借：原材料等 　　应交税费——应交增值税（进项税额）（已勾选确认部分） 　　应交税费——待认证进项税额（未勾选确认部分） 　贷：银行存款、应付账款、应付票据、实收资本（接受投资）、营业外收入（接受捐赠）等 提示：在解题中看清题目条件是否勾选确认用途，如果题目中没有明确提示是否勾选确认用途，默认已勾选确认，直接计入进项税额。如果未勾选确认的进项税额不得抵扣时，将计入"待认证进项税额"的金额冲减，同时计入相关成本费用或资产成本
货物等已验收入库但尚未取得增值税扣税凭证		在月末，按货物清单或相关合同协议上的价格暂估入账，不需要将增值税的进项税额暂估入账。下月初，用红字冲销原暂估入账金额，待取得相关增值税扣税凭证并经认证后： 借：原材料等 　　应交税费——应交增值税（进项税额） 　贷：应付账款等
接受劳务		借：委托加工物资（加工、修理修配货物的成本） 　　应交税费——应交增值税（进项税额） 　贷：银行存款等
接受应税服务——以运输服务为例		借：原材料、管理费用等 　　应交税费——应交增值税（进项税额）（允许抵扣的进项税） 　贷：库存现金、银行存款、应付账款等 提示：针对国内旅客运输服务的增值税电子普通发票，可以按照发票上注明的税额来抵扣，其他情形符合条件的，需计算抵扣
从境外购进服务、无形资产、不动产等需要代扣代缴增值税时		借：生产成本、无形资产、固定资产、管理费用等 　　应交税费——应交增值税（进项税额） 　贷：应付账款 　　应交税费——代扣代交增值税
接受投资转入货物时		借：原材料等 　　应交税费——应交增值税（进项税额） 　贷：实收资本、股本 　　资本公积
接受捐赠转入货物时		借：原材料等 　　应交税费——应交增值税（进项税额） 　贷：营业外收入

续表

情形	账务处理
购进免税农产品	借：材料采购等（扣除进项税额后的买价） 　应交税费——应交增值税（进项税额） 　贷：应付账款、银行存款 提示：购进农产品时，应按照农产品抵扣的一般规定，按照 9% 计算抵扣进项税额。待生产领用时，如果用于生产 13% 税率货物的，加抵 1%。 会计处理为： 借：应交税费——应交增值税（进项税额） 　贷：材料采购等（加抵的 1% 进项税额对应的金额）

典例研习·5-6 （教材例题改编）

甲企业为食品加工厂，是增值税一般纳税人。2024 年 3 月从某家庭农场购入小麦 100 吨，每吨 600 元，开具的主管税务机关核准使用的农产品收购凭证上收购款总计 60 000 元。按下列要求做出对应的会计处理。

（1）请做出甲企业 3 月购进小麦时的会计分录。

（2）假设 2024 年 4 月全部被生产领用，用于生产适用 13% 税率的食品，做出甲企业生产领用时的会计分录。

斯尔解析 本题考查购进农产品计算抵扣进项税的会计分录。

（1）购进小麦时：

借：原材料　54 600
　应交税费——应交增值税（进项税额）　5 400
　贷：银行存款　60 000

（2）用于生产适用 13% 税率食品的，生产领用时再加抵 1% 的进项税额。生产领用时会计处理为：

借：应交税费——应交增值税（进项税额）　600
　贷：原材料　600

典例研习·5-7 （教材例题改编）

甲企业为增值税一般纳税人。2024 年 1—3 月发生下列经济行为：

（1）1 月入库一批应税原材料用于生产产品，已经验收入库，但尚未收到增值税扣税凭证，也未付款。1 月末按货物清单或相关合同协议上的价格 200 万元暂估入账。2 月下旬取得上述一份增值税专用发票，发票上注明金额 200 万元、税额 26 万元，并于 3 月末在增值税发票综合服务平台对该发票进行了勾选确认。请分别做出1月、2月和3月的会计处理。

（2）3月外购游艇5艘，用于应酬客户和职工疗养娱乐使用，取得的增值税专用发票上注明价款500 000元，增值税额65 000元，发生运输费用2 000元，取得普通发票，款项已从银行划转。请做出对应的会计处理。

（3）3月外购低值易耗品一批，收到增值税专用发票一张，发票上注明价款10 000元，增值税1 300元，款项未付，当月未在增值税发票综合服务平台对该发票进行勾选确认，该批低值易耗品已验收入库。请做出对应的会计处理。

（4）3月甲企业接受乙企业（非关联方）捐赠的注塑机一台，收到的增值税专用发票上注明设备价款100 000元，增值税税额为13 000元。请做出对应的会计处理。

（5）3月甲企业管理人员乘坐火车到国内某地出差，往返车票共计600元，员工凭注明旅客身份信息的火车票进行报销。请做出对应的会计处理。

⑤斯尔解析 本题考查购进货物或服务等情形的会计处理。

（1）业务（1）会计处理如下：

①1月末暂估入账：

借：原材料　　　　　　　　　　　　　　　　2 000 000

　贷：应付账款　　　　　　　　　　　　　　　　　2 000 000

提示：企业尚未收到增值税扣税凭证并未付款的，应在1月末按货物清单或相关合同协议上的价格200万元暂估入账，但不需要将增值税的进项税额暂估入账。

②2月1日，用红字冲销原暂估入账金额。

借：原材料　　　　　　　　　　　　（红字）2 000 000

　贷：应付账款　　　　　　　　　　　　　（红字）2 000 000

③2月下旬取得增值税专用发票，但尚未勾选确认用途时：

借：原材料　　　　　　　　　　　　　　　　2 000 000

　　应交税费——待认证进项税额　　　　　　　260 000

　贷：应付账款　　　　　　　　　　　　　　　　　2 260 000

④3月末在增值税发票综合服务平台对该发票进行了勾选确认时：

借：应交税费——应交增值税（进项税额）　　　260 000

　贷：应交税费——待认证进项税额　　　　　　　　260 000

（2）业务（2）会计处理为：

借：固定资产　　　　　　　　　　　　　　　　567 000

　贷：银行存款　　　　　　　　　　　　　　　　　567 000

（3）业务（3）会计处理为：

借：周转材料——低值易耗品　　　　　　　　　10 000

　　应交税费——待认证进项税额　　　　　　　　1 300

　贷：应付账款　　　　　　　　　　　　　　　　　11 300

（4）业务（4）的会计处理为：

借：固定资产   100 000

  应交税费——应交增值税（进项税额）   13 000

 贷：营业外收入   113 000

（5）铁路旅客运输服务进项税额＝票面金额÷（1+9%）×9%=600÷（1+9%）×9%=49.54（元）。

  业务（5）的会计处理为：

借：管理费用   550.46

  应交税费——应交增值税（进项税额）   49.54

 贷：银行存款   600

（三）销售等业务的会计核算（★）

1. 一般计税方法下销售的核算

情形	账务处理
一般销售业务	借：银行存款、应收账款等 贷：主营（其他）业务收入（提供建筑服务计入"合同结算"科目） 应交税费——应交增值税（销项税额）
会计确认收入的时点早于增值税纳税义务发生时间	（1）会计上确认收入时： 借：银行存款等 贷：主营（其他）业务收入 应交税费——待转销项税额 （2）实际产生增值税纳税义务时： 借：应交税费——待转销项税额 贷：应交税费——应交增值税（销项税额）

包装物	（1）随同产品一起出售单独计价的包装物和其他酒类的包装物押金：
	借：银行存款等
	 贷：其他业务收入
	   应交税费——应交增值税（销项税额）
	（2）（一般货物和啤酒黄酒）包装物押金，收取时：
	借：银行存款等
	 贷：其他应付款
	按税法规定逾期应缴纳增值税时：
	借：其他应付款
	 贷：其他业务收入
	   应交税费——应交增值税（销项税额）

情形	账务处理
视同销售——委托他人代销商品时（委托方）	（1）确认代销商品视同销售收入： 借：应收账款、银行存款等 　　贷：主营业务收入 　　　　应交税费——应交增值税（销项税额） （2）支付代销手续费： 借：销售费用 　　贷：应收账款、银行存款等 提示：与增值税纳税义务发生时间中对于"代销"的规定结合理解
视同销售——销售代销商品（受托方）	（1）销售代销货物时： 借：银行存款 　　贷：应付账款 　　　　应交税费——应交增值税（销项税额） （2）取得代销手续费收入： 借：应付账款、银行存款等 　　贷：其他业务收入 　　　　应交税费——应交增值税（销项税额） （3）收到委托方开具的增值税专用发票并支付货款时： 借：应付账款 　　应交税费——应交增值税（进项税额） 　　贷：银行存款
视同销售——将自产、委托加工的货物用于集体福利或个人消费	借：应付职工薪酬等 　　贷：主营业务收入 　　　　应交税费——应交增值税（销项税额） 借：主营业务成本 　　贷：库存商品等
视同销售——将自产、委托加工、购进的货物对外投资	借：长期股权投资等 　　贷：主营业务收入 　　　　应交税费——应交增值税（销项税额） 借：主营业务成本 　　贷：库存商品等

续表

情形	账务处理
视同销售——将自产、委托加工、购进的货物分配给股东投资者	借：应付股利等 　贷：主营业务收入 　　　应交税费——应交增值税（销项税额） 借：主营业务成本 　贷：库存商品等
视同销售——将自产、委托加工、购进的货物对外无偿赠送（或用于市场推广等）	借：销售费用、管理费用、营业外支出等 　贷：库存商品（成本价） 　　　应交税费——应交增值税（销项税额） 提示：此种情形下，会计上不确认收入，按照账面成本结转库存商品，从而会产生税会差异需要进行纳税调整
销售不动产	（1）需要向不动产所在地预缴增值税时： 借：应交税费——预交增值税 　贷：银行存款 （2）在机构所在地税务机关纳税申报，计提销项税额时： 借：银行存款 　贷：固定资产清理等 　　　应交税费——应交增值税（销项税额）

┃典例研习·5-8 〔模拟简答题〕

甲企业为家用电器生产企业，系增值税一般纳税人，共有职工 200 名，所生产的货物适用增值税税率为 13%。2024 年 3 月甲企业发生如下业务：

（1）对外销售自产电器一批，应收取款项 1 014 400 元，其中，价款 880 000 元，税金 114 400 元，代垫运输费 20 000 元（开票方为承运方，且将发票转交给购买方）。

（2）对外销售自产电器一批，不含税售价为 50 000 元，随同产品出售但单独计价的包装物 1 000 个，普通发票上注明的单价（含税）为每个 10 元，款项尚未收到。

（3）清理其他出租出借包装物，将某单位逾期未退还包装物押金 2 000 元予以没收。

（4）甲企业以其生产的成本为 10 000 元的液晶电视作为春节福利发放给公司 200 名职工。假定 200 名职工中 100 名为直接参加生产的职工，100 名为总部管理人员。该型号液晶电视的不含税售价为每台 14 000 元。

请对上述经济行为做出正确的会计处理。

🔍 斯尔解析　本题考查各类销售行为的会计处理。

（1）业务（1）的会计处理为：

借：应收账款　　　　　　　　　　　　　1 014 400
　　贷：主营业务收入　　　　　　　　　　　　　880 000
　　　　应交税费——应交增值税（销项税额）　114 400
　　　　银行存款　　　　　　　　　　　　　　　20 000

（2）业务（2）的会计处理为：

借：应收账款　　　　　　　　　　　　　66 500
　　贷：主营业务收入　　　　　　　　　　　　　50 000
　　　　其他业务收入　　　　　　　　　　　8 849.56
　　　　应交税费——应交增值税（销项税额）　7 650.44

（3）业务（3）的会计处理为：

借：其他应付款　　　　　　　　　　　　2 000
　　贷：其他业务收入　　　　　　　　　　　1 769.91
　　　　应交税费——应交增值税（销项税额）　230.09

提示：企业收取押金时，借记"银行存款"科目，贷记"其他应付款"科目。因逾期未收回包装物而没收押金时，借记"其他应付款"科目，贷记"其他业务收入"科目。

（4）业务（4）：企业以自己生产的产品作为福利发放给职工，应计入成本费用的职工薪酬金额以产品的公允价值计量，同时确认主营业务收入，产品按照成本结转，同时要根据相关税收规定，视同销售计算增值税销项税额。

电视的不含税售价总额 =14 000×（100+100）=2 800 000（元）

电视的增值税销项税额 =2 800 000×13%=364 000（元）

公司决定发放非货币性福利时，会计处理为：

借：应付职工薪酬——非货币性福利　　　3 164 000
　　贷：主营业务收入　　　　　　　　　　　2 800 000
　　　　应交税费——应交增值税（销项税额）　364 000

借：生产成本　　　　　　　　　　　　　1 582 000
　　管理费用　　　　　　　　　　　　　1 582 000
　　贷：应付职工薪酬——非货币性福利　　　3 164 000

实际发放电视时，会计处理为：

借：主营业务成本　　　　　　　　　　　2 000 000
　　贷：库存商品　　　　　　　　　　　　　2 000 000

2. 简易计税方法下销售的会计核算

（1）一般纳税人适用简易计税方法时：

借：应收账款、应收票据、银行存款等

　　贷：主营业务收入、其他业务收入、固定资产清理、合同结算等

　　　　应交税费——简易计税

（2）小规模纳税人会计处理：

借：应收账款、应收票据、银行存款等

　　贷：主营业务收入、其他业务收入、固定资产清理、合同结算等

　　　　应交税费——应交增值税

解题高手👍

命题角度：销售不动产的增值税处理和计算。

知识点链接：一般计税方法、简易计税方法下，销售不动产的销售额和预缴税款的计算公式总结如下。

计税方法	不动产取得方式	记忆提示	预缴税款的公式
一般计税方法（适用于一般纳税人）	自建的	全额计税、全额预缴	应预缴税款 = 销售额全额 ÷ (1+5%) × 5%
	取得的	全额计税、差额预缴	应预缴税款 =（销售额全额 − 购置原价）÷（1+5%）× 5%
简易计税方法（适用于一般或小规模纳税人）	自建的	全额计税、全额预缴	应预缴税款 = 销售额全额 ÷ (1+5%) × 5%
	取得的	差额计税、差额预缴	应预缴税款 =（销售额全额 − 购置原价）÷（1+5%）× 5%

3. 商业企业的会计核算

基本原则："库存商品"科目按照零售价格记载，零售价（含增值税）与不含增值税的购进价格之间的差额在"商品进销差价"科目核算。

情形	具体账务处理
商业企业购进货物时	(1) 购进商品时： 借：物资采购（不含税成本） 　　应交税费——应交增值税（进项税额） 　　贷：银行存款（价税合计金额）

情形	具体账务处理
商业企业购进货物时	（2）商品入库时： 借：库存商品（含增值税零售价） 　　贷：物资采购（不含税成本） 　　　　商品进销差价（库存商品和物资采购之间的差额） 提示：商品进销差价如下。 ①不含税的进价与不含税的售价之间的差额。 ②向消费者（或购买者）收取的增值税税款。 商业企业购进货物后退货时：做上述分录的相反分录，反方向调整商品进销差价
商业企业零售商品时	（1）先按零售价确认收入并结转销售成本： 借：银行存款等 　　贷：主营业务收入 借：主营业务成本 　　贷：库存商品 （2）月末，计算销项税额，调整主营业务收入： 借：主营业务收入 　　贷：应交税费——应交增值税（销项税额） （3）月末，按照商品进销差价（实际中需要按照进项差价率计算，此处略）调整已销售商品的主营业务成本： 借：商品进销差价 　　贷：主营业务成本

（四）差额征税的核算

1. 一般情形下差额征税的核算

（1）发生允许从销售额中扣除的项目时：

借：主营业务成本、合同履约成本等

　　贷：应付账款、应付票据、银行存款等

（2）取得合规凭证且纳税义务发生时：

借：应交税费——应交增值税（销项税额抵减）

　　贷：主营业务成本、合同履约成本等

2. 金融商品转让差额征税的核算

（1）月末，产生转让收益时：

借：投资收益

　　贷：应交税费——转让金融商品应交增值税

（2）月末，产生损失允许结转至下期抵扣时：

借：应交税费——转让金融商品应交增值税

　　贷：投资收益

提示：金融商品转让产生的亏损不得跨年结转。

（3）实际缴纳增值税时：

借：应交税费——转让金融商品应交增值税

　　贷：银行存款

（4）年末，本科目如有借方余额（未结转弥补完的金融商品转让亏损）：

借：投资收益

　　贷：应交税费——转让金融商品应交增值税

（五）出口退税的核算

1. 实行"免、退"办法的纳税人

（1）按规定计算出应收出口退税款时：

借：应收出口退税款

　　贷：应交税费——应交增值税（出口退税）

（2）退税额低于购进时取得的增值税专用发票上增值税额的差额时：

借：主营业务成本

　　贷：应交税费——应交增值税（进项税额转出）

2. 实行"免、抵、退"办法的纳税人

（1）退税额低于购进时取得的增值税专用发票上增值税额的差额时：

借：主营业务成本

　　贷：应交税费——应交增值税（进项税额转出）

（2）应收退税和抵免内销产品应纳税额：

借：应交税费——应交增值税（出口抵减内销产品应纳税额）

　　　应收出口退税款 / 银行存款

　　贷：应交税费——应交增值税（出口退税）

（六）进项税额抵扣情况发生改变的核算（★）

1. 应税转非应税——进项税额转出

原来准予抵扣的进项税额因发生用途改变而导致不能抵扣时：

借：待处理财产损溢、应付职工薪酬、固定资产、在建工程等

　　贷：应交税费——应交增值税（进项税额转出）

（如取得的增值税专用发票尚未勾选确认用途的，应贷记：应交税费——待认证进项税额）

| 典例研习·5-9 （教材例题改编）

　　甲企业 2024 年 3 月将 2023 年 3 月外购的 A 材料 10 吨，转用于企业职工食堂的修缮，按企业材料成本计算方法确定，该材料实际成本为 52 000 元，适用增值税税率为 13%。计算甲企业应转出的进项税额并进行会计处理。

> 🔍 **斯尔解析** 本题考查进项税额转出的会计处理。
>
> 应转出进项税额 =52 000×13%=6 760（元）
>
> 甲企业正确的会计处理为：
>
> 借：在建工程   58 760
>
>   贷：原材料   52 000
>
>   应交税费——应交增值税（进项税额转出）   6 760

2. 非正常损失——进项税额转出

（1）购进货物当期发生非正常损失的，直接按照实际入库的材料所负担的增值税，计入应交税费——应交增值税（进项税额），非正常损失部分的成本和进项税额一并计入"待处理财产损溢"科目。

（2）购进货物后发生非正常损失的处理：

借：待处理财产损溢

   贷：原材料

      应交税费——应交增值税（进项税额转出）

│ 典例研习·5-10 （教材例题改编）

甲企业 2024 年 3 月外购原材料一批，数量为 20 吨，取得的增值税专用发票上注明价款为 100 000 元、税额 13 000 元，款项已付，因管理不善造成被盗 2 吨。请进行正确的会计处理。

> 🔍 **斯尔解析** 本题考查进项税额转出的会计处理。
>
> 甲企业正确会计处理为：
>
> 借：原材料   90 000
>
>   应交税费——应交增值税（进项税额）   11 700
>
>   待处理财产损溢——待处理流动资产损溢   11 300
>
>   贷：银行存款   113 000

（七）增值税月结、减免和缴纳税款的会计核算（★）

情形	具体账务处理
当月缴纳 当月的增值税	借：应交税费——应交增值税（已交税金） 贷：银行存款 提示："应交税费（已交税金）"科目，月末会随着月结一并转入"未交增值税"科目

续表

情形		具体账务处理
应交增值税的"月结"	当月应缴未缴的增值税	借：应交税费——应交增值税（转出未交增值税） 贷：应交税费——未交增值税
	当月实际多缴的增值税	借：应交税费——未交增值税 贷：应交税费——应交增值税（转出多交增值税）
当月缴纳以前期间（上期）的未交增值税		借：应交税费——未交增值税 贷：银行存款
预缴增值税		预缴税款时： 借：应交税费——预交增值税（一般纳税人一般计税方法） 　　应交税费——简易计税（一般纳税人简易计税方法） 　　应交税费——应交增值税（小规模纳税人） 贷：银行存款 月末，只有一般计税方法下的"预交增值税"科目才需要转入"未交增值税"（简易计税和小规模都无须月末结转）。 借：应交税费——未交增值税 贷：应交税费——预交增值税
小规模纳税人未达到销售额标准免征增值税		借：应交税费——应交增值税 贷：其他收益
税控系统专用设备和技术维护费抵减增值税额		企业初次购买增值税税控系统专用设备支付的费用以及缴纳的技术维护费允许在增值税应纳税额中全额抵减： 借：应交税费——应交增值税（减免税款）（一般纳税人） 　　应交税费——应交增值税（小规模纳税人） 贷：管理费用等科目

| 典例研习·5-11　　2021年单项选择题改编

2024年1月某企业（增值税一般纳税人）支付税控设备技术维护费并取得发票，该企业会计核算时的借方科目是（　　）。

A. 应交税费——应交增值税（进项税额）

B. 应交税费——应交增值税（减免税款）

C. 应交税费——应交增值税（销项税额）

D. 应交税费——应交增值税（销项税额抵减）

> 🔍斯尔解析 本题考查增值税税控系统专用设备的会计核算。
>
> 选项 B 当选，增值税一般纳税人首次购进税控系统专用设备和缴纳的技术维护费用，取得发票的，可以全额抵减增值税，计入"应交税费——应交增值税（减免税款）"明细专栏核算。
>
> 🔺本题答案 B

解题高手🖐

命题角度：增值税纳税义务发生时间与会计收入确认的税会差异和账务处理。

按照新收入准则，收入确认应遵循"五步法"：识别客户合同、识别履约义务、确定交易价格、分摊交易价格、确认收入。同时，在确定收入时，需要考虑诸多因素，如：可变对价、合同中的重大融资成分、非现金对价、应付客户对价等。

（1）将新收入准则中收入确认时点和增值税纳税义务发生时间的税会差异及账务处理梳理如下：

销售方式	增值税纳税义务发生时间	税会差异分析	账务处理
直接收款	收到销售款或取得索取销售款凭据的当天	假如客户尚未接收到该商品（未及时提货或在途）：会计上不确认收入，但增值税纳税义务已发生	①收到款项时： 借：银行存款 　　贷：合同负债 　　　　应交税费——应交增值税（销项税额） ②会计上达到收入确认时点： 借：合同负债 　　贷：主营业务收入
托收承付和委托银行收款	发出货物并办妥托收手续的当天		
赊销或分期收款	书面合同约定的收款日期当天。无书面合同或合同没有约定的，为货物发出的当天	①客户已收货，由于未达到合同约定收款时间，会计上确认收入，但增值税纳税义务未发生。 ②货物已发出，但客户尚未收货，由于无书面合同或合同无约定收款日期，会计上不确认收入，但增值税纳税义务已发生	①左侧第①种情形： 借：应收账款 　　贷：主营业务收入 　　　　应交税费——待转销项税额 ②左侧第②种情形： 借：应收账款 　　贷：应交税费——应交增值税（销项税额）

续表

销售方式	增值税纳税义务发生时间	税会差异分析	账务处理
预收货款	货物发出的当天。生产工期超过12个月大型机械设备、船舶、飞机等，为收到预收款或书面合同约定的收款日期当天	预收货款后，已发货，客户尚未收货，会计上不确认收入，增值税纳税义务已发生	同"直接收款"方式下的账务处理
销售劳务、服务	提供劳务、服务同时收讫销售款或取得索取销售款凭据的当天	一般情况下无显著差异	一
视同销售	货物移送的当天	一般情况下无显著差异	一

（2）销售货物收入确认金额的差异：

①会计上的可变对价增值税不予认可：

例如：甲公司为其客户建造一栋厂房，合同约定的价款为150万元，但是，如果甲公司不能在合同签订之日起100天内竣工，则需向客户支付10万元的罚款，该罚款可以从合同中扣除。该例中，合同的对价金额实际由两部分组成，即140万元的固定价格和10万元的可变对价。假如会计上认为可变对价部分10万元不满足收入确认条件，则只确认140万收入。

按增值税规定，150万元只要满足纳税义务发生时间规定，需要全额确认收入。

②折让/退货遵循实际发生原则：

因销售货物退回或者折让而退还给购买方的增值税额，应从发生销售货物退回或者折让当期的销项税额中扣减。同时需要按规定开具红字增值税专用发票。

（3）视同销售处理的差异：

部分自产、购进的货物对外移送的情形下，由于不符合新收入准则中确认收入的条件，会计上不确认收入。但企业所得税上和增值税上却需要进行视同销售处理。

二、消费税会计核算（★）

（一）一般情形——生产销售应税消费品

1. 生产销售应税消费品的处理

借：税金及附加

　　贷：应交税费——应交消费税

2. 自产自用情形的处理

（1）企业以应税消费品换取生产资料和消费资料、抵偿债务、投资入股时，应视同销售计算消费税。账务处理同样为：

借：税金及附加

　　贷：应交税费——应交消费税

提示："换、投、抵"三种情形要按照同类消费品的最高销售价格计算缴纳消费税。

（2）自产应税消费品，用于连续生产应税消费品的，移送时不纳税。用于连续生产非应税消费品或自用于其他非应税方面的，于移送使用时缴纳消费税。

借：生产成本等科目

　　贷：应交税费——应交消费税

提示：上述情形缴纳消费税时的计税价格按照顺序确定，首先按同类消费品销售价格，没有同类消费品的按照组成计税价格。

3. 包装物缴纳消费税的账务处理

对于出租、出借包装物逾期押金的会计处理（非啤酒、黄酒、成品油）。

（1）取得包装物押金时：

借：银行存款等

　　贷：其他应付款（价税合计金额）

（2）包装物押金逾期时：

借：其他应付款（价税合计金额）

　　贷：其他业务收入

　　　　应交税费——应交增值税（销项税额）

借：税金及附加

　　贷：应交税费——应交消费税

｜典例研习·5-12　教材例题改编

　　某汽车制造厂2024年1月销售小轿车30辆，气缸容量为2 200毫升，出厂每辆不含税售价120 000元，款项已存入银行。假设适用增值税税率为13%，消费税税率为9%。请做出正确的会计处理。

　　⑨斯尔解析　本题考查消费税的会计处理。

　　应纳增值税税额 =30×120 000×13%=468 000（元）

应纳消费税税额 =30×120 000×9%=324 000（元）

确认收入的会计分录为：

借：银行存款 4 068 000

　　贷：主营业务收入 3 600 000

　　　　应交税费——应交增值税（销项税额） 468 000

计提消费税的会计分录为：

借：税金及附加 324 000

　　贷：应交税费——应交消费税 324 000

（二）委托加工应税消费品的账务处理

情形		账务处理
无须再缴纳消费税的	委托加工收回，以不高于受托方计税价格直接销售的	借：委托加工物资等（包含代收代缴的消费税） 　　贷：应付账款、银行存款
需要再缴纳消费税，但已纳消费税准予扣除的	（1）委托加工收回，以高于受托方计税价格对外出售的。 （2）委托加工收回，用于连续生产应税消费品，准予扣除已纳消费税额的	（1）委托加工收回提货时： 借：委托加工物资等 　　　应交税费——应交增值税（进项税额） （注：加工费的增值税税额） 　　　应交税费——应交消费税 （注：委托加工代收代缴的消费税） 　　贷：应付账款、银行存款 （2）对外再销售时或生产的最终应税消费品对外销售时： 借：税金及附加 　　贷：应交税费——应交消费税 （3）实际缴纳时： 借：应交税费——应交消费税 　　贷：银行存款 提示：此科目（1）、（2）中的借贷方之差

（三）进口应税消费品的账务处理

（1）一般情况下，进口应税消费品再销售时不再缴纳消费税，进口消费税也不得扣除。所以进口环节缴纳的消费税一般不通过"应交税费——应交消费税"科目核算，在将消费税计入进口应税消费品成本时，直接贷记"银行存款"科目：

借：原材料、固定资产等

　　应交税费——应交增值税（进项税额）

　　贷：银行存款

（2）进口应税消费品如果用于连续生产其他应税消费品，准予扣除进口环节已纳消费税的，计入"应交税费——应交消费税"科目的借方核算。

借：原材料、固定资产等

应交税费——应交消费税

应交税费——应交增值税（进项税额）

贷：银行存款

（四）金银首饰消费税的账务处理

1. 一般销售业务

同一般生产销售应税消费品处理。

2. 以旧换新销售业务的核算

提示：金银首饰以旧换新应按实际收到的不含增值税的价款计算增值税和消费税。

借：库存商品等（旧首饰作价）

库存现金（补交的不含税差价＋增值税）

贷：主营业务收入（旧首饰作价＋补交的不含税差价）

应交税费——应交增值税（销项税额）

借：税金及附加

贷：应交税费——应交消费税

｜典例研习·5-13

某金店采取以旧换新方式销售金项链。全新金项链的零售价为2.13万元，回收旧金项链折价1万元。金银首饰消费税税率为5%。请做出此业务正确的会计分录。

🔍**斯尔解析** 本题考查金银首饰以旧换新的会计处理。

会计处理为：

借：库存商品	10 000	
库存现金	11 300	
贷：主营业务收入		20 000
应交税费——应交增值税（销项税额）		1 300
借：税金及附加	500	
贷：应交税费——应交消费税		500

---

3. 金银首饰包装物消费税的账务处理

（1）随同金银首饰销售的不单独计价的包装物：同一般应税消费品销售的会计处理。

（2）随同金银首饰销售单独计价的包装物：仅需将主营业务收入替换为其他业务收入即可。

借：银行存款等

贷：其他业务收入

应交税费——应交增值税（销项税额）

借：税金及附加
　　贷：应交税费——应交消费税

第三节　所得税会计核算

一、企业所得税会计核算

（一）基本科目设置

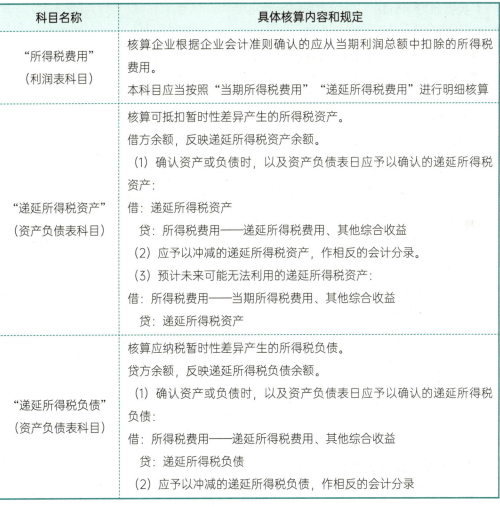

科目名称	具体核算内容和规定
"所得税费用"（利润表科目）	核算企业根据企业会计准则确认的应从当期利润总额中扣除的所得税费用。 本科目应当按照"当期所得税费用""递延所得税费用"进行明细核算
"递延所得税资产"（资产负债表科目）	核算可抵扣暂时性差异产生的所得税资产。 借方余额，反映递延所得税资产余额。 （1）确认资产或负债时，以及资产负债表日应予以确认的递延所得税资产： 借：递延所得税资产 　　贷：所得税费用——递延所得税费用、其他综合收益 （2）应予以冲减的递延所得税资产，作相反的会计分录。 （3）预计未来可能无法利用的递延所得税资产： 借：所得税费用——当期所得税费用、其他综合收益 　　贷：递延所得税资产
"递延所得税负债"（资产负债表科目）	核算应纳税暂时性差异产生的所得税负债。 贷方余额，反映递延所得税负债余额。 （1）确认资产或负债时，以及资产负债表日应予以确认的递延所得税负债： 借：所得税费用——递延所得税费用、其他综合收益 　　贷：递延所得税负债 （2）应予以冲减的递延所得税负债，作相反的会计分录

（二）资产负债表债务法核算方法

1. 基本公式

所得税费用 = 当期应交所得税 + 递延所得税

递延所得税 = 递延所得税负债变动额 − 递延所得税资产变动额

2. 应纳税暂时性差异与可抵扣暂时性差异

项目	情形	应纳税暂时性差异 形成递延所得税负债	可抵扣暂时性差异 形成递延所得税资产
资产	账面价值小于计税基础	—	√
	账面价值大于计税基础	√	—
负债	账面价值小于计税基础	√	—
	账面价值大于计税基础	—	√

| 典例研习·5-14 (2021年单项选择题)

下列形成应纳税暂时性差异的经济行为是（　　）。

A. 发生符合加计扣除条件的研究开发费用（未形成无形资产）

B. 新购置的固定资产符合条件在税前一次性扣除

C. 营业外支出中列支非公益性捐赠

D. 存货计提跌价准备

⑤ **斯尔解析** 本题考查资产负债表债务法核算的递延所得税。

选项 B 当选，新购置的固定资产符合条件在税前一次性扣除的，期末账面价值大于计税基础（以后年度会计上计提的折旧需纳税调增，当期少交税，未来多交税），属于应纳税暂时性差异。

选项 A 不当选，未形成无形资产的研究开发费用，符合条件的适用加计扣除优惠政策，未来不需进行纳税调整，不属于暂时性差异。

选项 C 不当选，营业外支出中列支的非公益性捐赠，不得在企业所得税税前扣除，未来不需进行纳税调整，不属于暂时性差异。

选项 D 不当选，存货计提跌价准备，未经核定前不得在企业所得税税前扣除，其实际发生时才允许税前扣除，期末账面价值小于计税基础（当期多交税，未来少交税），属于可抵扣暂时性差异。

▲ **本题答案** B

3. 账务处理

（1）形成递延所得税资产时：

借：递延所得税资产

　　贷：所得税费用等

（2）形成递延所得税负债时：

借：所得税费用等

　　贷：递延所得税负债

提示：一般情况下，递延所得税资产与递延所得税负债的对应科目是"所得税费用"，但部分特殊情形下会对应"其他综合收益"等其他科目。

解题高手👍

命题角度：各类收入项目的会计处理与所需缴纳各税种的税务处理的辨析。

项目	税种	具体税务处理
利息收入（会计：在资产负债表日，按实际利率法计提确认收入）	增值税处理	(1) 属于贷款服务，按照合同约定债务人应付利息的日期确认收入的实现。 (2) 国债利息收入、地方政府债券利息收入、统借统还利息收入等项目免税。 (3) 接受贷款服务，进项税额不得抵扣
	企业所得税处理	(1) 利息收入，按照合同约定的债务人应付利息的日期确认收入的实现。 (2) 逾期贷款，其逾期后发生的应收利息，应于实际收到的日期，或者虽未实际收到，但会计上确认为利息收入的日期，确认收入的实现。 (3) 已经确认为利息收入的应收利息，逾期90天仍未收回，且会计上已冲减了当期利息收入的，准予抵扣当期应纳税所得额。以后年度收回时，应计入当期应纳税所得额计算纳税
租金收入（会计：租赁期内按直线法确认收入）	增值税处理	(1) 按照书面合同确定的付款日期确认纳税义务发生时间。 (2) 提供租赁服务采取预收款方式的，其纳税义务发生时间为收到预收款的当天。 (3) 不动产经营租赁，需要向不动产所在地预缴税款，开具增值税发票时，还需要在备注栏备注不动产详细地址。 (4) 出租不动产合同约定免租期的，不属于视同销售，不缴纳增值税
	企业所得税处理	(1) 租金收入按照合同约定的承租人应付租金的日期确认收入的实现。 (2) 租赁期限跨年度，且租金提前一次性支付的，出租人可对上述已确认的收入，在租赁期内，分期均匀计入相关年度收入。 (3) 针对融资租赁资产收入，会计上计提的各类应收融资租赁款和未担保余值的减值准备不得税前扣除

续表

项目	税种	具体税务处理
租金收入 （会计：租赁期内按直线法确认收入）	房产税处理 （不动产租赁）	（1）房产出租的，以房产不含税租金收入为房产税的计税依据，自交付出租、出借房产之次月起计征房产税。 （2）租赁合同约定有免收租金期限的，免收租金期间由产权所有人按照房产原值缴纳房产税
视同销售—— 用于对外捐赠、广告和业务宣传（会计：不确认收入）	增值税处理	自产、委托加工、购进的货物用于无偿赠送给其他单位和个人，应视同销售
	企业所得税处理	属于外部移送，应视同销售处理
视同销售—— 用于集体福利或个人消费（会计：自产的确收入，外购的不确认收入）	增值税处理	（1）自产、委托加工的货物用于集体福利、个人消费，应视同销售。 （2）购进的货物用于集体福利、个人消费，属于不得抵扣进项税的情形，进行进项税额转出
	企业所得税处理	会计上如果不确认收入的情况下（如外购货物），企业所得税上应视同销售处理
视同销售—— 用于对外投资 （会计：按照非货币性资产交换处理）	增值税处理	自产、委托加工、购进的货物用于对外投资，应视同销售
	企业所得税处理	（1）会计上如果不确认收入的情况下，企业所得税上应视同销售。 （2）符合条件的企业可以选择递延纳税，在不超过5年的期限内分期计入应纳税所得额
视同销售—— 用于偿债和利润分配 （会计：确认收入）	增值税处理	自产、委托加工、购进的货物用于分配给投资者，应视同销售
	企业所得税处理	会计上确认收入，故企业所得税上无须视同销售，无须再进行纳税调整
房地产开发企业预售业务收入的处理（会计：不确认收入，计入预收账款）	增值税处理	按照下列公式预缴增值税：应预缴税款＝预收款÷（1+适用税率或征收率）×3%

续表

项目	税种	具体税务处理
房地产开发企业预售业务收入的处理（会计：不确认收入，计入预收账款）	企业所得税处理	采取预售方式销售的，正式签订合同取得的收入，确认为销售收入。未完工产品的收入，应先按"预计计税毛利率"分季（或月）计算预计毛利额，计入当期应纳税所得额
	土地增值税处理	预征土地增值税（具体办法由各省、自治区、直辖市地方税务局根据当地情况制定）

二、个人所得税的会计核算

（一）综合所得

1. 计提工资

借：生产成本、制造费用、在建工程、管理费用等

　　贷：应付职工薪酬

2. 发放工资，同时计提个人所得税

借：应付职工薪酬

　　贷：应交税费——应交个人所得税

　　　　银行存款

3. 缴纳个人所得税

借：应交税费——应交个人所得税

　　贷：银行存款

4. 代扣代缴劳务报酬、稿酬、特许权使用费所得个人所得税

借：生产成本、管理费用、销售费用等

　　贷：银行存款、库存现金

　　　　应交税费——应交个人所得税

实际缴纳时，同"3. 缴纳个人所得税"中的处理。

（二）利息、股息、红利所得

1. 企业向内部职工借款（内部集资）支付的利息

借：财务费用

　　贷：银行存款、库存现金

　　　　应交税费——应交个人所得税

2. 支付现金股利

（1）确认应付股利时：

借：利润分配——应付股利

 贷：应付股利

（2）实际支付股利时：

借：应付股利

 贷：库存现金、银行存款

   应交税费——应交个人所得税

3. 派发股票股利或以盈余公积对个人股东转增股本

（1）派发股票股利或以盈余公积对个人股东转增股本时：

借：利润分配——未分配利润

  盈余公积

 贷：股本、实收资本

（2）计提代扣的个人所得税时：

借：其他应收款——个人所得税

 贷：应交税费——应交个人所得税

（3）收到个人股东缴来税款时：

借：银行存款、库存现金

 贷：其他应收款——个人所得税

原理详解 💡

  企业在派发股票股利或以盈余公积对个人股东转增股本时，由于不存在实际需要应付给个人的款项，所以无法将个人所得税从应付款项中"代扣"下来，而是需要将这部分个人所得税另外从个人处"收回来"，导致存在借记"其他应收款"，贷记"应交税费——应交个人所得税"这一会计分录。

第四节　其他税种会计核算

税种	会计处理
土地增值税	（1）房地产开发企业销售开发的商品房时： ①预缴土地增值税税款： 借：应交税费——应交土地增值税 贷：银行存款 ②项目完工按规定进行土地增值税清算时： 借：税金及附加 贷：应交税费——应交土地增值税

续表

税种	会计处理
土地增值税	（2）非房地产开发企业转让房地产： 借：固定资产清理 　　贷：应交税费——应交土地增值税
印花税 （可以不通过应交税费核算）	印花税可以不通过"应交税费"科目核算。按期汇总缴纳等情形的，也可以通过应交税费科目核算。 （1）不通过"应交税费"科目核算时： 借：税金及附加 　　贷：银行存款 （2）通过"应交税费"科目核算时： 借：税金及附加 　　贷：应交税费——应交印花税
契税 （不计入税金及附加科目，也不通过应交税费核算）	借：固定资产、在建工程、无形资产等 　　贷：银行存款
房产税	借：税金及附加 　　贷：应交税费——应交房产税
城镇土地使用税	借：税金及附加 　　贷：应交税费——应交城镇土地使用税
环境保护税	借：税金及附加 　　贷：应交税费——应交环境保护税
资源税	（1）直接销售时： 借：税金及附加 　　贷：应交税费——应交资源税 （2）自产自用，需要视同销售时： 借：生产成本、制造费用等 　　贷：应交税费——应交资源税
城市维护建设税、教育费附加、地方教育附加	借：税金及附加、固定资产清理等 　　贷：应交税费——应交城市维护建设税、应交教育费附加、应交地方教育附加
车船税	借：税金及附加 　　贷：应交税费——应交车船税

续表

税种	会计处理
车辆购置税（不计入税金及附加科目，也不通过应交税费核算）	借：固定资产 　　贷：银行存款
关税 （不通过应交税费核算）	借：固定资产等 　　贷：银行存款 提示：进口关税直接计入相关资产的成本，出口关税需要计入"税金及附加"科目核算

上述各税种，通过"应交税费"科目核算时，实际缴纳税款时的会计处理相同：

借：应交税费——应交 ×× 税

贷：银行存款

典例研习·5-15　2020年单项选择题

应借记资产成本而非税金及附加科目的税种是（　　）。

A. 房产税 　　　　　　　　　　　　B. 城镇土地使用税

C. 车船税 　　　　　　　　　　　　D. 车辆购置税

🔍**斯尔解析**　本题考查小税种的会计核算。

选项 D 当选，车辆购置税不计入"税金及附加"，也不通过"应交税费"科目核算，缴纳的时候直接借记"固定资产"，贷记"银行存款"。类似的税种还有契税、进口关税。

🔺**本题答案**　D

第五节　涉税账务调整

一、账务调整的基本方法（★）

基本思路：错账 + 调账 = 正确的会计处理。

方法	内容	适用情形
红字冲销法	先用红字冲销原错误的会计分录，再用蓝字重新编制正确的会计分录，重新登记账簿	适用于会计科目用错及会计科目正确但核算金额错误的情况。 一般情况下，在及时发现错误、没有影响后续核算的情况下多使用红字冲销法

续表

方法	内容	适用情形
补充调整法	通过编制分录，将调整金额直接入账，以更正错账	适用于漏记或错账所涉及的会计科目正确，但核算金额小于应计金额的情况
综合调整法	红字冲销法与补充登记法综合运用的账务调整方法	一般适用于错用会计科目，或会计分录借贷方，有一方会计科目用错，而另一方会计科目没有错的情况。正确的一方不调整，错误的一方用错误科目转账调整，使用正确科目及时调整

典例研习·5-16 （教材例题改编）

某税务师事务所对某商场（系增值税一般纳税人）进行纳税审查，其中发现一笔业务为销售商品一批，价款 45 200 元（含税），收妥货款存入银行，该批商品成本 30 000 元，企业作如下账务处理：

借：银行存款   45 200
  贷：库存商品   30 000
      应收账款   15 200

税务师认为：该账务处理错误，把两个本来不存在对应关系的账户错误使用，属于偷逃增值税的行为，同时减少企业利润，偷逃企业所得税。应按照税收法规和财务制度将企业对外销售取得的收入按正常销售业务处理。请使用红字冲销法进行调账处理。

斯尔解析 本题考查红字冲销法的调账处理。

使用红字冲销法调账处理如下：

（1）用红字冲销原错误分录：

借：银行存款   （红字）45 200
  贷：库存商品   （红字）30 000
      应收账款   （红字）15 200

（2）再编制一套正确的会计分录：

借：银行存款   45 200
  贷：主营业务收入   40 000
      应交税费——应交增值税（销项税额）   5 200

同时，结转成本：

借：主营业务成本   30 000
  贷：库存商品   30 000

典例研习·5-17 教材例题改编

某税务师事务所审查某企业的纳税情况，发现该企业本月生产领用原材料 10 000 元，实际登记为 1 000 元，企业的会计处理为：

借：生产成本　　　　　　　　　　　1 000

　　贷：原材料　　　　　　　　　　　　　　1 000

税务师认为：企业的此笔账务处理所涉及的会计科目的对应关系没有错误，但核算金额少记 9 000 元。请使用补充登记法作出调账处理。

斯尔解析 本题考查补充登记法的调账处理。

采用补充登记法调账处理如下：

借：生产成本　　　　　　　　　　　9 000

　　贷：原材料　　　　　　　　　　　　　　9 000

二、不同错账类型的调整方式（★★）

根据错账发生的时间不同，可将错账分为当期发生的错账和以前年度发生的错漏账。

（一）当期错账的调整

（1）直接在当期采用红字冲销法、补充登记法、综合账务调整法予以调整。

（2）按月结转利润的纳税人在本月内发现的错账，调整错账本身即可。在本月以后发现的错账，影响利润的账项还需要先通过相关科目最终结转到本年利润科目调整。

（二）以前年度错账的调整

1. 错账调账的方式

发现时间点	错账影响的项目	调账方法
在上一年度决算报表编制之前发现的	不影响利润的错账	直接调账
	影响利润的错账	一并调整"本年利润"科目
在上一年度决算报表编制之后发现的	对于影响上年利润的错账	通过"以前年度损益调整"进行调整
	不影响上年利润的错账	直接调账

2. 通过"以前年度损益调整"科目调账的方式

（1）调整增加以前年度利润或减少以前年度亏损时：

借：×× 科目

　　贷：以前年度损益调整

由于以前年度损益调整增加所得税时：

借：以前年度损益调整

　　贷：应交税费——应交所得税

（2）调整减少以前年度利润或增加以前年度亏损时：

借：以前年度损益调整

　　贷：××科目

由于以前年度损益调整减少所得税时：

借：应交税费——应交所得税

　　贷：以前年度损益调整

｜典例研习·5-18 教材例题改编

某公司（增值税一般纳税人）2024年4月自查时发现2023年11月将购进的部分原材料用于建造单位职工食堂，该公司仅以账面金额50 000元（不含税价格）结转至"在建工程"科目核算。目前该基建工程尚未完工，请作出对应的调账分录。

🔍斯尔解析 本题考查以前年度错账的调账方法。

调账分录如下：

借：在建工程　　　　　　　　　　　　　　6 500

　　贷：应交税费——应交增值税（进项税额转出）　　　6 500

｜典例研习·5-19 教材例题改编

某税务师事务所于2024年4月对某企业（增值税一般纳税人）2023年的纳税情况进行审核。审核时发现该企业2023年12月将自产的产品用于销售部门职工集体福利，该批产品的市场售价为33 900元（含税），成本为20 000元。假设适用企业所得税税率25%，增值税税率13%，不考虑城市维护建设税及附加费等。

该企业自行编制的会计分录为：

借：销售费用　　　　　　　　　　　　　　33 900

　　贷：应付职工薪酬　　　　　　　　　　　　　33 900

借：应付职工薪酬　　　　　　　　　　　　33 900

　　贷：库存商品　　　　　　　　　　　　　　　33 900

税务师经过审核，认为该企业做账错误，同时2023年决算报表已出。代税务师作出相应的调账分录。

🔍斯尔解析 本题考查以前年度错账的调整方法。

（1）企业将自产的货物用于集体福利，在会计上和增值税上均应按视同销售处理，应调整收入、成本，补提增值税的销项税额，同时对库存商品的金额错误进行调整。由于决算报表已出，损益类科目用"以前年度损益调整"代替。

借：库存商品　　　　　　　　　　　　　　　　　　　33 900

　　贷：应交税费——应交增值税（销项税额）　　　　　　　　　3 900

　　　　以前年度损益调整（对应少确认的主营业务收入）　　　30 000

借：以前年度损益调整（对应少确认的主营业务成本）　20 000

　　贷：库存商品　　　　　　　　　　　　　　　　　　　　　20 000

（2）由于少确认收入和成本导致应补缴所得税＝（30 000-20 000）×25%=2 500（元）调整补提的企业所得税。

借：以前年度损益调整（对应所得税费用）　　　　　　2 500

　　贷：应交税费——应交所得税　　　　　　　　　　　　　　　2 500

（3）结转利润，将以前年度损益调整贷方余额转入未分配利润。

借：以前年度损益调整（对应本年利润）　　　　　　　7 500

　　贷：利润分配——未分配利润　　　　　　　　　　　　　　　7 500

（三）不能直接按错误金额调整时的分摊调账方法

纳税审查出的错误金额，有的直接表现为实现的利润，不需要进行计算分摊，直接调整利润账户。有的需经过计算分摊，将错误的数额分别摊入相应的有关账户内，才能确定应调整的利润数额。

1.适用情形

主要适用于材料采购成本、原材料成本的结转、生产成本的核算中发生的错误，应将错误额在期末原材料、在产品、产成品和本期销售产品成本之间按比例分摊。

2.比例分摊法的计算

（1）计算分摊率：

分摊率＝审查出的错误额÷（期末材料结存成本＋期末在产品结存成本＋期末产成品结存成本＋本期产品销售成本）

（2）材料成本、在产品成本、产成品成本、销售产品成本分别计算应分摊的金额：

期末材料应分摊的数额＝期末材料成本×分摊率

期末在产品应分摊的数额＝期末在产品成本×分摊率

期末产成品应分摊的数额＝期末产成品成本×分摊率

本期销售产品应分摊的数额＝本期销售产品成本×分摊率

（3）调账：

按照计算出的各个环节应分摊的错误的金额调账，在期末结账后，当期销售产品应分摊的错误数额应直接调整本年利润数据。

典例研习·5-20 教材例题改编

税务师受托对某企业进行纳税审查，发现该企业某月份将基建工程领用的生产用原材料 30 000 元计入生产成本。由于当期期末既有期末在产品，也有生产完工产品，完工产品当月对外销售一部分，因此多计入生产成本的 30 000 元，已随着企业的生产经营过程分别进入了生产成本、产成品、产品销售成本之中。经核实，期末在产品成本为 150 000 元，产成品成本为 150 000 元，产品销售成本为 300 000 元。

要求：

税务师计算分摊各环节的错误数额，并作相应的调账处理（企业按年结转利润）。

🔍 斯尔解析　本题考查不能直接按错误金额调整时的分摊调账方法。

（1）计算分摊率：

分摊率 =30 000÷（150 000+150 000+300 000）=0.05

（2）按分摊率计算应摊入到各项成本中的分摊额：

①在产品应分摊数额 =150 000×0.05=7 500（元）。

②产成品应分摊数额 =150 000×0.05=7 500（元）。

③本期产品销售成本应分摊数额 =300 000×0.05=15 000（元）。

（3）调账分录：

借：在建工程　　　　　　　　　　　　30 000

　　贷：生产成本　　　　　　　　　　　　　　7 500

　　　　库存商品　　　　　　　　　　　　　　7 500

　　　　主营业务成本　　　　　　　　　　　　15 000

典例研习在线题库　➡ 522 5-6

至此，涉税服务实务的学习已经进行了85%，继续加油呀！

85%

第六章

涉税鉴证与纳税情况审查服务

考点精讲

第一节 涉税鉴证业务概述

一、涉税鉴证业务内容与基本要求（★）

（一）涉税鉴证业务内容

涉税鉴证业务是指鉴证人接受委托，按照税收法律法规以及相关规定，对被鉴证人涉税事项的合法性、合理性进行鉴定和证明，并出具书面专业意见的服务活动。

涉税鉴证业务具体包括：

（1）企业所得税汇算清缴鉴证。

（2）研发费用加计扣除鉴证。

（3）资产损失税前扣除鉴证。

（4）高新技术企业认定专项鉴证。

（5）土地增值税清算鉴证。

（6）税务司法鉴定。

（7）纳税情况审查服务。

（8）其他涉税事项鉴证。

原理详解

涉税鉴证业务是涉税服务中非常严肃且专业程度要求非常高的一类服务，要求税务师完全独立且公正地对于所鉴证事项出具鉴证意见，同时需要签字并负法律责任。

| 典例研习·6-1　2020年单项选择题改编

按照法律法规以及依据法律法规制定的相关规定要求，对涉税事项的合法性和合理性出具鉴定和证明的涉税业务是（　　）。

A. 涉税鉴证　　　　　　　　　　B. 专项税务顾问

C. 其他税务事项代理　　　　　　D. 纳税申报代理

斯尔解析 本题考查涉税鉴证业务的概念。

选项A当选，涉税鉴证业务指鉴证人接受委托，按照税收法律法规以及相关规定，对被鉴证人涉税事项的合法性、合理性进行鉴定和证明，并出具书面专业意见的服务活动。

本题答案　A

（二）基本要求

1.信赖保护原则（信任保护原则）

存在以下情形之一的，涉税专业服务机构及涉税服务人员有权终止业务：

（1）委托人违反法律、法规及相关规定的。

（2）委托人提供不真实、不完整资料信息的。

（3）委托人不按照业务结果进行申报的。

（4）其他因委托人原因限制业务实施的情形。

如已完成部分约定业务，应当按照协议约定收取费用，并就已完成事项进行免责性声明，由委托人承担相应责任，涉税专业服务机构及涉税服务人员不承担该部分责任。

解题高手

命题角度：信赖保护原则的情形以及后续处理。

发生上述情形后，采取信赖保护原则的处理原则可以总结为："照常收费＋工作免责"。信赖保护原则不仅适用于涉税鉴证业务，在其他涉税专业服务中也适用。但鉴于涉税鉴证业务比较严肃，税务师肩上责任重大，故在此章节着重强调此原则。

2.涉税鉴证业务与代理服务不相容原则

鉴证人（涉税专业服务机构）提供涉税鉴证业务服务，应当遵循涉税鉴证业务与代理服务不相容原则。承办被鉴证单位代理服务的人员，不得承办被鉴证单位的涉税鉴证业务。

原理详解

涉税鉴证业务与代理服务不相容原则，主要是为了符合涉税鉴证业务的独立性的要求。在第一章中介绍过，从事涉税鉴证业务、纳税情况审查业务，要求涉税服务人员必须从"实质上"保证独立性，假如涉税服务人员既为被鉴证单位提供税务代理服务，随后又对其进行涉税鉴证，会构成"自我审查或评价"，对独立性产生威胁，违背了实质上独立性的要求。

3.基本术语

专业术语	解释
委托人	委托事务所对涉税事项进行鉴证的单位或个人
鉴证人（受托人）	接受委托，具有提供涉税鉴证业务资质的涉税专业服务机构及涉税服务人员
被鉴证人	鉴证事项相关的单位或个人。 提示：被鉴证人可以是委托人，也可以是委托人有权指定的第三人
使用人	使用鉴证结果的单位或个人

二、鉴证业务流程（★）

基本流程：（业务承接→）鉴证准备→证据收集评价→鉴证事项评价→工作底稿→鉴证报告。

提示：鉴证人对鉴证事项合法性的证明责任，不能替代或减轻被鉴证人应当承担的会计责任、纳税申报责任以及其他法律责任。

（一）鉴证准备阶段

事项	具体内容
涉税鉴证业务委托协议	应包括以下基本内容： （1）鉴证事项。 （2）鉴证报告的用途或使用范围。 （3）鉴证期限、举证期限。 （4）鉴证业务报酬及支付方式。 （5）委托人或被鉴证人对涉税鉴证业务的配合义务。 （6）鉴证人利用专家工作的安排。 （7）委托人、鉴证人或被鉴证人的证明责任。 （8）责任分担和争议处理方式。 （9）其他事项
书面声明	鉴证人可以要求委托人、被鉴证人出具书面文件，承诺声明对其所提供的与鉴证事项相关的会计资料、纳税资料及其他相关资料的真实性、合法性负责
业务计划	应制定总体业务计划和具体业务计划。 （1）总体业务计划应当落实工作目标，确定工作策略，安排服务时间，界定业务范围，明确人员组织分工，明确必要的沟通环节和程序。 （2）具体业务计划应当确定拟执行的鉴定方案、鉴证程序、时间、步骤、方法和具体流程等
外部专家	项目负责人可以根据业务需要，请求本所内部或外部相关领域的专家协助工作

（二）证据收集评价

1. 证据类型

包括书证、物证、视听资料、电子数据、证人证言、当事人的陈述、鉴定意见、勘验笔录、现场笔录。

2. 不得作为鉴证依据的证据

（1）违反法定程序收集的证据材料。

（2）以偷拍、偷录和窃听等手段获取侵害他人合法权益的证据材料。

（3）以利诱、欺诈、胁迫和暴力等不正当手段获取的证据材料。

（4）无正当事由超出举证期限提供的证据材料。

（5）无正当理由拒不提供原件、原物，又无其他证据印证，且对方不予认可的证据的复制件、复制品。

（6）无法辨明真伪的证据材料。

（7）不能正确表达意志的证人提供的证言。

（8）不具备合法性、真实性的其他证据材料。

（三）业务记录与成果

1. 工作底稿

鉴证人应当编制涉税鉴证业务工作底稿，保证工作底稿记录的完整性、真实性和逻辑性。

2. 鉴证报告

（1）编制和出具：

项目负责人负责编制涉税鉴证业务报告。涉税鉴证业务报告应当在鉴证人完成内部审批复核程序及签字手续，加盖鉴证人公章后对外出具。

（2）签字要求：

涉税鉴证业务报告应由两个以上具有涉税鉴证业务资质的涉税服务人员签字。

（3）报告修改：

项目负责人在涉税鉴证业务报告正式出具后，如发现新的重大事项足以影响已出具的涉税鉴证业务报告结论，应当及时报告鉴证人，作出相应的处理。

3. 保密规定

鉴证人应当对服务过程中形成的业务记录和业务成果以及知悉的委托人和被鉴证人商业秘密和个人隐私予以保密，未经委托人同意，不得向第三方泄露。但以下情形除外：

（1）税务机关因行政执法需要进行查阅的。

（2）涉税专业服务监管部门和行业自律部门因检查执业质量需要进行查阅的。

（3）法律、法规规定可以查阅的其他情形（例如公安机关、检察院、人民法院根据有关法律、法规需要进行查阅的）。

提示：保密规定在各项涉税鉴证业务和纳税情况审查业务中均适用，可以全面学习后一并记忆。

第二节　各项涉税鉴证业务的具体规定

一、企业所得税汇算清缴鉴证服务

1. 业务定义

鉴证人接受委托人委托，依照税收法律法规和相关标准，按照有关程序和方法，对被鉴证人汇算清缴的合法性和准确性进行鉴定和证明，并出具书面专业意见。

2. 鉴证证据

（1）可以直接从委托人或被鉴证人提供的鉴证材料中取证，比如已通过电子税务局提交的企业所得税年度纳税申报表及其附表、年度纳税申报表数据来源和填写说明、（经过审计的）财务报表、会计账簿和凭证。

（2）也可以采取审阅、查阅、检查和盘点、询问或函证、记录及其他方法取得证据，比如证明某些交易事项真实情况的合同、发票、银行对账单等原始凭证，相关人员的陈述和笔录，专业技术部门出具的鉴定意见等。

3. 鉴证报告

鉴证报告的核心是对被鉴证人汇算清缴的合法性和准确性予以评价。

二、研发费用加计扣除鉴证服务

1. 业务定义

鉴证人接受委托人委托，依照税收法律法规和相关标准，按照一定的程序和方法，对被鉴证人的研发费用税前加计扣除的真实性、合法性、合理性和准确性进行鉴定和证明，并出具鉴证报告。

提示：

企业所得税知识点链接：烟草制造业、住宿和餐饮业、批发和零售业、房地产业、租赁和商务服务业、娱乐业这六大类行业不适用于研发费用加计扣除政策。

2. 鉴证证据

被鉴证人需要留存备查的以下资料是基本的鉴证证据：

（1）研究开发项目计划书和立项决议文件。

（2）研究开发专门机构或项目组的编制情况和研发人员名单。

（3）研究开发项目的合同（按规定需登记的应进行登记）。

（4）研发活动的人员（包括外聘人员）和用于研发活动的仪器、设备、无形资产的费用分配说明。

（5）集中研发项目研发费决算表、集中研发项目费用分摊明细情况表和实际分享收益比例等资料。

（6）"研发支出"辅助账及汇总表。

（7）地市级（含）以上科技行政主管部门出具的鉴定意见（如有）。

（8）创意设计活动相关合同、相关费用核算情况的说明。

3. 鉴证报告

鉴证报告的核心是对被鉴证人研发费用加计扣除的合理性、合法性和准确性予以评价。

三、资产损失税前扣除鉴证服务

1. 业务定义

鉴证人接受委托人委托，依照税收法律法规和相关标准，按照一定的程序和方法，对被鉴证人资产损失税前扣除的合法性、合理性和准确性进行鉴定和证明，并出具鉴证报告。

精准答疑

问题： 资产损失税前扣除必须提供鉴证报告吗？

解答： 按照现行规定，企业发生法定资产损失或实际资产损失，在向税务机关申报扣除资产损失时，仅需填报企业所得税年度纳税申报表中的《资产损失税前扣除及纳税调整明细表》，不需再报送资产损失相关资料。资产损失的相关证据材料仍应按《企业资产损失所得税税前扣除管理办法》的要求，由企业留存备查。

2. 鉴证证据

鉴证证据分类如下：

分类	具体内容
具有法律效力的外部证据	司法机关的判决或者裁定；公安机关的立案结案证明、回复；工商部门出具的注销、吊销及停业证明；破产清算公告或清偿文件；行政机关的公文；专业技术部门的鉴定报告；具有法定资质的中介机构的经济鉴定证明；仲裁机构的仲裁文书；保险公司对投保资产出具的出险调查单、理赔计算单等保险单据
特定事项的企业内部证据	会计核算资料和原始凭证；资产盘点表；业务合同；技术鉴定部门的鉴定文件或资料；企业内部核批文件及有关情况说明；对责任人由于经营管理责任造成损失的责任认定及赔偿情况说明；法定代表人、企业负责人和企业财务负责人对特定事项真实性承担法律责任的声明
其他分类证据	货币类和非货币类资产损失的证据材料

3. 鉴证报告

鉴证报告的核心是对被鉴证人资产损失税前扣除的合理性、合法性和准确性予以评价。

四、高新技术企业认定专项鉴证服务

1. 业务定义

鉴证人接受委托，依照税收法律法规和相关标准，按照一定的程序和方法，对被鉴证人的高新技术产品（服务）收入明细及占比、企业研究开发费用明细及占比的真实性、合法性进行鉴定和证明，并出具鉴证报告。

2. 鉴证证据

（1）高新技术产品（服务）收入会计核算资料，包括相关凭证、账簿、收款凭证以及交易合同。

（2）近1年企业所得税年度纳税申报表收入总额、不征税收入的相关资料。

（3）研究开发项目立项的决议文件；研究开发项目计划书和研究开发费预算；研究开发专门机构或项目组的编制情况和专业人员名单；委托、合作研究开发项目的合同或协议；研究开发项目向科技等部门备案的相关资料；研究开发项目的效用情况说明、研究成果报告等资料。

（4）当年研究开发费用发生情况归集表；研究开发费用辅助核算账目、相关凭证及明细表等财务核算资料；用于研发活动的仪器、设备和软件、专利权、非专利技术等无形资产的清册（研发费用的占比是近3个会计年度的研发费用占同期销售收入总额的比值，实际经营期不满3年的按实际经营时间计算）。

（5）近3年企业所得税年度纳税申报表中，记录主营业务收入与其他业务收入的相关资料。

3.鉴证报告

鉴证报告的核心是对被鉴证人高新技术产品（服务）收入占比、企业研究开发费用占比予以评价。

五、土地增值税清算鉴证服务

1.业务定义

鉴证人接受委托，依照税收法律法规和相关标准，按照一定的程序和方法，对被鉴证人的土地增值税清算的合法性、准确性进行鉴定和证明，并出具鉴证报告。

2.鉴证证据

（1）对鉴证开发项目有关的鉴证材料，包括：对房地产开发项目立项、用地、规划设计、开发、施工、销售、关联方交易、融资、竣工验收、工程结算、税款缴纳等相关材料。

（2）收入总额和扣除项目金额的鉴证材料。

3.鉴证报告

鉴证报告的核心是对被鉴证人土地增值税的清算结果予以评价。

六、税务司法鉴定服务（★）

（一）税务司法鉴定服务范围

在诉讼过程中，涉税服务人员所在的税务师事务所接受办案机关的委托，对诉讼涉及的税务问题进行审查、鉴别、判断并提供鉴定意见。

司法鉴定业务鉴定事项的范围包括：

（1）具体税种纳税义务的发生与税款缴纳情况。

（2）增值税专用发票开具、认证、抵扣情况。

（3）其他可以用于抵扣税款发票的开具与抵扣情况。

（4）获取国家减税、免税、退税、出口退税情况。

（5）民事平等主体之间发生的涉税争议事项。

（6）其他需要进行鉴定的涉税事项。

（二）业务承接和实施

税务司法鉴定实行鉴定人负责制度。鉴定人应当依法独立、客观、公正地进行鉴定，并对鉴定意见负责。

1. 委托类型

（1）刑事诉讼活动中，可以接受办案机关的税务司法鉴定委托，委托方包括：公安机关、人民检察院、人民法院。

提示：在刑事诉讼活动中，税务师事务所不得接受犯罪嫌疑人的委托。

（2）民事及行政诉讼活动中，可以接受人民法院的委托，也可以接受原告、被告、第三人、上诉人、被上诉人等诉讼参与主体的委托。

（3）仲裁、调解等非诉程序中，可以接受争议解决机关、争议各方、其他程序参与方的委托。

2. 业务承接 **新**

应当自收到委托之日起7个工作日作出是否承接的决定。决定承接鉴定委托的，应当与委托人签订司法鉴定委托书。具体有下列情形之一的鉴定委托，税务师事务所不得承接：

（1）鉴定事项超出税务司法鉴定业务范围。

（2）鉴定材料不真实、不完整、不充分或者取得方式不合法。

（3）鉴定用途不合法或者违背社会公德。

（4）鉴定要求不符合相关执业规范或者相关技术规范。

（5）鉴定要求超出本事务所技术条件或者鉴定能力。

（6）委托人就同一鉴定事项同时委托其他涉税专业服务机构进行鉴定。

（7）委托人不适格或委托程序违反法律、法规、规章的有关规定。

（8）其他不符合法律、法规、规章规定的情形。

3. 回避制度

有以下情形的，鉴定人及助理人员应当回避：

（1）本人或者其近亲属与诉讼当事人、鉴定事项涉及的案件存在利害关系。

（2）曾经参加过同一鉴定事项鉴定。

（3）曾为被鉴定单位提供过涉税代理服务。

（4）曾作为专家提供过咨询意见。

（5）曾被聘请为有专门知识的人参与过同一鉴定事项法庭调查活动。

（6）其他可能影响鉴定人独立、客观、公正进行鉴定的情况。

4. 鉴定的技术标准和规范

应当依以下顺序遵守和采用技术标准和技术规范：

（1）国家相关法律、法规。

（2）财政部、国家税务总局有关部门规章、税收规范性文件。

（3）地方税务机关有关税收规范性文件。

（4）司法部认可的文证审查制度。

（5）中国注册税务师协会制定的行业标准和技术规范。

（6）该专业领域多数专家认可的技术方法。

5.业务实施中其他应关注的内容

（1）鉴定人有权查阅、复制相关案件资料。必要时，在征得委托人同意后，可以询问诉讼当事人、证人。

（2）未经允许，鉴定人不得违反规定会见诉讼当事人及其委托的人（也不得向其调查取证）。

（3）经委托人同意，鉴定人可以派员到现场提取鉴定材料。现场提取鉴定材料应当由不少于2名涉税专业服务人员进行，其中至少一名应为该鉴定事项的鉴定人。鉴定时，应当有委托人指派或者委托的人员在场见证并在提取记录上签名。

6.终止、补充和重新鉴定

情形	具体适用范围
终止鉴定	有以下情形之一的，可以终止鉴定： （1）发现委托人要求或者暗示税务师事务所、鉴定人按其意图或者特定目的提供鉴定意见的。 （2）鉴定材料发生耗损，委托人不能补充提供。 （3）委托人不履行税务司法鉴定委托书规定的义务或者鉴定活动受到严重干扰，致使鉴定无法继续进行。 （4）委托人主动撤销鉴定委托或者委托人拒绝支付鉴定费用。 （5）因不可抗力致使鉴定无法继续进行。 （6）其他
补充鉴定	有以下情形之一的，可以补充鉴定： （1）原委托鉴定事项有遗漏的。 （2）委托人就原委托鉴定事项提供新的财务会计资料或证据的。 （3）其他。 提示：补充鉴定应当由原税务师事务所的原鉴定人进行。补充鉴定的鉴定文书应当与原鉴定文书同时使用
重新鉴定	有以下情形之一的，可以重新鉴定： （1）原鉴定人不具有从事原委托事项相应资格或能力。 （2）原税务师事务所超出登记的业务范围组织鉴定。 （3）原鉴定人应当回避而没有回避。 （4）委托人或者其他诉讼当事人对原鉴定意见有异议，并能提出合法依据和合理理由。 （5）委托人依照法律、法规规定要求重新鉴定。 （6）其他。 提示：重新鉴定应当委托原税务师事务所以外的其他税务师事务所进行。因特殊原因，也可以委托原税务师事务所进行，但原税务师事务所应当指定原鉴定人以外的其他鉴定人进行

（三）鉴定结果和业务记录

1.业务记录

（1）税务司法鉴定业务鉴定档案属于税务师事务所的业务档案，应当至少保存10年。法律、行政法规另有规定的除外。

（2）未经税务司法鉴定业务委托人同意，税务师事务所不得向他人提供鉴定档案，但以下情形除外：

①税务机关因行政执法需要进行查阅。

②涉税专业服务监管部门和行业自律部门因检查执业质量需要进行查阅。

③公安机关、人民检察院、人民法院根据有关法律、法规需要进行查阅。

（3）经人民法院依法通知，鉴定人应当出庭作证，回答与鉴定事项有关的问题。经人民法院许可，鉴定人可以通过书面证言、试听传输技术、视听资料和庭外调查等方式作证。

2.司法鉴定意见书的出具

维度	具体内容
目的或用途	税务司法鉴定意见书具有特定目的或服务于特定使用人的，鉴定人应当在鉴定意见书中注明该意见书的特定目的或使用人，对意见书的用途加以限定和说明
不应包含的内容	（1）超出税务司法鉴定范围的结论或意见，如对相关法律问题的判断、对财务凭证内容真实性的识别、对财务会计资料证据中的形象痕迹的识别，对交易事项主观动机的推断等。 （2）鉴定人未取得相应证据而主观臆断事实。 （3）超出本次鉴定委托事项的结论或意见。 （4）其他
可以进行补正的情形	税务司法鉴定意见书出具后，发现有以下情形之一的，可以进行补正。由至少一名鉴定人在补正处签名，并在补正处加盖本事务所公章。 （1）表格、图像不清晰。 （2）签名、盖章或者编号不符合制作要求。 （3）数字输入错误，但不影响鉴定意见。 （4）文字表达有瑕疵或者有错别字，但不影响鉴定意见。 提示：对鉴定意见书进行补正，不得改变鉴定意见的原意

| 典例研习·6-2　2021年多项选择题

下列关于税务司法鉴定服务的说法，正确的有（　　）。

A. 鉴定人可自行向诉讼当事人及其委托人调查取证

B. 委托人提出要求鉴定人回避的，鉴定人应当回避

C. 税务师事务所不得接受刑事诉讼活动中犯罪嫌疑人的委托

D. 税务司法鉴定事项可以包括民事平等主体之间发生的涉税争议事项

E. 鉴定人符合有关条件、经人民法院许可，可采用出庭以外的方式作证

⑨斯尔解析 本题考查税务司法鉴定的范围和程序性知识点。

选项 C 当选，在刑事诉讼活动中涉税服务人员可以接受公安机关、人民检察院、人民法院的税务司法鉴定委托，但不得接受犯罪嫌疑人的委托。

选项 D 当选，司法鉴定业务鉴定事项的范围包括：（1）具体税种纳税义务的发生与税款缴纳情况；（2）增值税专用发票开具、认证、抵扣情况；（3）其他可以用于抵扣税款发票的开具与抵扣情况；（4）获取国家减税、免税、退税、出口退税情况；（5）民事平等主体之间发生的涉税争议事项（选项 D 当选）；（6）其他需要进行鉴定的涉税事项。

选项 E 当选，在特定情形下，经人民法院许可，鉴定人可以通过书面证言、视听传输技术、视听资料和庭外调查等方式作证。

选项 A 不当选，鉴定人不得违反规定会见诉讼当事人及其委托的人。

选项 B 不当选，委托人要求鉴定人回避的，应当向该鉴定人所属的税务师事务所提出，由税务师事务所决定。

▲本题答案 CDE

七、纳税情况审查服务（★）

项目	具体内容
业务定义	税务师事务所接受行政机关、司法机关（以下简称"委托人"）委托，指派本所有资质的涉税服务人员，依法对纳税人、扣缴义务人等（以下简称"被审查人"）纳税情况进行审查并作出专业结论。具体包括： （1）海关委托保税核查。 （2）海关委托稽查。 （3）企业信息公示委托纳税情况审查。 （4）税务机关委托纳税情况审查。 （5）司法机关委托纳税情况审查
业务承接与委派	应从以下方面进行分析评估，决定是否接受纳税情况审查业务委托： （1）本所是否具有专业胜任能力。 （2）本所是否可以承担相应的风险。 （3）其他相关因素。 提示：税务师事务所应当获取被审查人出具的对其所提供的会计资料及纳税资料的真实性、合法性和完整性负责的承诺声明

续表

项目	具体内容
专家协助	项目负责人可以根据纳税情况审查业务需要，请求本机构内部或外部相关领域的专家协助工作。 提示：项目负责人应当对专家的工作成果负责
业务记录与成果	（1）税务师事务所开展纳税情况审查业务，应当根据委托协议的约定确定是否出具书面业务报告。 （2）约定出具书面业务报告的，应当在业务完成时，根据委托协议的约定及审查事项的情况，编制纳税审查业务报告。未约定出具书面业务报告的，应当采取口头或其他约定的形式交换意见，提供检查过程记录及证据，并做相应记录
保密规定	税务师事务所及其涉税服务人员，应当对纳税情况审查服务过程中形成的业务记录和业务结果以及知悉的被审查人商业秘密和个人隐私予以保密，未经被审查人同意，不得向第三人泄露相关信息。但以下情形除外： （1）税务机关因行政执法检查需要进行查阅的。 （2）涉税专业服务监管部门和行业自律组织因检查执业质量需要进行查阅的。 （3）法律法规规定可以查阅的其他情形（包括公安机关、人民检察院、人民法院根据有关法律、法规需要进行查阅的情形）

| 典例研习·6-3 2021年单项选择题

税务师接受行政机关、司法机关委托，指派有资质的涉税服务人员，依法对纳税人、扣缴义务人等纳税情况进行审查，并做出专业结论，属于（　　）业务。

A. 专业税务顾问

B. 涉税鉴证

C. 纳税情况审查

D. 税收策划

🔍**斯尔解析** 本题考查纳税情况审查业务定义。

选项 C 当选，纳税情况审查业务，是指涉税专业服务机构及其涉税服务人员接受行政机关、司法机关委托，指派有资质的涉税服务人员，依法对纳税人、扣缴义务人等纳税情况进行审查并作出专业结论。

选项 A 不当选，专业税务顾问，是指涉税专业服务机构及其涉税服务人员对纳税人、扣缴义务人就委托的特定涉税事项提供的专项税务咨询服务或者为委托人提供的长期税务顾问服务。

选项 B 不当选，涉税鉴证业务，是指鉴证人接受委托，按照税收法律法规以及相关规定，对被鉴证人涉税事项的合法性、合理性进行鉴定和证明，并出具书面专业意见。

选项 D 不当选，税收策划是指涉税专业服务机构及其涉税服务人员依据国家税收政策及其他相关法律、法规和相关规定，为满足委托人特定目标提供的税收策划方案和纳税计划。

本题答案 C

典例研习在线题库 ➡

至此，涉税服务实务的学习已经进行了90%，继续加油呀！

90%

第七章 | 税务咨询服务

学习提要

重要程度：非重点章节

平均分值：0~1.5分

考核题型：单项选择题、多项选择题

本章提示：本章全部为概念型知识点，考试出现概率较低，所占分值也不高

考点精讲

第一节　一般税务咨询服务

一、一般税务咨询的内容和方式

（一）一般税务咨询的内容

维度	主要内容
税收实体法方面	（1）纳税人或扣缴义务人从事的经营活动或其他行为（以下简称"涉税行为"），涉及的应缴纳或扣缴的税费。 （2）不同经济性质的纳税人适用的所得税。 （3）涉税行为相应税种的征税范围、具体征税项目或税目、计税方法或征收方法、税率、征收率、预征率、应税所得率、代征率、计税依据（包括销售额、计税数量、扣除项目及金额）等。 （4）涉税行为的税额抵扣或抵减、税收优惠（包括可享受的税收优惠项目、税收优惠的条件、税收优惠的报送、备案或留存的资料等）。 （5）涉税行为误用税收法律后的纠错方法。 （6）税前未扣除、项目未扣除、优惠未享受等合法权益补救措施。 （7）税收政策变动前后相关涉税行为的适用
税收程序法方面	（1）办理各类涉税登记、变更或注销，各类报告、备案、备查的时间、报送（报备或留存）的资料。 （2）发票的发票票种核定、最高开票限额审批、增值税税控系统专用设备初始发行、发票领用、发票开具和发票保存等。 （3）各税种的纳税申报期限、申报方式、申报表及附列资料、延期申报的申请、核准和申报等。 （4）纳税信用评价及修复、税收风险管理及应对。 （5）税款征收方式及完税、加收滞纳金、多缴或少缴税的追征或退回、核定征收方式及适用。 （6）关联企业纳税调整、税收保全措施、税收强制措施、清税离境、税收优先、税务代位权或撤销权、欠税公告等税收征收措施。 （7）税收信息报告。 （8）税务稽查的配合和应对。 （9）税收违法、违规的法律责任

续表

维度	主要内容
税收分歧方面	(1) 陈述、申辩权的运用。 (2) 对行政处罚的听证。 (3) 提起税务行政复议。 (4) 提起税务行政诉讼。 (5) 申请行政赔偿。 (6) 对税务机关及工作人员的各种不法行为进行揭露、检举和控告
税务动态方面	(1) 税收法律或政策法规调整的趋势和步骤。 (2) 税收征管措施或办税制度重大调整及内容。 (3) 风险管理、税务稽查或大企业辅导的重点行业或重点关注问题。 (4) 税务机关的机构设置、职责分工、人员配备甚至办公场所等情况及其调整变动情况
涉税会计处理	(1) 各税种的涉税会计处理、税法与会计差异处理、汇算清缴后的账务调整。 (2) 企业自查、税务机关风险评估或税务稽查后的错账调整及查补税款、加收滞纳金或所处罚款的会计处理

提示：除上述内容外，税收基础知识、税收协定知识和内容以及外国税制规定，都可能是税务咨询的内容。

（二）一般税务咨询的服务方式

1. 书面咨询

书面咨询是最常用的一种方法。咨询时，税务师要制作书面文书。

2. 电话咨询

电话咨询又称口头咨询，主要用于比较简单明了的税务问题的咨询服务。

3. 晤谈

晤谈即当面解答纳税人、扣缴义务人提出的税收问题。这种咨询方式带有共同研讨的特点，往往是双方对较为复杂的问题进行讨论。

4. 网络咨询

网络咨询是新兴的税务咨询形式。以网络为载体提供咨询服务，具有不受时空限制、可以随时存取查阅等便捷的优势。

二、一般税务咨询的实施步骤

业务承接（签订业务委托协议）→业务计划→归集资料（获取相关涉税资料）→专业判断→实施办理（必经流程）→反馈结果（以适当的方式进行咨询回复）→业务记录→确认业务成果（签署或回执）→跟踪或反馈。

三、税收政策适用咨询的实施

实施好税收政策适用的咨询服务，应做好如下五个方面：

（1）把握咨询的税务事项实质。

（2）收集咨询问题相关的税收政策文件。

（3）分析税收政策适用条款。

提示：这是一般税务咨询服务的核心和价值所在。税务师应根据咨询问题所涉及税收政策，按照税法适用原则，针对咨询对象情况，找准适用的税收政策条款。

（4）根据需要作必要的沟通说明。

（5）确定合适的答复方式。

提示：通常情况下，对于复杂重大、涉及税种较多、操作技术要求高的咨询问题，较多采用书面回复方式。

| 典例研习·7-1 教材例题改编

某新成立的电脑服务公司，已登记为增值税一般纳税人，其经营收入包括销售电脑、软件维护服务和网络管理服务。该公司相关人员咨询其经营收入应缴纳哪些税，如何缴纳？

斯尔解析 本题综合考查企业适用的税种及缴纳方式的咨询类问题。

答复要点包括：

（1）应缴纳的税种：

该电脑服务公司的经营收入应缴纳增值税、城市维护建设税（教育费附加等）和企业所得税。签订的应税合同需要按照对应凭证的类型缴纳印花税。

（2）各税种缴纳方式：

①增值税和城市维护建设税按月缴纳。印花税按季度申报缴纳。

②企业所得税采取按年缴纳、分期预缴办法，按税务机关规定的预缴期限和预缴方法预缴企业所得税，于年度终了进行汇算清缴。

（3）各税种的税率、计税依据等：

①销售电脑、软件维护服务和网络管理服务，应分别以销售货物适用税率13%、软件服务适用税率6%和信息系统服务适用税率6%计算相应的销项税额，扣除当期允许抵扣的进项税额后的余额，为当期应纳增值税税额。

②城市维护建设税，以实际缴纳的增值税税额为依据按适用税率（城市为7%，县城和镇为5%，其他地区为1%）计算应缴纳的城市维护建设税。

③印花税应根据合同类型，分别适用不同的税率，计税依据为合同价款。

④企业所得税，以取得的经营收入扣除允许企业所得税税前扣除的成本、费用、税金和损失后的余额，为企业所得税应纳税所得额，在汇算清缴期限内，计算全年所得税税额和应补（或退）企业所得税税额。

第二节 专业税务顾问服务

一、专业税务顾问服务特点

专业税务顾问服务，是指涉税专业服务机构接受委托人委托，指派涉税服务人员就委托的特定涉税事项提供专项税务咨询服务或者为委托人提供长期税务顾问服务。具体特点为：

（1）时间上的连续性。

（2）内容上的综合性。

（3）方式上的多样性。

二、专业税务顾问服务的内容和方式

（一）基本内容

项目	具体内容
专项税务咨询服务	包括但不限于下列服务： (1) 涉税尽职审慎性调查。 (2) 纳税风险评估。 (3) 资本市场特殊税务处理合规性审核。 (4) 与特别纳税调整事项有关的服务
长期税务顾问服务	对委托人在接受委托时尚不能确定的具体税务事项提供期限不短于1年的咨询服务。包括但不限于以下服务： (1) 税务信息提供。 (2) 税务政策解释和运用咨询。 (3) 办税事项提醒和风险提示。 (4) 涉税措施的评价和建议。 (5) 代表委托人向税务机关咨询问题和协商税务处理等业务

（二）基本方式

（1）书面报告或资料。

这是最重要、最基本的服务方式。

（2）涉税培训。

（3）代理涉税文书。

委托人办理涉税事项需要填写或撰写涉税表格或涉税文书，特别是向税务机关、政府部门或重要交易对象提交的涉税文书，政策性强、专业要求高，由涉税专业人员代理填写或撰写后，由委托人确认使用，也是专业税务顾问服务常见的服务方式。

（4）授权代表。

委托人可以授权委托涉税服务人员在所授权的范围内处理下列涉税事项：

①向税务机关咨询问题、协商税务处理。

②向税务机关提起涉税处理分歧。

③与交易对手洽谈合同或涉税事项。

④向其他部门洽谈搬迁、补偿等相关涉税事宜。

第三节　税收策划服务

一、税收策划的特点

（1）合法性。

①税收策划方案或纳税计划必须遵循税收法律法规。

②任何通过违背税收法律法规或者钻税收法律的空子实现减轻或逃避的方案，都不是真正意义上的税收策划方案。

③合法性是税收策划的首要考虑因素，也是税收策划的底线。

（2）策划性。

（3）目的性。

税收策划虽然将税收作为重要因素进行考虑，但不一定以缴纳税收最少或者减轻税收负担作为唯一目标。

（4）适用性。

税收策划必须具有适用性和可操作性。

二、税收策划的基本方法（★）

方法	具体适用情形
不予征税方法	选择国家税收法律法规或政策规定不予征税的经营、投资、理财等活动的方案，以减轻税收负担的方法
减免税方法	选择国家税收法律法规或政策规定的可以享受减税或免税优惠的经营、投资、理财等活动方案，以减轻税收负担的方法
税率或征收率差异方法	根据国家税收法律法规或政策规定的税率差异，选择税率较低的经营、投资、理财等活动的方案，以减轻税收负担的方法

续表

方法	具体适用情形
分割方法	根据国家税收法律法规或政策规定，选择能使计税依据进行分割的经营、投资、理财等活动的方案，以实现不同税负、税种的计税依据相分离。或是分解为不同纳税人或征税对象，增大不同计税依据扣除的额度或频度，以减轻税收负担的方法
扣除方法	依据国家税收法律法规或政策规定，使经营、投资、理财等活动的计税依据中尽量增多可以扣除的项目或金额，以减轻税收负担的方法
抵免方法	依据国家税收法律法规或政策规定，使经营、投资、理财等活动的已纳税额或相应支出，在其应纳税额中予以抵扣，以减轻税收负担的方法
延期纳税方法	依据国家税收法律法规或政策规定，将经营、投资、理财等活动的当期应纳税额延期缴纳，以实现相对减轻税收负担的方法
退税方法	依据国家税收法律法规或政策规定，使经营、投资、理财等活动的相关税款得到退还的方法

解题高手

命题角度：税收策划方法及适用情形。

以下列举了部分税收策划方法所对应的案例：

不征税方法：收到政府补助，满足"专项用途财政资金"条件的情况下将其作为企业所得税不征税收入。

减免税方法：针对符合条件的技术转让所得，不超过 500 万元的部分作为免税收入，超过 500 万元的部分，减半征收企业所得税。

税率或征收率差异方法：一般纳税人提供劳务派遣服务，经测算后选择适用简易计税方法，按照 5% 的征收率计算应纳税额。

分割方法：将一单运输业务中的装卸搬运、收发派送和干线运输分别签订合同、分别确定收费，分别按照"交通运输服务"和"现代服务——物流辅助服务"缴纳增值税。

扣除方法：雇佣残疾人员工，享受残疾人工资企业所得税税前 100% 加计扣除政策。

抵免方法：为扩大生产投资添置安全生产、节能节水和环境保护专用设备并实际使用，设备投资额的 10% 可以抵免企业所得税应纳税额。

三、税收策划的实施步骤

522 7-3-3

（1）收集项目资料。

（2）确定法律依据。

（3）制定方案和测算数据。

①方案制定：应从多方面设计制定策划方案。

②数据测算：包括设置试算指标、参数与口径，进行试算并形成结果。

（4）方案综合辩证分析。

①分析政策适用性。

②比较试算结果。

③比较管理及操作成本。

④分析行业特性及业务模式。

⑤分析委托人风险接受程度。

（5）税收策划报告。具体应包括如下内容：

①委托人情况的概括。

②与实现税收策划有关的政策法规。

③提出税收策划方案。

④风险提示。

典例研习在线题库

522 7-4

至此，涉税服务实务的学习已经进行了92.5%，继续加油呀！

92.5%

第八章 其他税务事项代理服务

重要程度：非重点章节

平均分值：0~1.5分

考核题型：单项选择题、多项选择题

本章提示：本章均为概念型知识点，考试出现概率
较低，所占分值也不高

考点精讲

第一节 发票相关代理服务

业务范围	具体服务内容	需要关注的事项
发票领用类代理	发票票种核定、发票领用、增值税专用发票（增值税税控系统）最高开票限额审批、印有本单位名称发票核定、印有本单位名称增值税普通发票印制申请、增值税发票核定调整等涉税事项	（1）在每个申报期内首次领用发票前，需要完成纳税申报和报税清卡。 （2）需要确认委托人的纳税信用级别： ①纳税信用 A 级的纳税人，按需供应发票，可以一次领取不超过 3 个月的发票用量。 ②纳税信用 B 级的纳税人，可以一次领取不超过 2 个月的发票用量
发票验旧类代理	将已开具发票相关信息通过电子或纸质方式报送税务机关查验等涉税事项	对于纳税信用级别为 D 级的纳税人，按辅导期的一般纳税人政策管理，增值税普通发票领用实行交（验）旧供新
发票缴销类代理	发生清税注销或发票换版、损毁等情况的，到税务机关缴销空白纸质发票等涉税事项	—
其他发票相关代理	发票丢失（损毁）报备、丢失（被盗）税控专用设备处理等涉税事项	—

第二节 涉税信息报告事项代理服务

一、基础信息报告类代理项目

业务范围	具体服务内容和关注事项
"一照一码"户登记信息确认	对已实行"多证合一、一照一码"登记模式的委托人，在首次办理涉税事宜时对《"多证合一"登记信息确认表》进行确认，对其中不全的信息进行补充，对不准确的信息进行更正

续表

业务范围	具体服务内容和关注事项
"一照一码"户信息变更	（1）在登记信息发生变更时，向市场监督管理等部门申报办理变更登记。 （2）生产经营地、财务负责人等非市场监督管理等部门登记信息发生变化时，向主管税务机关申报办理变更
纳税人（扣缴义务人）身份信息报告	对不适用"一照一码"的委托人，办理纳税人（扣缴义务人）身份信息报告代理业务
自然人自主报告身份信息	对负有纳税义务的中国公民、外籍人员和港澳台地区人员向税务机关报告身份信息
扣缴义务人报告自然人身份信息	扣缴义务人（委托人）首次向自然人纳税人支付所得，于次月扣缴申报时向税务机关报告自然人纳税人提供的身份信息
解除相关人员关联关系	身份证件被冒用于登记注册时，解除关联关系
税务证件增补发	发生遗失、损毁税务登记证件时的登记证件增补发事项

二、制度信息报告代理业务

业务范围	具体内容
存款账户账号报告	在委托人开立或者变更存款账户后，将全部账号向税务机关报告
财务会计制度及核算软件备案报告	将委托人的财务、会计制度或者财务、会计处理办法和会计核算软件信息报送主管税务机关备案
代理银税三方（委托）划缴协议业务	对委托人需要使用电子缴税系统缴纳税费的，与税务机关、开户银行签署委托银行代缴税款三方协议或委托划转税款协议，实现使用电子缴税系统缴纳税费、滞纳金和罚款

解题高手

命题角度：存款账号报告和财务会计制度以及核算软件备案报告的期限要求。

（1）领取税务登记证件之日起 15 日内，将其财务、会计制度或者财务、会计处理办法和会计核算软件等信息报送主管税务机关备案。

（2）开立基本存款账户或其他存款账户之日起 15 日内，将全部账号向税务机关报告。

三、跨区域涉税事项信息报告代理业务

业务范围	具体内容
跨区域涉税事项报告	对委托人跨省（自治区、直辖市和计划单列市）临时从事生产经营活动的，向机构所在地的税务机关填报《跨区域涉税事项报告表》（以下或简称"报告表"）
跨区域涉税事项报验	对委托人首次在经营地办理涉税事宜时，向经营地税务机关报验跨区域涉税事项
跨区域经营涉税事项反馈	对委托人跨区域经营活动结束后，结清经营地税务机关的应纳税款，向经营地税务机关填报《经营地涉税事项反馈表》（以下或简称"反馈表"）

精准答疑

问题： 现在企业跨省外出经营，是否还需要办理《外出经营活动税收管理证明》？

解答： 根据最新的"放管服"系列政策，现在已将"外出经营活动税收管理"更名为"跨区域涉税事项报验管理"，同时取消了《外出经营活动税收管理证明》，改为填报《跨区域涉税事项报告表》。现行流程可以梳理总结为：

（1）在机构所在地——填报《报告表》。

（2）区外首次经营——报验涉税事项。

（3）区外经营结束——填报《反馈表》。

全程均可登录电子税务局通过线上方式办理。

四、资格信息报告代理业务

业务范围	具体内容
一般纳税人登记	年应税销售额超过规定标准的，或未超过标准，但会计核算健全、能够准确提供税务资料的，办理一般纳税人登记
选择按小规模纳税人纳税的情况说明	对非企业性单位、年应税销售额超过规定标准且不经常发生应税行为的单位和个体工商户委托人，向主管税务机关提交书面说明，选择按照小规模纳税人纳税的原始资料，包括《选择按小规模纳税人纳税的情况说明》

续表

业务范围	具体内容
货物运输业小规模纳税人异地代开增值税专用发票备案	增值税小规模纳税人将营运资质和营运机动车、船舶信息向主管税务机关备案。 提示：备案后小规模纳税人在境内提供公路或内河货物运输服务，可在税务登记地、货物起运地、货物到达地或运输业务承揽地（含互联网物流平台所在地）中任何一地，就近向税务机关申请代开增值税专用发票
增值税适用加计抵减政策声明	提示：现行先进制造业、工业母机、集成电路企业的加计抵减政策均采取清单管理，清单内的纳税人进行纳税申报时，系统会弹出相关提示，纳税人无需再提交相关声明
农产品增值税进项税额扣除标准备案	对纳入农产品增值税进项税额核定扣除试点范围的委托人购进农产品直接销售、购进农产品用于生产经营且不构成货物实体的，在申报缴纳税款时向主管税务机关备案
软件和集成电路产业所得税优惠事项资料报告	对享受集成电路生产企业、集成电路设计企业和软件企业所得税税收优惠政策的委托人，在完成汇算清缴工作后（汇算清缴期结束前），按照企业所得税税收优惠后续管理要求中所需资料向税务机关提交资料
软件产品增值税即征即退进项分摊方式资料报送与信息报告	对增值税一般纳税人在销售软件产品的同时兼营销售其他货物或者应税劳务的，将选定进项税额的分摊方式向税务机关备案

提示：针对上述资格信息报告代理业务，可以结合第四章"实体税种"中各项具体规定进行复习和记忆。

五、特殊事项报告代理业务（★）

业务范围	具体内容
个人所得税递延纳税报告	（1）对非上市公司授予本公司员工股权激励，符合条件享受递延纳税的。 （2）上市公司实施股权激励，选择在不超过 12 个月期限内递延缴税的。 （3）个人以技术成果投资入股、科技成果转化取得股权（份）享受递延纳税的。 （4）建立年金计划，以及年金方案发生变化的。 对于上述个人所得税递延纳税的报告事项，应于股权激励获得、取得技术成果并支付股权、科技成果转化获得股权（份）、年金计划建立或方案变化之次月 15 日内向主管税务机关备案代理业务

续表

业务范围	具体内容
科技成果转化暂不征收个人所得税备案	科研机构、高等学校转化职务科技成果以股份或出资比例等股权形式给予科技人员个人奖励，享受暂不征收个人所得税的
个人所得税分期缴纳报告	(1) 个人以非货币性资产投资，在不超过 5 年内分期缴纳税款的。 (2) 高新技术企业相关技术人员的股权奖励所得在不超过 5 年内分期缴纳税款的。 对于上述分期缴纳税款的报告事项，应于取得被投资企业股权、发生转增股本、股权奖励的次月 15 日内向主管税务机关办理备案
个人所得税抵扣情况报告	天使投资个人转让未上市的初创科技型企业股权享受投资抵扣税收优惠和合伙创投企业的个人合伙人享受投资抵扣税收政策，向主管税务机关报告抵扣信息
企业所得税汇总纳税信息报告	(1) 对居民企业将总机构、所有上级分支机构及下属分支机构信息报送至各自所在地主管税务机关。 (2) 非居民企业汇总纳税的各机构、场所在首次办理汇总缴纳企业所得税申报时向所在地主管税务机关报送全部机构、场所信息
其他涉税信息报告项目	其他事项包括： 纳税人合并分立情况报告、停业登记报告、复业登记报告、欠税人处置不动产或大额资产报告、合伙制创业投资企业单一投资基金核算方式报告、核定征收企业所得税重大变化信息报告、综合税源信息报告、增量房房源信息报告、建筑业项目报告、注销建筑业项目报告、不动产项目报告、注销不动产项目报告、房地产税收一体化信息业务报告、税收统计调查数据采集

| 典例研习 · 8-1 （2022 年多项选择题）

下列业务中，属于特殊事项报告代理业务的有（　　）。

A. 代办停业登记业务

B. 代理综合税源报告业务

C. 代理纳税人合并分立情况报告业务

D. 代办同期资料报告业务

E. 代理个人所得税递延纳税报告业务

🔍斯尔解析 本题考查特殊事项报告代理业务。

特殊事项报告代理业务，包括代理欠税人处置不动产或大额资产报告、纳税人合并分立情况报告（选项 C 当选）、停业登记报告（选项 A 当选）、复业登记报告、个人所得税递延纳税报告（选项 E 当选）、科技成果转化暂不征收个人所得税备案、个人所得税分期缴纳报告、个人所得税抵扣情况报告、合伙制创业投资企业单一投资基金核算方式报告、企业所得税汇总纳税信息报告、核定征收企业所得税重大变化报告、综合税源信息报告（选项 B 当选）、增量房房源信息报告、建筑业项目报告、注销建筑业项目报告、不动产项目报告、注销不动产项目报告、房地产税收一体化信息报告和税收统计调查数据采集业务共19 项。

本题答案 ABCE

第三节 税收优惠代理服务

一、代理业务种类和具体内容

种类	具体内容
代理申报享受税收减免	对符合申报享受税收减免条件的委托人，在首次申报享受时随申报表报送附列资料，或直接在申报表中填列减免税信息
代理税收减免备案	符合备案类税收减免的委托人，享受相应税收减免，应在规定的期限内提交相关资料申请办理税收减免备案
代理税收减免核准	—
代理跨境应税行为免征增值税报告	委托人发生向境外单位销售服务或无形资产等跨境应税行为符合免征增值税条件的，应在首次享受免税的纳税申报期内或其他规定的期限内，办理跨境应税行为免税备案手续
代理委托人放弃免（减）税权的声明	销售货物、应税劳务或者发生应税行为适用免税、减税规定的，可以放弃免税、减税，报主管税务机关备案

二、业务的实施、记录和成果

1. 质量复核

税收优惠代理业务应当履行质量复核程序。原则上应履行三级复核程序。对于简单的税收优惠代理，也应当执行至少二级的质量复核程序。

（1）一级复核由项目经理实施。

（2）二级复核由项目负责人实施。

（3）三级复核由税务师事务所业务负责人实施。

2.质量监控

税收优惠代理业务需要执行质量监控程序。

提示：税收优惠代理业务是本章中唯一一个要求进行质量复核和质量监控流程的业务种类。基本的质量复核和监控程序与涉税专业服务中的基本要求一致。针对较为简单的税收优惠代理业务，可以略作简化，执行二级复核程序。

3.业务记录和成果

（1）涉税服务人员应当要求委托人出具对其提供的财务信息和财务数据的真实性和完整性负责的书面声明。

（2）在代理税收优惠业务完成后，应编制税收优惠代理业务报告，并履行税务师事务所内部审批复核程序，出具税收优惠代理服务业务报告。

4.保密

税务师事务所及其涉税服务人员应当对代理服务过程中形成的业务记录和业务成果以及知悉的委托人商业秘密和个人隐私予以保密，未经委托人同意，不得向第三人泄露相关信息。但下列情形除外：

（1）税务机关因行政执法检查需要进行查阅的。

（2）涉税专业服务监管部门和行业自律组织因检查执业质量需要进行查阅的。

（3）法律、法规规定可以查阅的其他情形。

第四节　证明办理代理服务

一、服务内容和范围

业务范围	具体内容和要求
开具《税收完税证明》	《税收完税证明》又分为表格式完税证明和文书式完税证明。 （1）采用表格式完税证明的： ①通过电子缴税系统划缴税款后或收到退税款后，需要取得税收票证的。 ②扣缴义务人代扣、代收税款后，纳税人需要换开正式完税凭证的。 ③纳税人遗失已完税的各种税收票证，需要重新开具的。 提示：纳税人遗失《出口货物完税分割单》、印花税票和《印花税票销售凭证》的，不得重新开具。 ④记载车船税完税情况的"交强险"保单、记载存款利息所得税完税情况的利息清单等。

续表

业务范围	具体内容和要求
开具 《税收完税证明》	（2）采用文书式完税证明的： 对纳税人特定期间完税情况出具证明的，具体指税务机关为纳税人连续期间的纳税情况汇总开具完税证明的情形。 提示：对纳税人特定期间完税情况出具的文书式《税收完税证明》不得作为纳税人的记账或抵扣凭证
开具个人所得税 《纳税记录》	自 2019 年 1 月 1 日后，取得应税所得并已扣缴申报税款，或已自行向税务机关办理纳税申报的，不论是否实际缴纳税款，均可以申请开具个人所得税《纳税记录》，通过办税终端代理开具个人所得税《纳税记录》。 提示：个人所得税《纳税记录》不得作为纳税人记账、抵扣的凭证
转开印花税票 销售凭证	—

二、业务成果

（1）税务师事务所办结涉税证明代理事项后取得的代理结果应当及时转交给委托人。转交时，需要填写代理结果交接表，由税务师事务所与委托人双方经办人签字。

（2）按照双方约定，或者税务师事务所认为必要的，税务师事务所可对服务事项、涉税建议出具相关报告或者意见书。

（3）涉税证明代理业务报告实行多级审核签发制，即代理项目负责人、部门经理、经理（所长）签字后，加盖公章后方可送出。

第五节　代理记账服务

一、服务范围和基本要求（★）

（1）代理记账业务是指涉税专业服务机构及其涉税服务人员接受委托人的委托，代为办理记账、算账、报账、办税等会计业务的服务。

（2）个体工商户可以自行建账，也可以聘请涉税专业服务机构代理建账。

（3）个体工商户设置复式账和简易账的要求：

标准 （符合下列 标准之一）	应当设置简易账的情形	应当设置复式账的情形
注册资金	10万元以上20万元以下的	20万元以上的
销售额	（1）销售增值税应税劳务的纳税人月销售额在15 000元至40 000元。 （2）从事货物生产的增值税纳税人月销售额在30 000元至60 000元。 （3）从事货物批发或零售的增值税纳税人月销售额在40 000元至80 000元的	（1）销售增值税应税劳务的纳税人月销售额在40 000元以上。 （2）从事货物生产的增值税纳税人月销售额在60 000元以上。 （3）从事货物批发或零售的增值税纳税人月销售额在80 000元以上的
其他情形	省级税务机关确定应设置的其他情形	

提示：上述"月销售额"指个体工商户上一个纳税年度月平均销售额。新办的个体工商户为业户预估的当年度经营期月平均销售额。

（4）涉税专业服务机构及其涉税服务人员可以接受委托，根据委托人提供的原始凭证和其他资料，代为办理下列业务：

①审核原始凭证。

②填制记账凭证。

③登记会计账簿。

④编制财务会计报告。

⑤提供财务会计报告。

⑥办理纳税申报。

二、代理记账操作规范（★）

1. 原始凭证处理

原始凭证处理，包括对原始凭证的合规性审核、分类汇总，以及对问题凭证的处理。

提示：税务师不得代为制作原始凭证。

2. 会计核算

对委托人发生的各类经济事项进行会计核算。

3. 财务报告

定期编制资产负债表、利润表、现金流量表和附注等财务报告。按月编制试算平衡表、银行余额调节表等财务报告。

4. 纳税申报

包括编制纳税申报表及附列资料，办理纳税申报。

第六节 社会保险费申报代理

一、社会保险费代理服务种类

1. 征收方式

我国目前已将各项社会保险费交由税务部门统一征收，采取"人社、医保核定，税务征收"模式办理。

2. 社会保险费代理服务种类

具体包括：社会保险登记和变更、缴费工资申报和社会保险费申报代理等业务。

需要关注如下内容：

（1）目前实施"多证合一、一照一码"的企业，在办理工商注册登记时，同步完成企业的社会保险登记，无须单独进行社会保险登记。

（2）缴费单位发生缴费人数增减等变化时，应及时向社会保险经办机构办理社会保险信息变更手续。

（3）缴费单位应每年在规定的时间向社会保险经办机构申报工资信息，作为缴费基数的核定依据。

（4）单位缴费人可通过用人单位客户端、办税服务厅、金融机构进行缴费，在网上完成社会保险费的申报缴纳，无须额外填报申报表。

二、基本养老保险

所有类型的企业、机关事业单位的工作人员均应参与，由单位和个人缴纳。灵活就业人员及城乡居民可以参加基本养老和基本医疗保险，由个人缴纳保险费。

缴纳主体	计算方式	缴纳标准
单位缴纳	本单位工资总额的16%	一般规则：上年职工工资收入总额的月平均数。包括：计时工资、计件工资、奖金、加班加点工资、特殊情况下支付的工资、津贴和补贴等组成。
个人缴纳	本人缴费工资的8%	（1）缴费基数下限：当地上年职工月平均工资60%。 （2）缴费基数上限：当地上年职工月平均工资的300%

| 典例研习·8-2 2019年单项选择题

根据个人基本养老保险扣缴的现行政策，个人基本养老保险扣缴基数按照上年当地在岗职工平均工资（   ）为依据。

A. 下限为50%，上限为400%   B. 下限为60%，上限为400%

C. 下限为50%，上限为300%   D. 下限为60%，上限为300%

> **斯尔解析** 本题考查基本养老保险的缴费基数。
>
> 选项 D 当选，根据个人基本养老保险扣缴的现行政策，个人缴费基数的上下限是以当地统计部门公布的上年职工平均工资作为依据计算的，即下限为当地上年度在岗职工平均工资的 60%，上限为 300%。
>
> ▲ **本题答案** D

三、基本医疗保险

包括城镇职工和城乡居民两大类，城乡居民由个人缴纳保险费。

类型	缴费主体	缴纳标准
城镇职工基本医疗保险	用人单位缴费	与基本养老保险的缴费基数一致，同样适用 60% 下限和 300% 上限规定
	职工个人缴费	
城乡居民基本医疗保险	个人缴纳	—

提示：上述内容未收录 2023 年医保个人账户改革的相关内容。

四、工伤保险与失业保险

类型	缴纳主体	缴纳比例	特殊规定
工伤保险	用人单位缴纳，职工不缴纳	按各行业风险类别规定了八类工伤保险缴费比例：0.2% ~ 1.9%	特殊行业可在基准费率的基础上上、下浮动。上浮比例为 120%、150%，下浮比例为 80%、50%
失业保险	单位和职工共同缴纳	单位缴费 2%，职工缴费 1%	—

> **┃ 典例研习·8-3** 2021年多项选择题
>
> 下列社会保险费和住房公积金中，应由用人单位和职工本人共同缴纳的有（　　）。
>
> A. 基本医疗保险
>
> B. 基本养老保险
>
> C. 住房公积金
>
> D. 工伤保险
>
> E. 失业保险

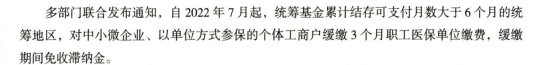

斯尔解析 本题考查社会保险费的缴纳。

选项 ABCE 当选，均由单位和个人缴纳。

选项 D 不当选，仅由单位缴纳。

本题答案 ABCE

五、基本医疗保险费用缓缴

多部门联合发布通知，自 2022 年 7 月起，统筹基金累计结存可支付月数大于 6 个月的统筹地区，对中小微企业、以单位方式参保的个体工商户缓缴 3 个月职工医保单位缴费，缓缴期间免收滞纳金。

第七节 其他税务事项代理服务

业务范围	具体内容
清税注销代理服务	包括清税注销登记、清税证明等涉税事项代理服务。代理纳税人办理清税时，应当： (1) 结清税款、多退（免）税款、滞纳金、罚款。 (2) 缴销发票、注销增值税税控系统专用设备并缴回相关设备。 (3) 清算所得应当依法缴纳和代扣代缴企业所得税、个人所得税。 (4) 未办理土地增值税清算手续的，应进行土地增值税清算。 (5) 出口企业应结清出口退（免）税款。 (6) 已在税务机关进行社会保险费信息登记的，应办理注销保险费缴费信息登记。 (7) 处于非正常状态的，需先解除非正常状态，补办申报纳税手续。 (8) 处于税务机关实施特别纳税调查调整期间的，关注税务机关调查结案情况
国际税收代理服务	国际税收事项包括： (1) 涉税情况报告。 (2) 享受税收协定待遇。 (3) 国际税收证明开具。 (4) 相互协商程序。 (5) 预约定价安排

续表

业务范围	具体内容
其他代理服务	（1）纳税信用评价事项代理。 （2）代理向税务机关咨询涉税（费）事项。 （3）涉税信息查询事项代理。 （4）纳税服务投诉事项代理。 （5）纳税争议前置处理服务。 （6）纳税争议代理服务

典例研习在线题库

至此，涉税服务实务的学习已经进行了95%，继续加油呀！

95%

第九章　其他涉税专业服务

学习提要

重要程度：非重点章节

平均分值：6~10分

考核题型：单项选择题、多项选择题、简答题

本章提示：本章的重点是税务行政复议相关内容。本章节内容往年曾经在简答题中考查过，学习时需要对重点内容进行适当背记

考点精讲

第一节　税务行政复议代理

一、税务行政复议的范围（★）

行政复议机关受理申请人对下列行政行为不服提出的复议申请。

（1）征税行为。

征税行为具体包括：

①确认纳税主体、征税对象、征税范围、减税、免税、退税、抵扣税款、适用税率、计税依据、纳税环节、纳税期限、纳税地点和税款征收方式等行政行为。

②征收税款、加收滞纳金的行政行为。

③扣缴义务人、受税务机关委托的单位和个人作出的代扣代缴、代收代缴、代征行为。

原理详解

对"征税行为"提起税务行政复议需要遵循"复议前置""纳税前置"的原则。

"复议前置（必经复议）"指：对征税行为不服的，应当先提起税务行政复议，对行政复议决定不服的，再提起税务行政诉讼。

"纳税前置"指：对征税行为不服的，应当先按要求缴纳税款和滞纳金，或提供担保，才可以提起行政复议申请。

（2）行政许可、行政审批行为。

（3）发票管理行为。

例如：发售、收缴、代开发票等。

（4）税收保全措施、强制执行措施。

（5）行政处罚行为。

例如：罚款、没收财物和违法所得、停止出口退税权。

（6）税务机关不依法履行职责的行为。

例如：颁发税务登记证；开具、出具完税凭证；外出经营活动税收管理证明；行政赔偿；行政奖励等。

（7）资格认定行为。

（8）不依法确认纳税担保的行为。

（9）政府信息公开工作中的行政行为。

（10）纳税信用等级评定行为。

（11）通知出入境管理机关阻止出境行为。

（12）税务机关作出的其他行政行为。

申请人认为税务机关的行政行为所依据的下列规范性文件不合法，对行政行为申请行政复议时，可以一并向行政复议机关提出对该规范性文件的附带审查申请。具体包括：国务院部门的规范性文件、县级以上地方各级人民政府及其工作部门的规范性文件、乡镇人民政府的规范性文件、法律、法规、规章授权的组织的规范性文件。

提示：不包括规章。

解题高手

命题角度：税务行政复议的受案范围。

在受案范围知识点中，需要关键掌握的是：

（1）区分"征税行为"，因为征税行为涉及"复议前置"和"纳税前置"原则。

（2）区分"行政行为"，一般情况下政府或税务机关颁布某项法规规章、制定某项税收政策、税务机关发布风险提示等行为，均属于"非行政行为"。

但在对行政行为提起行政复议申请时，如果认为依据不合法，可以"顺带"提出对该规定进行审查。

| 典例研习·9-1 （2020 年多项选择题）

下列属于税务行政复议受理范围的有（　　　）。

A. 税务机关作出的行政处罚行为　　　B. 税务机关作出的税收保全措施

C. 税务机关作出的征税行为　　　　　D. 发票管理行为

E. 税务机关发出的企业涉税风险提醒

斯尔解析 本题考查税务行政复议的受理范围。

选项 ABCD 当选，均属于行政行为。

选项 E 不当选，税务机关发出的企业涉税风险提醒，不属于税务机关作出的行政行为，从而不属于税务行政复议的受理范围。

本题答案 ABCD

二、税务行政复议的参加人和复议机关（★）

（一）申请人

税务行政复议中的申请人类似诉讼中"原告"的概念，是认为税务机关的行为侵犯其自身合法权益的公民、法人和其他组织（包括在我国境内申请行政复议的外国人、无国籍人和外国组织）。

情形	具体规定
合伙企业	以核准登记的合伙企业为申请人，由执行合伙事务的合伙人代表该企业参加行政复议
其他合伙组织	由合伙人共同申请行政复议
不具备法人资格的其他组织	由主要负责人或共同推选的其他成员代表参加行政复议
股份制企业	（1）以企业名义申请行政复议。 （2）股东大会、股东代表大会、董事会认为税务行政行为侵犯企业合法权益的，可以以企业的名义申请
法人或者其他组织发生合并、分立或终止的	承受其权利义务的法人或者其他组织可以申请行政复议
有权申请的公民死亡的	其近亲属可以申请行政复议
有权申请的公民为无行为能力人或者限制行为能力人的	其法定代理人可以代理申请行政复议

｜典例研习·9-2 （2021年单项选择题）

经核准的合伙企业申请税务行政复议的，应该（   ）。

A. 以合伙企业为申请人，由出资金额最大或合伙比例最高的合伙人代表企业参加税务行政复议

B. 以执行合伙事务的合伙人为申请人，并参加税务行政复议

C. 以合伙企业为申请人，由执行合伙事务的合伙人代表企业参加税务行政复议

D. 以合伙企业为申请人，由全部合伙人一起参加税务行政复议

⑨斯尔解析 本题考查税务行政复议的申请人。

选项 C 当选，选项 ABD 不当选。合伙企业申请税务行政复议的，以合伙企业为申请人，由执行合伙事务的合伙人代表该企业参加行政复议。

▲本题答案 C

（二）被申请人

税务行政复议的被申请人，指作出该行政行为的税务机关。具体情形如下：

"不服"的行为	被申请人
扣缴义务人的扣缴税款行为	主管该扣缴义务人的税务机关
税务机关委托的单位和个人的代征行为	委托税务机关

续表

"不服"的行为	被申请人
税务机关与法律法规授权的组织以共同的名义作出行政行为	税务机关和法律法规授权的组织为共同被申请人
税务机关与其他组织以共同名义作出行政行为	税务机关
税务机关依照规定，经上级税务机关批准作出行政行为	批准机关
经重大税务案件审理程序作出的决定	审理委员会所在税务机关
税务机关设立的派出机构、内设机构或者其他组织，未经法律法规授权，以自己名义对外作出行政行为	税务机关

提示：提出行政复议申请时错列被申请人的，行政复议机关应当告知申请人变更被申请人。申请人不变更被申请人的，行政复议机关不予受理，或者驳回行政复议申请。

（三）第三人、代理人

1.第三人

第三人是指申请人以外的，与申请复议的行政行为有利害关系的公民、法人或其他组织。所谓"利害关系"，一般是指：

（1）被诉的行政行为涉及其相邻权或公平竞争权的。

（2）在行政复议等程序中被追加为第三人的。

（3）要求行政机关依法追究加害人法律责任的。

（4）撤销或者变更行政行为涉及其合法权益的。

（5）为维护自身合法权益向行政机关投诉，处理投诉职责的行政机关作出或未作出处理的。

（6）其他有利害关系的情形。

提示：复议期间，复议机关可以通知有利害关系的第三人参加行政复议；有利害关系的第三人也可以申请参加。第三人不参加行政复议，不影响案件的审理。

2.代理人

代理人是指接受当事人委托，以被代理人的名义，在法律规定或当事人授予的权限范围内，为代理复议行为而参加复议的个人。

提示：

（1）申请人、第三人可以委托1～2名代理人参加行政复议。

（2）申请人、第三人委托代理人的，应当向行政复议机构提交授权委托书（应当载明委托事项、权限和期限）。

（3）被申请人不得委托本机关以外人员参加行政复议。

| 典例研习·9-3 （2022 年多项选择题）

下列关于税务行政复议代理人的说法，正确的有（　　）。

A. 申请人可以委托三名以上代理人参加行政复议

B. 被申请人可以委托 1 ~ 2 名代理人参加行政复议

C. 申请人委托代理人的，应当向行政复议机关提交授权委托书

D. 接受当事人委托，以被代理人名义，在法律规定的权限范围内，为代理复议行为而参加复议的个人

E. 接受当事人委托，以被代理人名义，在当事人授予的权限范围内，为代理复议行为而参加复议的个人

🅢斯尔解析 本题考查税务行政复议的代理人。

选项 A 不当选，申请人、第三人可以委托 1 ~ 2 名代理人参加行政复议。

选项 B 不当选，被申请人不得委托本机关以外人员参加行政复议。

⚑本题答案 CDE

（四）税务行政复议机关

即向"谁"申请行政复议——基本原则"找上级"。

作出行政行为的被申请人的情形	复议机关
各级税务局	其上一级税务局
计划单列市税务局	国家税务总局
税务所（分局）、各级税务局的稽查局	其所属税务局
国家税务总局	国家税务总局（同级复议）。 提示：对行政复议决定不服的，申请人可以向人民法院提起行政诉讼，也可以向国务院申请裁决。国务院的裁决为最终裁决
两个以上税务机关共同作出的行政行为	共同上一级税务机关
税务机关与其他行政机关共同作出的行政行为	共同上一级行政机关
被撤销的税务机关在撤销以前所作出的行政行为	继续行使其职权的税务机关的上一级税务机关
对逾期不缴纳罚款加处罚款的决定不服的	作出行政处罚决定的税务机关（同级复议）
对已处罚款和加处罚款都不服的	作出行政处罚决定的税务机关的上一级税务机关

提示：申请人向行政行为发生地的县级地方人民政府提交行政复议申请的，由接受申请的县级地方人民政府按照上述管辖权规定转送。

三、税务行政复议的申请、受理和审查程序（★）

（一）税务行政复议申请的原则

1."复议前置"原则

申请人对下列行为不服的，应当先向行政复议机关申请税务行政复议，对行政复议决定不服的，可以提起税务行政诉讼。（对复议前置原则，税务机关应当在作出行政行为时进行告知）

（1）对征税行为不服。

（2）对当场作出的行政处罚决定不服。

（3）认为税务机关未履行法定职责。

（4）申请政府信息公开，税务机关不予公开。

提示：申请人对其他行政行为不服的，既可以申请行政复议，也可以直接向人民法院提起行政诉讼。

2."纳税前置"原则

（1）申请人对"征税行为"申请行政复议的，必须依照税务机关确定的税额、期限，先行缴纳或者解缴税款和滞纳金，或者提供相应的担保，才可以在缴清税款和滞纳金以后或者提供的担保得到确认之日起 60 日内提出行政复议申请。

提示：担保的方式包括保证、抵押和质押。

（2）申请人对税务机关作出的逾期不缴纳罚款、加处罚款的决定不服的，应当先缴纳罚款和加处罚款，再申请行政复议。

（二）税务行政复议的申请程序

1.申请期限

（1）一般情形：申请人可以在知道或应当知道该行政行为之日起 60 日内提出行政复议申请。

提示：如果对"征税行为"申请行政复议的，按照"纳税前置"原则，需在缴清税款和滞纳金以后，或者担保得到确认之日起 60 日内提出申请。

（2）因不可抗力或者被申请人设置障碍导致耽误法定申请期限的，申请期限的计算应当扣除被耽误的时间。

（3）行政复议申请期限的起始时点的规定：

具体情形	起始时点
当场作出行政行为	自行政行为作出之日起
载明行政行为的法律文书直接送达	自受送达人签收之日起
载明行政行为的法律文书邮寄送达	自受送达人在邮件签收单上签收之日起计算。没有邮件签收单的，自受送达人在送达回执上签名之日起

续表

具体情形	起始时点
行政行为依法通过公告形式告知受送达人	自公告规定的期限届满之日起
税务机关作出行政行为时未告知申请人，事后补充告知	自该申请人收到税务机关补充告知的通知之日起
被申请人能够证明申请人知道行政行为	自证据材料证明其知道行政行为之日起
税务机关应履行法定职责而未履行	有履行期限规定的，自履行期限届满之日起。没有履行期限规定的，自税务机关收到申请满 60 日起

提示：行政机关作出行政行为时，未告知申请行政复议的权利、复议机关和申请期限的，申请期限应当自知道或者应当知道申请行政复议的权利、复议机关和申请期限之日起计算，但是自知道或者应当知道行政行为内容之日起最长不得超过 1 年。

2. 提交申请

申请行政复议，可以书面申请；书面申请有困难的，可以口头申请。对两个以上行政行为不服的，可以分别申请行政复议。

申请人书面申请行政复议的，应当在行政复议申请书中载明下列事项：

（1）申请人的基本情况，包括公民的姓名、性别、出生年月、身份证件号码、工作单位、住所、邮政编码、联系电话。法人或者其他组织的名称、住所、邮政编码、联系电话和法定代表人或者主要负责人的姓名、职务。

（2）被申请人的名称。

（3）行政复议请求、申请行政复议的主要事实和理由。

（4）申请人的签名或者盖章。

（5）申请行政复议的日期。

3. 复议和诉讼不同时进行

（1）申请人申请行政复议，行政复议机关已经受理的，在法定行政复议期限内申请人不得向人民法院提起行政诉讼。

（2）申请人向人民法院提起行政诉讼，人民法院已经依法受理的，不得申请行政复议。

（三）税务行政复议的受理程序

1. 审查和受理

复议机关收到行政复议申请以后，应当在 5 日内审查，决定是否受理。

（1）对不符合规定的行政复议申请，决定不予受理并说明理由。

（2）对符合规定的行政复议申请，自收到之日即为受理。受理行政复议申请，应当书面告知申请人。

精准答疑

问题： 如果复议机关在收到复议申请后不作出答复，该怎么处理？如果决定不予受理，该怎么处理？

解答： 如果复议机关未按照上述规定期限审查并作出不予受理决定的，视为其受理。

对"复议前置"的行为申请复议的，如果复议机关决定不予受理、驳回申请或受理后超过期限不做答复的，申请人可以自收到不予受理决定书之日起或行政复议期满之日 15 日内，提起行政诉讼。

2. 补正材料

材料不齐全的、表述不清楚的，行政复议机构自收到申请之日起 5 日内书面通知申请人补正，补正通知应当一次性载明需要补正的事项。

3. "复议不停止执行"原则

行政复议期间，行政行为不停止执行。但是有下列情形之一的，可以停止执行：

（1）被申请人认为需要停止执行的。

（2）行政复议机关认为需要停止执行的。

（3）申请人、第三人申请停止执行，行政复议机关认为其要求合理，决定停止执行的。

（4）法律、法规、规章规定停止执行的。

解题高手

命题角度：复议期间可以停止执行的情形。

被申请人（税务机关）认为、复议机关（上级税务机关）认为、申请人申请且复议机关（上级税务机关）认可的，以及法律规定停止的，可以简单记忆为必须"官"同意的情形才可以停止执行。

（四）行政复议的中止和终止 新

行政复议期间发生下列情形，会导致行政复议中止或终止。

记忆提示	中止的情形	终止的情形
"公民"	（1）作为申请人的公民死亡，其近亲属尚未确定是否参加行政复议的。 （2）作为申请人的公民丧失参加行政复议的能力，尚未确定法定代理人参加行政复议的。 （3）作为申请人的公民下落不明	（1）作为申请人的公民死亡，没有近亲属，或者其近亲属放弃行政复议权利的。 （2）依照左侧"公民"中（1）（2）情形中止行政复议满 60 日，中止原因仍未消除的

续表

记忆提示	中止的情形	终止的情形
"法人或其他组织"	作为申请人的法人或者其他组织终止，尚未确定权利义务承受人的	（1）作为申请人的法人或者其他组织终止，没有权利义务承受人，或其承受人放弃行政复议权利的。 （2）依照左侧"法人或其他组织"情形中止行政复议满60日，中止原因仍未消除的
"暂时中断"	（1）申请人、被申请人因不可抗力或其他正当理由，不能参加行政复议的。 （2）按法律规定进行调解、和解，申请人和被申请人同意中止	—
"需确认、未审结、查依据"	（1）案件涉及法律适用问题，需要有权机关作出解释或者确认的。 （2）案件审理需要以其他案件的审理结果为依据，而其他案件尚未审结的。 （3）申请人按规定提出对有关规范性文件的附带审查申请，或复议机关审查时认为行政行为的依据不合法	—
"撤回"	—	申请人撤回行政复议申请，行政复议机构准予撤回的
"被抓两次"	—	对行政拘留或者限制人身自由的行政强制措施不服申请复议后，因同一违法行为涉嫌犯罪，被采取刑事强制措施

│典例研习·9-4 （2022年单项选择题）

下列情形中，会导致税务行政复议终止的是（　　）。

A. 作为申请人的公民下落不明的

B. 按法律规定进行调解、和解，申请人和被申请人同意中止

C. 被申请人认为需要停止执行具体行政复议的

D. 申请人撤回行政复议申请的，复议机构准予撤回的

斯尔解析 本题考查税务行政复议的终止。

选项D当选，属于会导致税务行政复议终止的情形。

选项 AB 不当选，属于行政复议中止的情形。

选项 C 不当选，属于行政行为停止执行的情形。

▲**本题答案** D

（五）行政复议的证据、审查和听证

1.行政复议的证据

（1）行政复议证据包括：书证、物证、试听资料、电子数据、证人证言、当事人的陈述、鉴定意见、勘验笔录、现场笔录。

提示：

下列证据材料不得作为定案依据（与第六章"涉税鉴证业务"中的规定相同）：

①违反法定程序收集的证据材料。

②以偷拍、偷录和窃听等手段获取侵害他人合法权益的证据材料。

③以利诱、欺诈、胁迫和暴力等不正当手段获取的证据材料。

④无正当事由超出举证期限提供的证据材料。

⑤无正当理由拒不提供原件、原物，又无其他证据印证，且对方不予认可的证据的复制件、复制品。

⑥无法辨明真伪的证据材料。

⑦不能正确表达意志的证人提供的证言。

⑧不具备合法性、真实性的其他证据材料。

（2）行政复议中，被申请人对其作出的行政行为的合法性、适当性负有举证责任。但是申请人认为被申请人不履行法定职责的（被申请人应当依职权主动履行法定职责的除外）、提出行政赔偿请求的，应当由申请人提供证据。

（3）在行政复议过程中，被申请人不得自行向申请人和其他有关组织或者个人收集证据。

（4）行政复议机构认为必要时，可以调查取证。调查取证时，复议工作人员不得少于2人，并出示证件。

| 典例研习·9-5 （2021年单项选择题）

在税务行政复议中，不能作为定案证据的是（　　）。

A. 当事人的陈述

B. 勘验笔录

C. 在我国境内办理法定证明手续的材料

D. 以窃听手段获取侵害他人合法权益的证明材料

🔍**斯尔解析** 本题考查税务行政复议的证据。

证据类型包括书证、物证、视听资料、电子数据、证人证言、当事人的陈述、鉴定意见、勘验笔录、现场笔录。下列证据材料不得作为定案依据：

(1) 违反法定程序收集的证据材料。

(2) 以偷拍、偷录和窃听等手段获取侵害他人合法权益的证据材料。（选项 D 当选）

(3) 以利诱、欺诈、胁迫和暴力等不正当手段获取的证据材料。

(4) 无正当事由超出举证期限提供的证据材料。

(5) 无正当理由拒不提供原件、原物，又无其他证据印证，且对方不予认可的证据的复制件、复制品。

(6) 无法辨明真伪的证据材料。

(7) 不能正确表达意志的证人提供的证言。

(8) 不具备合法性、真实性的其他证据材料。

▲**本题答案** D

2. 审查

（1）行政复议机构应当自行政复议申请受理之日起 7 日内，将行政复议申请书副本或者行政复议申请笔录复印件转交给被申请人。

（2）被申请人收到申请书副本或者申请笔录复印件之日起 10 日内提出书面答复，并提交证据、依据。

（3）行政复议机构审理，应当由 2 名以上行政复议工作人员参加。

3. 听证 变

审理重大、疑难、复杂的行政复议案件，行政复议机构应当组织听证。行政复议机构认为有必要，或申请人请求听证的，行政复议机构可以组织听证。

（1）复议机构应当于举行听证的 5 日前将听证的时间、地点和拟听证事项书面通知当事人。

（2）听证由 1 名复议人员任主持人，2 名以上复议人员任听证员，1 名记录员制作听证笔录。

4. 简易程序 新

复议机关审理下列行政复议案件，可以适用简易程序：

（1）被申请复议的行政行为是当场作出。

（2）被申请复议的行政行为是警告或者通报批评。

（3）案件涉及款额 3 000 元以下。

（4）属于政府信息公开案件。

提示：上述规定以外的复议案件，当事人各方同意适用简易程序的，可以适用简易程序。

5. 行政复议附带审查 新

（1）申请人在申请行政复议时，一并提出对有关规定的审查申请的，行政复议机关有权处理的，在30日内依法处理。无权处理的，在7日内按照法定程序逐级转送有权处理的机构处理。

（2）行政复议机关有权处理的，应当自复议中止之日起3日内，书面通知制定机关就合法性提出书面答复。制定机关收到书面通知之日起10日内提交答复及相关材料。

四、税务行政复议的和解、调解和决定（★）

（一）和解与调解

1. 适用规定 变

对于行政复议事项，申请人和被申请人在复议决定作出以前既可以达成和解，行政复议机关也可以调解。

行政复议审理期限在和解、调解期间中止计算。

2. 流程 变

维度		内容
和解	流程	应当向行政复议机构提交书面和解协议
	生效文书	书面和解协议
调解	调解要求	(1) 尊重申请人和被申请人的意愿。 (2) 在查明案件事实的基础上进行。 (3) 遵循客观、公正和合理原则。 (4) 不得损害社会公共利益和他人合法权益
	流程	(1) 征得申请人和被申请人同意。 (2) 听取申请人和被申请人意见。 (3) 提出调解方案。 (4) 达成调解协议。 (5) 制作行政复议调解书
	生效文书	行政复议调解书经双方当事人签字，即具有法律效力。申请人不履行调解书的，由被申请人依法强制执行，或申请人民法院强制执行。 提示：调解未达成协议，或调解书生效前一方反悔的，行政复议机关应当及时作出行政复议决定

（二）税务行政复议决定

行政复议机关应当自受理申请之日起60日内作出行政复议决定。情况复杂，不能在规定期限内作出行政复议决定的，经行政复议机关负责人批准，可以适当延期但不得超过30日。

适用简易程序审理的行政复议案件，行政复议机关应当自受理申请之日起30日内作出复议决定。

复议决定的类型。 !新 !变

决定类型	具体适用
维持决定	行政行为认定事实清楚，证据确凿，适用依据正确，程序合法，内容适当的
要求履行决定	被申请人不履行法定职责的，决定其在一定期限内履行
撤销决定	(1) 主要事实不清、证据不足。 (2) 违反法定程序。 (3) 适用的依据不合法。 (4) 超越或者滥用职权。 提示：复议机关决定撤销或部分撤销行政行为的，可以责令被申请人在一定期限内重新作出行政行为。被申请人不得以同一事实和理由作出与原行政行为相同或基本相同行为，但以违反法定程序为由撤销的除外
确认违法决定	不撤销，但确认违法： (1) 依法应予撤销，但是撤销会给国家利益、社会公共利益造成重大损害。 (2) 程序轻微违法，但是对申请人权利不产生实际影响。 不需要撤销或责令履行，但确认违法： (1) 行政行为违法，但是不具有可撤销内容。 (2) 被申请人改变原违法行政行为，申请人仍要求撤销或者确认该行政行为违法。 (3) 被申请人不履行或者拖延旅行法定职责，责令履行没有意义
变更决定	(1) 事实清楚，证据确凿，依据正确，程序合法，但内容不适当。 (2) 事实清楚，证据确凿，程序合法，但未正确适用依据。 (3) 事实不清、证据不足，经复议机关查清事实和证据。 提示：复议机关不得作出对申请人更为不利的变更决定
确认无效	行政行为实施主体不具有行政主体资格或没有依据等重大明显违法行为，申请人申请确认该行政行为无效的，复议机关确认该行为无效
驳回决定	有下列情形之一的，复议机关应当决定驳回行政复议申请： (1) 申请人认为税务机关不履行法定职责申请行政复议，行政复议机关受理以后发现该税务机关没有相应法定职责或者在受理以前已经履行法定职责的。 (2) 受理行政复议申请后，发现该行政复议申请不符合《行政复议法》及其实施条例规定的受理条件的

提示：

依照新的《行政复议法》复议机关还可能作出如下决定：

（1）被申请人不依法订立、不依法履行、未按照约定履行或者违法变更、解除行政协议的，行政复议机关决定被申请人承担依法订立、继续履行、采取补救措施或者赔偿损失等责任。

（2）被申请人变更、解除行政协议合法，但是未依法给予补偿或者补偿不合理的，行政复议机关决定被申请人依法给予合理补偿。

（3）申请人在申请行政复议时一并提出行政赔偿请求，复议机关依照有关法规应当不予赔偿的，在作出行政复议决定时，应当同时决定驳回行政赔偿请求；对符合法规规定应当给予赔偿的，在作出相关复议决定时，应当同时决定依法给予赔偿；申请人在申请行政复议时没有提出行政赔偿请求的，行政复议机关在依法决定撤销或者部分撤销违法集资、没收财物、征收征用、摊派费用以及对财产的查封、扣押、冻结等行政行为时，应当同时责令被申请人返还财产，解除对财产的查封、扣押、冻结措施，或者赔偿相应的价款。

│典例研习·9-6 　2018 年多项选择题

下列情形中，行政复议机关可以决定驳回行政复议申请的有（　　）。

A. 主要事实不清，证据不足，适用依据错误的

B. 认定事实不清，证据不足，但经行政复议机关审理查明事实清楚，证据确凿的

C. 申请人认为税务机关不履行法定职责申请行政复议，行政复议机关受理后发现该税务机关没有相应法定职责的

D. 认定事实清楚，证据确凿，程序合法，但是明显不当或者适用依据错误的

E. 受理行政复议申请后，发现该行政复议申请不符合受理条件的

🅢**斯尔解析**　本题考查行政复议的驳回决定。

有下列情形之一的，行政复议机关应当决定驳回行政复议申请：

（1）申请人认为税务机关不履行法定职责申请行政复议，行政复议机关受理以后发现该税务机关没有相应法定职责或者在受理以前已经履行法定职责的。（选项 C 当选）

（2）受理行政复议申请后，发现该行政复议申请不符合《行政复议法》及其实施条例等规定的受理条件的。（选项 E 当选）

选项 A 不当选，属于应当决定撤销、变更或确认违法的情形。

选项 BD 不当选，属于行政复议机关可以决定变更的情形。

⏶**本题答案**　CE

（三）税务行政复议决定的送达和执行

1. 送达

行政复议决定书一经送达，即发生法律效力。

2. 责令履行和强制执行

（1）被申请人不履行、无正当理由拖延履行的，行政复议机关或者有关上级税务机关应当责令其限期履行。

（2）申请人、第三人逾期不起诉又不履行的，按照下列规定分别处理：

复议决定的类型	处理
维持原行政行为的复议决定	由作出行政行为的税务机关依法强制执行，或者申请人民法院强制执行
变更原行政行为的复议决定	由行政复议机关依法强制执行，或者申请人民法院强制执行
行政复议调解书	由行政复议机关依法强制执行，或者申请人民法院强制执行

第二节　税务行政诉讼代理

一、税务行政诉讼的概念与特点

税务行政诉讼是由人民法院进行审理并作出裁决的一种诉讼活动。

税务行政诉讼与税务行政复议的区别如下：

维度	税务行政诉讼	税务行政复议
审查主体	人民法院	上一级税务机关
费用	收取诉讼费	不收取任何费用
审查对象	行政行为，不审查抽象行政行为	主要审查行政行为，也可依申请附带审查抽象行政行为
审查程度	只审查行政行为的合法性，一般不审查其适当性	既审查合法性又审查适当性
程序	更加复杂严格	相对简单灵活
变更具体行政行为	一般仅对行政行为的合法性作出判断，不直接变更行政行为	可以直接变更行政行为
调节、和解	一般不适用调解、和解	可依法调解、和解
审级制度	二审终审制	一级复议制
决定	终局裁决	复议决定作出后，申请人还可再提起税务行政诉讼

提示：税务行政诉讼相对税务行政复议而言，救济力度更大、纠错能力更强、监督效果更明显，是税收法律救济的终极手段。

二、税务行政诉讼的受案范围

税务行政诉讼的受案范围包括对税务机关作出的以下行为不服的案件：

（1）征税行为。

提示：针对征税行为，应遵循"复议前置"原则，对税务行政复议的决定不服的，才能申请税务行政诉讼。

（2）责令纳税人提供纳税担保行为。

（3）税收保全措施。

（4）通知出境管理机关阻止出境行为。

（5）税收强制执行措施。

（6）税务行政处罚。

（7）认为税务机关拒绝颁发有关证件或者不予答复的行为。

（8）认为税务机关不予依法办理或答复的案件。

（9）认为税务机关侵犯法定经营自主权的案件。

（10）认为税务机关违法要求履行义务的案件。

（11）税务机关的复议行为。

（12）其他。

三、税务行政诉讼的原则

1. 基本原则

（1）审判权独立原则。

（2）以事实为根据，以法律为准绳原则。

（3）合议、回避、公开审判和两审终审原则。

（4）当事人法律地位平等。

（5）使用本民族语言文字进行诉讼原则。

（6）辩论原则。

（7）人民检察院对行政诉讼实行监督原则。

2. 特有原则

（1）依法审查原则：税务行政诉讼对涉税行政行为的审查只限于合法性，包括是否符合法定权限和程序，适用法律是否正确等，原则上不审查其适当性。

（2）有限变更原则：人民法院一般不直接变更涉税行政行为内容。法律规定，人民法院只可直接变更显失公正的税务行政处罚。

（3）被告举证原则。

（4）诉讼不停止执行原则。

四、税务行政诉讼的管辖

管辖类型		具体规定
法定管辖	级别管辖	（1）基层人民法院管辖除上级法院管辖案件以外的所有的第一审税务行政案件。
		（2）中、高级人民法院管辖本辖区内重大、复杂的第一审税务行政案件。
		（3）最高人民法院管辖全国范围内重大、复杂的第一审税务行政案件
	地域管辖	（1）普通管辖： ①按照最初作出行政行为的税务机关所在地来确定管辖法院。 ②经过复议的案件，复议机关改变原行政行为的，由原告选择最初作出行政行为的税务机关所在地的人民法院，或者复议机关所在地人民法院管辖。
		（2）专属管辖：因不动产提起的税务行政诉讼，由不动产所在地人民法院管辖。
		（3）选择管辖：两个以上人民法院都有管辖权的案件，原告可以选择其中一个提起诉讼。原告向两个以上法院提起诉讼的，由最先收到起诉状的人民法院管辖
裁定管辖		包括移送管辖、指定管辖、移转管辖

五、税务行政诉讼的起诉和受理

1. 起诉期限

情形	期限规定
对行政复议决定不服的	在收到复议决定书之日起 15 日内提起诉讼
复议机关逾期不作复议决定的	在复议期满之日起 15 日内提起诉讼
直接向人民法院提起诉讼的	在知道或应当知道作出行政行为之日起 6 个月内提出

2. 其他规定

（1）人民法院在接到起诉状时，对符合规定起诉条件的应当登记立案。当场不能判定的，应当接收起诉状，并在 7 日内决定是否立案。

（2）不符合起诉条件的，作出不予立案的裁定。裁定书应当载明不予立案的理由。原告对裁定不服的，可以提起上诉。

（3）在税务行政诉讼案件中，税务机关不享有起诉权，只有应诉权，即只能当作被告，作为被告的税务机关不能反诉。

六、税务行政诉讼的证据和审理

（1）人民法院审理行政案件实行合议、回避、公开审判和两审终审的审判制度。

（2）人民法院审理税务行政案件，以法律和行政法规、地方性法规为依据，参照部门规定以及地方政府规章。

（3）被告对作出的行政行为负有举证责任。被告不提出答辩状的，不影响人民法院审理。

（4）在诉讼过程中，被告及其诉讼代理人不得自行向原告、第三人和证人收集证据。

（5）行政诉讼的证据类型包括：书证、物证、视听资料、电子数据、证人证言、当事人的陈述、鉴定意见、勘验笔录、现场笔录。

（6）以非法手段取得的证据，不得作为认定案件事实的证据。具体包括：

①严重违反法定程序收集的证据材料。

②以违反法律强制性规定的手段获取且侵害他人合法权益的证据材料。

③以利诱、欺诈、胁迫、暴力等手段获取的证据材料。

| 典例研习·9-7 （2022年单项选择题）

下列经法庭审核属实的资料，不得作为税务行政诉讼议定案件证据的是（　　）。

A. 书证　　　　　　　　　　B. 视听资料

C. 电子数据　　　　　　　　D. 诉讼申请人信用等级

⑤斯尔解析　本题考查税务行政诉讼的证据。

选项 D 当选，选项 ABC 不当选，证据类型包括：书证、物证、视听资料、电子数据、证人证言、当事人的陈述、鉴定意见、勘验笔录、现场笔录。不包括诉讼申请人的信用等级。

本题答案　D

七、税务行政诉讼的判决与执行

1. 判决

人民法院应当在立案之日起 6 个月内作出第一审判决（特殊情况需延长的，由高级人民法院批准。高级人民法院审理的一审案件需要延长的，由最高人民法院批准）。人民法院可以作出如下判决：

（1）维持判决：证据确凿，适用法律、法规正确，符合法定程序的案件。

（2）撤销判决：主要证据不足，适用法律、法规错误，违反法定程序，或者超越职权、滥用职权，或者明显不当，应判决撤销或部分撤销，同时可判决税务机关重新作出行政行为。

（3）履行判决：经过审理，查明被告不履行法定职责的，判决被告在一定期限内履行。

（4）变更判决：税务行政处罚明显不当，或者其他行政行为涉及对款额的确定、认定确有错误的，可以判决变更。

2. 二审程序和再审程序

（1）当事人不服人民法院第一审判决的，有权在判决书送达之日起 15 日内向上一级人民法院提起上诉。当事人不服人民法院第一审裁定的，有权在裁定书送达之日起 10 日内向上一级人民法院提起上诉。

（2）再审程序又称审判监督程序，指人民法院发现已经发生法律效力的判决、裁定违反法律、法规的规定，依法对其进行重新审查的程序。

3. 执行

（1）公民、法人或其他组织拒绝履行的，行政机关或者第三人可以向第一审人民法院申请强制执行，或者由行政机关依法强制执行。

（2）行政机关拒绝履行的，第一审人民法院可以采取划拨款项、处以罚款、予以公告、提出司法建议、拘留、追究刑事责任等措施。

第三节　涉税培训和税务信息化管理

一、涉税培训服务内容

1. 按参训人员分类的服务内容

（1）提升税务师培训技能培训。

（2）税务师事务所所长创新管理能力提升培训。

（3）高端人才"走出去"企业税务代理培训。

（4）高端人才企业重组税务代理培训。

（5）卓越税务师五项能力培训。

2. 按照涉税服务业务分类的服务内容

（1）增值税专门业务培训。

（2）房地产相关产业税收业务培训。

（3）企业所得税汇算清缴业务培训。

（4）土地增值税清算业务培训。

（5）进出口规范申报及风险防控与稽核。

（6）企业并购重组涉税培训。

（7）高新技术企业专项代理实务培训。

（8）大企业税务风险管控培训。

（9）房地产业、建筑业涉税疑难问题处理。

二、税务信息化管理服务

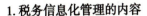

1.税务信息化管理的内容

（1）根据行业的特点构建核算体系。

（2）涉税风险体系的信息化。

（3）税负分析和税收策划的信息化。

2.税务信息化管理的流程

（1）对企业进行诊断。

（2）设置信息化管理目标。

（3）搭建信息化网络。

典例研习在线题库

至此，涉税服务实务的学习已经100%完成，辛苦了，今年必过！

100%

不要让来之不易的收获被时间偷偷带走，写下你的心得和感悟吧！

逢考必过！

一句话总结……